夢ひらく大地

新北海道ひと紀行

北海道新聞社〔編〕

北オホーツクの恵み（第1章）
オホーツク・森に抱かれて（第2章）
釧路でわが道歩む（第1章）
釧路の風土（FOOD）を愛して（第2章）
十勝で輝く（第1章）
十勝で育む慈しむ（第1章）

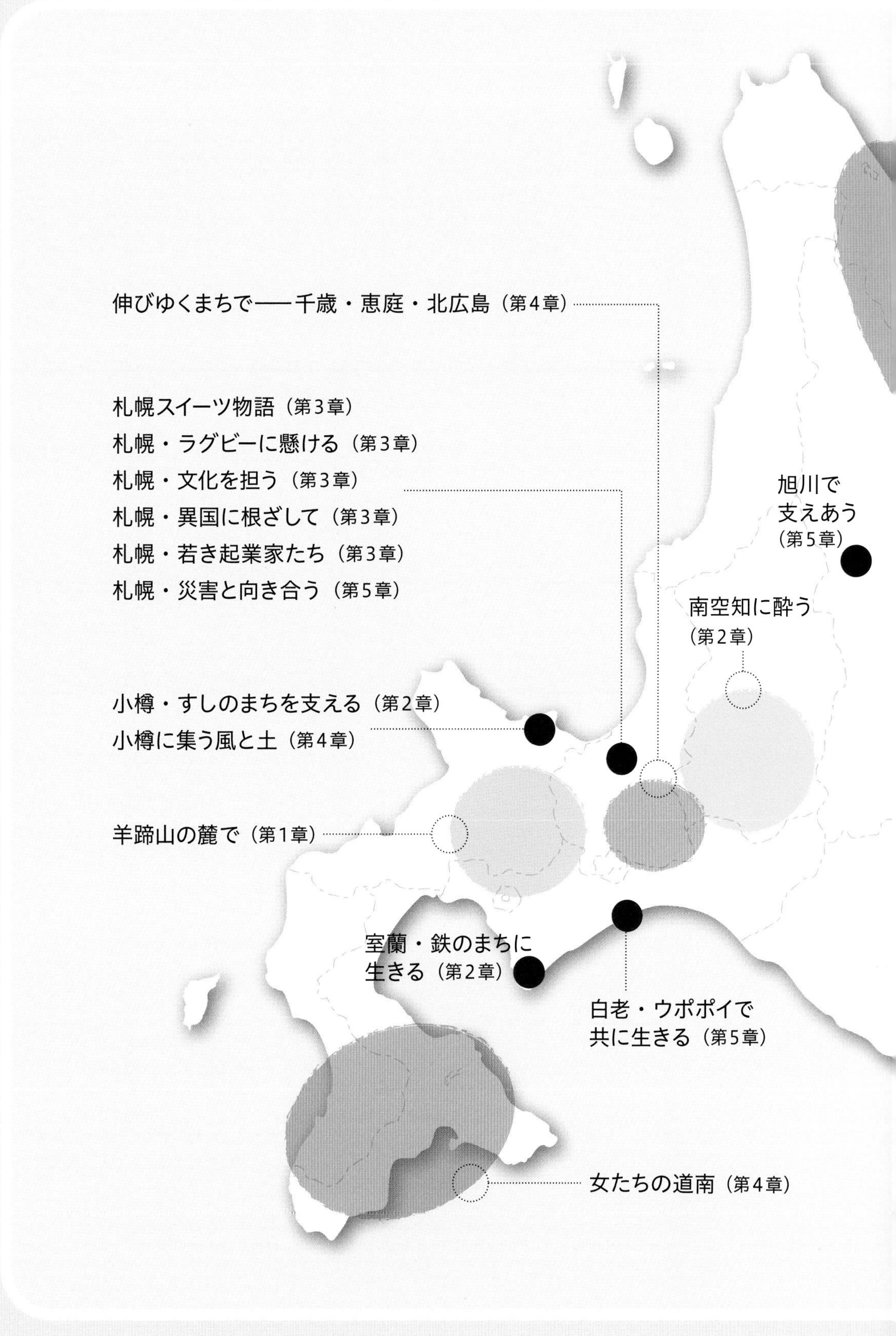

伸びゆくまちで──千歳・恵庭・北広島（第4章）

札幌スイーツ物語（第3章）
札幌・ラグビーに懸ける（第3章）
札幌・文化を担う（第3章）
札幌・異国に根ざして（第3章）
札幌・若き起業家たち（第3章）
札幌・災害と向き合う（第5章）

旭川で
支えあう
（第5章）

南空知に酔う
（第2章）

小樽・すしのまちを支える（第2章）
小樽に集う風と土（第4章）

羊蹄山の麓で（第1章）

室蘭・鉄のまちに
生きる（第2章）

白老・ウポポイで
共に生きる（第5章）

女たちの道南（第4章）

もくじ

005 プロローグ

第１章 大自然が育む

008 羊蹄山の麓で
016 北オホーツクの恵み
024 十勝で輝く
034 釧路でわが道歩む
044 十勝で育む慈しむ

第２章 北の物づくり、食づくり

052 南空知に酔う
060 室蘭・鉄のまちに生きる
068 オホーツク・森に抱かれて
076 小樽・すしのまちを支える
084 釧路の風土（ＦＯＯＤ）を愛して

第３章 道都・札幌で生きる

092 札幌スイーツ物語
100 札幌・ラグビーに懸ける
106 札幌・文化を担う
116 札幌・異国に根ざして
124 札幌・若き起業家たち

第４章 地域を愛して

132 小樽に集う風と土
140 女たちの道南
148 伸びゆくまちで ── 千歳・恵庭・北広島

第５章 支え合い、共生する

158 旭川で支えあう
166 札幌・災害と向き合う
172 白老・ウポポイで共に生きる

第６章 北の大地からはばたく

180 特別編・ふるさとを離れて
190 読者リクエスト 特別編
196 海外 特別編

206 あとがき

※登場人物の肩書き、年齢などは
新聞掲載時のものです。

【プロローグ】故郷を胸に

北の大地に根差し、多彩な分野でチャレンジする各地の人々の姿を追う北海道新聞の連載「新北海道ひと紀行」。その根底には「地域の未来を切り開くのは、自分たちの土地を愛し、夢を追う人々の力」という思いがあった。本編開始に先立つプロローグでは、三笠市出身で今も故郷と向き合う俳優小日向文世さん（63）と、北見市出身・在住でカーリング女子のロコ・ソラーレ（LS北見）の司令塔として2018年平昌五輪に臨む藤沢五月さん（26）にそれぞれ、「ふるさと」「ひと」「夢」を語ってもらった。

（2017年10月19日掲載）

俳優 **小日向文世**さん

三笠で仕事 幸せ感じる

映画やテレビで活躍する小日向さんは三笠を離れて40年以上。古里との絆を今も大切にする。17年10月12日も母校の三笠高を訪れ、18年7月22日に市内で開業する、同校生徒による高校生レストランのCM撮影に参加した。

車で三笠に来て、かつて通った三笠小や三笠中、自宅のあった場所を巡り記憶をたどった。「山並みや農家の点在する様子は変わってませんね。高校の校舎は変わったけど、ポプラは残ってる」。自宅2階から見えたポプラだ。

１９７２年卒業の高校では美術部で暗くなるまで絵筆を握り、家でも夜中まで描いた。「この景色を見ると、小学校のイチョウ並木や遠い山々、空をまた描きたくなります。当時も飽きることがなかったから」と目を細めた。

三笠高は定員割れで一時、廃校の危機にあったが、２０１２年度に道内唯一の食物調理科単科高として再出発すると志願者が急増。18年7月には生徒が調理・接客する高校生レストランの新たな試みも始まる。

休み時間のチャイムが鳴り廊下に出てきた生徒が、小日向さんを見て「あー、本物だ」と驚くと、気さくに笑顔を返した。「若い人の声が聞けるのはすてきですよね。今、本当に三笠にいるんだよなと思っちゃった」

テレビなどで放映予定のCM撮影では生徒と共演、PRに一役買う。「レストランの名が全国に広がり、いろんな人が立ち寄って三笠が活性化されたらいい。炭鉱が閉鎖される前のにぎわいが戻ったらうれしいですね」

故郷を愛する小日向さんも高校卒業後は新天地を求めた。高校時代に上京し、夜の銀座で「こんなに明るい町があるのか」と若者が集う刺激的な空気に憧れた。だから故郷との関わりはそれぞれだと思う。地元に残る人、離れる人。さまざまな場所で夢を追う人がいる。「目指す夢や仕事が地元になければ、別な場所だっていい」と力を込める。

一方で故郷との絆も感じる。「生まれ育った町は心に鮮明に残りますからね。心に故郷を残し、機会があれば仕事でつながっていければ、こんな幸せ

母校の廊下で故郷や北海道への思いを語る小日向文世さん。「当時の校舎は木造で廊下は板張りだったなぁ」＝三笠高校

はない。僕は、役者として三笠と縁ができるとは思っていなかったから」

北海道の魅力を問うと「人の温かさ」と答え、少し照れながら「僕も言われるんですけど」と語った。「土地の広い所にいるとそうなるんでしょうか。空がとにかく広くて。三笠に来ると本当に遠くまで石狩平野が見られるじゃないですか」

雪も大好きで「高校生になっても初雪にワクワクした」。しんしんと降る雪で町は静まり返り、夜は満天の星。銭湯帰りにタオルが凍り、体が震えた家路が懐かしい。「無意識のうちに自然からいっぱいエネルギーを受けた」

俳優生活40周年。夢は三笠での映画ロケだ。「まち中に人がいた昭和30年代の三笠を再現し、現代にぱんと画面を切り替えて、今の三笠市役所から中央公園辺りに人が集まる幻想的な絵を撮れたらすてきだなぁ」。瞳に故郷への愛があふれた。

こひなた・ふみよ　1954年生まれ。三笠高卒業後に上京。デザインや写真の専門学校で学んだ後、劇団を経て俳優の世界へ。NHK大河ドラマ「真田丸」で豊臣秀吉役を演じた。祖父は三笠町（現三笠市）の初代公選町長だった宮尾権吉さん。

カーリング選手・LS北見　**藤沢五月**さん

温かな地元　応援に奮起

北海道でもマイナー競技だったカーリング。約40年前に種をまき、花開かせたのは北見市常呂町の人々だ。先人の思いを背に五輪へ挑む藤沢さんが、海外遠征先からメールで思いを寄せてくれた。

◇

カナダや欧州でトップチームと試合を重ねています。学ぶべき点が多く確実にプラスになっています。五輪は技術や精神面で今まで以上にタフさが求められる。全てやり切って本番を迎えたい。

カーリングは両親がやっているのを見て5歳で始め、1998年長野五輪で日本代表候補の最終選考まで残った父に教わりました。

常呂町では、後に「常呂カーリングの父」と呼ばれた故・小栗祐治さんが80年から普及に取り組んでいた。藤沢さんは小学生のころ出会った。

大会の時、小栗さんが「ずっと続けたらカーリングの本場カナダに連れていってやるぞ」と声を掛けてくれて、幼い私は、真剣に「頑張ろう」と思いました。

小栗さんが普及活動を始めた当初は屋外リンクしかなく、真冬の1カ月間だけ使うために、数カ月前から夜通しで氷を張るリンク作りを続けていたと後に聞きました。

2013年には常呂町に「アドヴィックス常呂カーリングホール」が完成。年間を通じて、いい環境で練習ができ、世界で戦えています。今の環境は、小栗さんらの努力あってこそと感じています。

私が高校を卒業する頃は、道内に企業やクラブのチームが少なく、選手が競技継続を諦めていました。私が長野が拠点の中部電力に声を掛けられたのは恵まれていました。

中部電力では日本選手権3連覇を果たした後、14年ソチ五輪への出場が確実視される中、前年の代表決定戦で道銀に敗退。五輪に再挑戦するか悩む日々が続いた。

そんな時、トリノとバンクーバーの

「小栗さんは、いつも私のことを見守ってくれてました」。
常呂カーリングの父や地元の声援を背に五輪へ臨む藤沢五月さん
＝長野県軽井沢町の軽井沢アイスパーク

五輪に出た本橋麻里選手（31）と地元の北見で食事に行ったんです。麻里ちゃんは「私は次に進んでいるよ」。きっぱりと平昌五輪へ向かっている姿に圧倒されました。一緒に目指したいと思った瞬間です。

本橋選手は10年にクラブチーム「LS北見」を設立し、五輪を目指す態勢作りを進めていた。藤沢さんは15年に北見へ移籍。2年後の17年、初の五輪の切符を手にした。

地元に戻って感じるのは、応援の温かさです。昨シーズンはなかなか優勝できず、周りからの厳しい言葉も覚悟しましたが、会う人、会う人が『応援が足りなかったからだね』と声を掛けてくれる。地元北海道、北見で一からやり直したい――と思っています。

ふじさわ・さつき

1991年北見市生まれ。北見北斗高時代に世界ジュニア選手権に出場し、卒業後に中部電力のカーリングチームへ。司令塔のスキップとして日本選手権で2011年から14年まで4連覇した。15年に移籍したLS北見は、翌年の日本選手権で初優勝。17年9月の平昌五輪代表決定戦で中部電力を破った。

◇北見市常呂町とカーリング◇

町内在住の小栗祐治さんが1980年、地元で普及活動を始め、同年に常呂カーリング協会（現常呂カーリング倶楽部）を発足させた。北見市教委によると、同市（旧網走管内常呂町を含む）出身のカーリング五輪選手は初出場の98年長野から2014年ソチまで5大会で延べ18人（実人数は女子9人、男子3人）。カーリング王国・北海道の礎を築き「常呂カーリングの父」と呼ばれた小栗さんは17年5月に死去（享年88歳）した。

「新北海道ひと紀行」の題字を揮毫する書家石野華鳳さん

書家 **石野華鳳**さん

余白におおらかさ 線に力強さも表現

題字を揮毫（きごう）した書家石野華鳳（かほう）さん（25）は3年前、当時交際していた会社員の夫、拳志郎さん（26）の仕事の都合で一緒に札幌に移って書道教室を開いた。以来、北海道になじんで創作を続けている。筆に込めた思いを聞いた。

◇

北海道は、伝統を重んじる故郷の石川県と違い、誰でも受け入れてくれる。そんなおおらかさを表現したくて、題字の一つ一つにゆったりした余白を持たせました。夢を追いかける連載の登場人物を想像し、女性的な柔らかい線の中に力強さも込めました。

書道を始めたのは書家の祖父の影響です。心が荒れていた10代のころ、祖父に誘われて福祉施設での書道教室について行きました。両手の不自由な高齢男性が足の指に筆をくくりつけ、楽しげに筆を走らせていました。「書道がこんなに喜びを与えられるんだ」と心動かされました。

私は高校中退後に高校卒業程度認定試験（旧大検）に合格し、東京の大学で書を学びました。書道教室の生徒は現在約150人。5カ月の娘の世話をしてくれるなど、助けてくれます。

祖父に憧れ選んだ書家の道。一生かけて追究し、その良さを北海道の人に伝えたい。

羊蹄山の麓で

蝦夷富士とも呼ばれる羊蹄山（1898メートル）の美しい姿は登山者らを魅了し、名水（伏流水）など自然の恵みを生み出す。国際スキーリゾートが広がる隣のニセコアンヌプリ（1308メートル）とともに大勢の人々を引き寄せている。後志管内の羊蹄山麓7町村の人々を紹介する。
（2017年10月27日～11月17日掲載）

［倶知安町・ニセコ町］

国際色　街に溶け込む

バー店主 **日野雅美**さん
出版社編集長 **クリス・ランド**さん、社長 **千佳**さん
日本茶カフェ店主 **渡辺ステファニー**さん

気軽に立ち飲み

倶知安町のJR倶知安駅前の通りにはここ数年、飲食店が増え、入り口に英語メニューを掲げる店も多い。寂しかった通りをある店ががらりと変えた。立ち飲みバー「kaveri（カベリ）」（北1西1）。隣のニセコ町に住む日野雅美さん（43）らが2014年に開いた。通りを「活気づけたい」と友人に声をかけ、空き店舗を借り、自分たちで約2カ月掛けて改装した。

立ち飲みにしたのは、外国人が立ち飲みパブに慣れているのと、友人の大阪の立ち飲み店主から経費を節減できると聞いたためだ。店名はフィンランド語で「仲間」を意味する。冬には外国人らも詰めかける社交場となり、周囲に出店が相次いだ。

北九州市生まれの日野さんは神戸の短大卒業後、動物看護師などをしながらスノーボードの指導者の資格を取得した。05年から冬場は十勝管内新得町に指導者として滞在し、知人の誘いで13年春にニセコ町に移った。

「土いじりがしたかった」と言い、昼は町内の農園で働く。農林水産省の「農業女子プロジェクト」の一員で、農業高校で出前授業をし、女性目線でトラクターなど農機具改良を提案、製品化もされた。

カベリで出すキャベツや豚肉を使ったお好み焼き風の「キャベとん焼き」、ポテトフライなどは自ら作った農作物を極力使う。「ここはチャンスをくれる町です。新しいことにみんな賛同してくれる。今後は市場に出せないB級品も活用したい」

手作りのカウンターでドリンクをつくる日野雅美さん

地域情報、英語で

ニセコの国際化が急速に進んだ10年前、英語で詳しく地域を知りたいという外国人のニーズに応えたのが、ホテルなどに属さない独立系出版社ニセコメディア（ニセコ町）だ。無料の英語季刊誌でニセコの歴史、地理、文化から観光、飲食、買い物スポットまで紹介する。オーストラリア・ゴールドコースト市生まれの元新聞記者クリス・ラ

ンドさん（39）が編集長、札幌出身の妻千佳さん（35）が社長で、専属スタッフは5人いる。

父の仕事の関係で幼少期を東京で過ごしたクリスさんは、大学で日本語を学んだ。日高管内に住む父から「ニセコに、いいスキー場がある」と聞き06年に来日。外国人を運ぶバスの運転手のアルバイト中に「英語の情報誌はないの？」と何度も聞かれ、「無いなら、自分で作ろう」と07年に創刊した。千佳さんとは広告の営業で知り合った。

当初は2週間に1回発行したが、12年からは季刊化し、冬に「パウダーライフ」、夏に「サマーライフ」を出している。冬版はニセコ地区の宿泊施設などに2万部配布し、海外でも旅行会社を中心に香港に4千部、シンガポールに千部を置く。冬版は、17年冬から北米などでも配布予定だ。日本語のインターネット版の公開も検討している。

「ニセコを海外で広くPRしたい」と話すクリス・ランドさん（左）と千佳さん

千佳さんは「夏の観光が強くなればニセコは一年中、良くなる。少しでも滞在の質を高めることができれば」と訴える。クリスさんは「僕がニセコに来た頃はオーストラリア人しかいなかったけど、今は世界中から来る。国際化で『ニセコは日本じゃない』と話す外国人もいるけど、リゾート地区を一歩出れば、おいしいそば屋も、温泉もある。すごい日本文化があることを伝えたい」と意欲を見せる。

茶の文化伝える

人口1万5千人ほどの倶知安町では、冬は1500人、夏も500人ほどの外国人が住民登録し、ネットワークを築き、結び付きは強い。長男（5）と長女（3）を育てる千佳さんのママ友が、カナダ・エドモントン市出身の渡辺ステファニーさん（40）だ。長男（5）を育てながら、倶知安町樺山の日本茶カフェ「グリーン茶草（さそう）」を営み、茶の文化を客に伝えている。

カナダで知り合った日本人（39）と道内で05年に結婚。一緒にニセコのスキー場に通ううちに雪質にみせられた。長男誕生を機に移住を考え、日本茶の民間資格を取得し、16年1月に宿泊施設併設のカフェを開いた。

健康ブームで北米では抹茶カフェが人気だ。「お茶は温度の違いで甘み、香りが変わる。茶と器を通し、わび、さびなど日本の心を伝えたい」と語る。

「お茶を通じて日本の心を伝えたい」と笑顔で語る渡辺ステファニーさん

［ニセコ町］

食の魅力 次世代が発信

ニセコミルク工房店長 **高井裕子**さん
ニセコチーズ工房社長 **近藤孝志**さん、長男 **裕志**さん

人気スポットに

羊蹄山を望む後志管内ニセコ町の国際スキーリゾートの麓に、牛が草をはむ、のどかな光景が広がる。牧場内にはシュークリームやチーズ、ヨーグルトの工房と売店や、レストランなど12施設が並び、観光客が年間35万人以上訪れる。高橋守社長（65）が1997年にアイスクリームの製造販売から始めた町内曽我の「高橋牧場 ニセコミルク工房」。ここを一大人気スポットに育てたのは、長女で工房店長の高井裕子さん（34）だ。

2001年に倶知安高を卒業し翌年に札幌の百貨店に就職。03年に父から「ケーキを作って売るためオーブンを買った。見に来てほしい」と連絡が来た。帰ると1台500万円もするオーブンが2台もあり、いきなりの多額な投資に驚いた。「当時20歳。ニセコに戻る気はなかったが、帰らないと実家が大変なことになる」と思い百貨店を辞めた。

神戸や福岡などの有名菓子店の門をたたき、ケーキ作りを学んだ。「今から思うと怖いもの知らず。業界外の人間だったので、大勢の人が教えてくれた」

試行錯誤の末、04年にシュークリームを発売。「牛飼いらしいものを」をモットーに午前6時に搾った生乳を加工し午前9時半の開店に間に合わせた。乳成分を多くし卵の量を抑え、クリームはたれるほど軟らかい。宣伝はしなかったが、シュー皮の食感を生かすため注文を受けてからクリームを注入する方式が受け、05年には1日300～500個売れる人気となった。

客から「食事ができる店を教えて」との問い合わせが増え、11年に地元野菜のビュッフェがメインのレストランを開いた。16年12月にはチーズ工房も開設しピザを提供。東京の吉祥寺に店を出し、チーズタルトや飲むヨーグルトを販売している。

高井さんは「20年前は牛乳が余って

ニセコミルク工房の前に立つ高井裕子さん

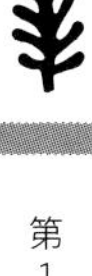

生産調整していた。店は牛乳の使い道を増やすために始めたが、今は酪農家が減り20年後には国産牛乳が飲めなくなるかもしれない。牛の恵みを後世に伝え、酪農を復活させるのが最終目標」ときっぱり言い切る。

二人三脚の挑戦

同じ町内曽我のニセコチーズ工房のチーズも大人気だ。冬場の客の7割を占める外国人の舌をうならせ、国内外の数々の賞に輝いてきた。16年夏には「二世古（にせこ）マルセラン」が日本航空のファーストクラスの機内食にも採用された。工房は近藤孝志さん（65）が脱サラして06年に開き、11年にやはり脱サラし加わった長男裕志さん（37）が商品開発を支える「親子工房」だ。

孝志さんは紋別市出身。高校卒業後、大手スーパーのダイエーに入った。札幌市北区の麻生店長で役職定年を迎えた際、チーズ職人を志し03年に自ら退職。「実家が酪農家でダイエー時代も食品担当でチーズを扱い、知識はありました。当時まだ51歳。妻には猛反対されました」

フランスの学校や国内の酪農施設で製法を学んだ。ダイエー時代、得意だったマーケティングが生きた。「工房の候補地選びでデータを調べると、ニセコは自分で計画し訪れる個人客が多く、団体バスの人が多い所より客が伸びると思った」。比較的小規模な牧場で産出される良質の牛乳も魅力だった。

ニセコチーズ工房貯蔵室でチーズを見つめる
近藤孝志さんと裕志さん（前）

価格を買いやすい千円前後に抑え、すぐ食べられるようチーズをサイコロ形にカットし、同じ種類でも塩味を強めるなど外国人向けには味付けを変えた。09年には経営も軌道に乗った。

孝志さんから工房入りを誘われても2年間断り続けた裕志さんだが、質が格段に上がった父のチーズに触れ、「これなら」と札幌の会社を辞めた。修業を重ね腕を上げるにつれ、他社にない商品作りへの思いを強めた。

モッツァレラチーズの中に生クリームを入れた品は週1回、工房のみで売る「幻のチーズ」だ。ドライフルーツをチーズにまぶした「二世古雪花（せっか）」は、17年6月にフランスで開かれた乳製品の国際品評会で銀賞に輝いた。

孝志さんは「門外漢だからこそ新しい発想でチーズ作りができた」、アイデアを絞る裕志さんは「多くの人に喜ばれるチーズを追求したい」と二人三脚の挑戦は続く。

［京極町・喜茂別町・倶知安町］

夢や思い　この地で形に

NPO法人理事長　**西村幹也**さん
パン・喫茶店主　**今野祐介**さん、**智江**さん
ホテル社長　**中井直樹**さん

遊牧民　魅了され

雄大な風景、豊富な湧水、肥沃（ひよく）な大地が広がる後志管内の羊蹄山周辺には、個性豊かな「こだわり」を持つ人たちがいる。

京極町で遊牧民の文化を伝える夢をかなえたのは、東京都出身でNPO法人「北方アジア文化交流センターしゃがぁ」理事長の西村幹也さん（51）だ。市街地から4キロほど離れた山麓に道内初の「北方アジア遊牧民博物館」を2016年10月に開設した。「遊牧民の博物館は適度に人里離れた所の方がいいと考えた。自然あふれる京極町周辺は絶好の場所だと思った」

05年に相模原市から母の実家がある札幌に転居。京極に1ヘクタールの土地を借り自ら開墾・整地した。家を建て翌年、家族5人で移住。博物館や隣のホールも可能な限り自分の手で建て、モンゴルやカザフなどの民族衣装や楽器、現地の写真など300点以上を展示した。ホールでは写真展や遊牧民の伝統楽器の演奏会なども開いている。

東京外語大でモンゴル語を専攻。現地の大学に留学し遊牧民と寝食をともにして親交を深めた。「彼らのたくましさに感動した。ナイフ1本で家畜をさばいたり、くらを直したり、自然との付き合い方のレベルが違った。博物館を将来は文化センター的な施設とし、異文化との付き合い方を示せれば」と語る。

飽きないパンを

欧州伝統のパン作りにこだわるのは、新千歳空港とニセコ地域を結ぶ国道276号沿いの喜茂別町中里にある「ソーケシュ製パン×トモエコーヒー」の今野祐介さん（37）。一緒に切り盛りする妻智江さん（40）と「羊蹄山が見える所で仕事がしたい」と喜茂別を選んだ。ソーケシュはアイヌ語で「滝の下」。以前の喫茶店の屋号を引き継いだ。喫茶は智江さんの担当だ。

伊達市出身の祐介さんは高校卒業後、札幌市内の調理専門学校に進んだ。漠然とドイツに行きたい夢があり、学校の掲示板にフランクフルトの日本料理店の求人を見つけ応募。2年ほど仕事をしながら各地を旅行した。帰国後はオーストラリアに行き、1年ほど働きながら現地の食文化に触れ、パン

博物館で民族衣装を着る西村幹也さん

パンを前に長女を抱っこする今野智江さんと祐介さん（左）

作りをしたいという思いを抱いた。帰国して2年ほど埼玉県内のパン店で働き、07年に兄と胆振管内洞爺湖町にパン店をオープン。店で知り合った奈良県出身の智江さんと13年春に独立した。

こだわりの一つがパンの中と外から熱を加えられる石窯。3カ月がかりで自作した。添加物を使わず、メインの材料は道内産の小麦、天然水、塩、昔ながらの天然酵母だ。クロワッサンは町内の牧場の牛乳を使い、砂糖は使わない。練る、発酵、焼きの工程に時間をかけ、外側はパリッと、中はふっくらとしたパンを作る。祐介さんは「毎日食べても飽きない食事パンを作ろうと思った。1週間から10日保存できるパンもあり、ヨーロッパでは毎日少しずつ切って食べています」。ニセコの外国人客も買いに来る。

ジャガイモで麺

倶知安町のホテル第一会館社長、中井直樹さん（66）のこだわりはジャガイモだ。「地場産品を地域の特産品に」と数々のアイデア商品を出している。

倶知安で生まれ、東京の大学を卒業後、父の会社に就職した。専務だった1990年前後は景気が過熱し、地場ホテルは競争が激化した。「勝ち抜くための目玉商品を」と思案。祖父の出身地香川県のうどんを地元名産のジャガイモで作ろうと思い立ち、自ら調理場に入って研究した。

しかし、麺をゆでたらすぐに切れ、商品化は難航。4年間の試行錯誤の末、93年にジャガイモのでんぷんを使った「豪雪うどん」が生まれた。もちもちとした食感や、つるっとしたのど越しなどが受けた。ギフトも販売したことで地域を代表する土産物となり、今や外国人が昼食に立ち寄って食べるグルメになった。

ジャガイモを使ったギョーザやコース料理も考案し、2017年4月には「ニセコラーメン」を商品化した。新商品開発を進める傍ら、同年12月には居酒屋など2店を町内に出し、18年はホテル建設も計画している。「町を売り込み、町を盛り上げるのが私の役目」と笑う。

「麺は奥深い」と話す
中井直樹さん

［真狩村・蘭越町・留寿都村］

地元食材で果敢に挑戦

農業生産法人社長 **金丸将樹**さん
ワイナリー農園園主 **松原研二**さん
菓子店店主 **岩崎正博**さん

札幌で居酒屋も

後志管内は畑作、果樹、稲作、酪農、畜産などがそろう「北海道農業の縮図」だ。特に真狩村は大規模経営や収益性の高い作物の生産で、1戸当たりの農業生産所得が道内平均を上回る。農業生産法人「金丸農園」社長の金丸将樹さん（32）は強みを生かし、札幌に居酒屋を出すなど果敢に挑戦している。

地元農家の4代目。短大卒業後、21歳で農業の道に入り、27歳で父から後継を託された。農地約20ヘクタールでジャガイモやダイコンなど多彩な野菜を作る。おいしさに感動した知人に居酒屋チェーン経営者を紹介され、2012年にJR札幌駅北口近くに「真狩村金丸農園直営　野菜居酒屋ルンゴカーニバル」を出店。フランチャイズ方式で独自色を前面に出し、自慢の野菜料理やホウレンソウ、ニンジンなどを使ったカクテルも出している。

金丸さんは「目立ちたかった。父は『一銭も出さない』と言ったので自分で金策した。作った野菜を『おいしい』と言ってくれるのが何よりうれしい」。店は女性中心に人気で、他の居酒屋も金丸農園の野菜を購入している。

17年は村中心部にカフェと居酒屋、宿泊所の複合施設も開業。農業体験の修学旅行生らを受け入れ、マチおこしの拠点にしたい考えだ。「農業体験したい人を受け入れ、将来は農業大学をつくりたい」と夢は大きい。

ワイン　香り豊か

「ここほどいいブドウが採れる土地はない」――。蘭越町のワイナリー松原農園園主、松原研二さん（58）は14年に開設した醸造所内で力を込めた。マスカットの香り豊かな白ワインは甘からず辛からずで、すしにも合うと人気だ。8割が個人向け販売で、6割は道外へ出荷する。

広島市出身。広島大学で醸造学を学び酒類メーカーに入った。商品開発や品質管理を担当し入社4年目の

大型農業機械の前で農業を熱く語る金丸将樹さん

1986年、札幌で開かれる広島物産展へ出張を命じられた。自社製品のPRが目的だったが、ワイン造りに憧れがあり、取引先のつてで北海道ワイン（小樽市）の嶌村彰禧（あきよし）社長＝現会長＝と面会。「私たちは百姓なんですよ」という言葉に心打たれた。自らもブドウを作り、ワイン造りは単なる酒造業ではなく農業とじかにつながっているのだという哲学にほれ込み、手紙を書いて入社を希望。家族を連れ転職した。「担当していた酎ハイづくりはサイクルの短い仕事。ワインは長期でじっくりやる仕事だと思った」

道内一のワイン会社も当時はまだ小所帯。ブドウ栽培から農家回り、販促まで学んだ。合間に土地を探し、ニセコ連峰の麓の森に囲まれた牧場跡地を見つけた。「蘭越は日本海からほど近い盆地で秋は冷え込むものの、霜がおりるのは早くない。ブドウ栽培には有利だと思った」

93年に苗木を植え、翌年退社し、蘭越に移住。95年に北海道ワインに製造委託して3千本を初出荷した。今は自前で年1万本を造る。

醸造所内でワインの魅力を話す松原研二さん

ナガイモでパン

留寿都村の特産ナガイモで「長いも角食」を作るのは、いわさき菓子店の岩崎正博さん（45）だ。地元高校生のアイデアで10年ほど前に商品化した。もちもちとした粘り気が特徴だ。

80年近く続く老舗の3代目。高校卒業後、札幌の専門学校に進み、ホテルのベーカリー担当を経て20年ほど前に留寿都に戻った。地元産ハルユタカを使った角食や地元産紅丸イモを使ったまんじゅうも販売し、冬には近くの宿泊施設に滞在する外国人観光客らも買いに来る。「留寿都産にこだわって、おいしい品を作り続けたい」と語る。

「長いも角食」を手に商品化の経緯を説明する岩崎正博さん

北オホーツクの恵み

宗谷管内とオホーツク管内にまたがる「北オホーツク」には、観光の柱の流氷をはじめ、豊かな自然の恵みに魅せられた人たちが暮らす。地元出身者や道内外からの移住者が、地域の魅力を高める取り組みを重ねてきた北オホーツクのマチを訪ねる。
（２０１８年２月２日～23日掲載）

［紋別市・雄武町］

流氷と海　底力伝える

道立オホーツク流氷科学センター　**本間紘枝**さん
漁師　**四辻裕二**さん

海は母、流氷は友—。紋別市の道立オホーツク流氷科学センター職員の本間紘枝（ひろえ）さん（35）は、流氷博士と呼ばれた同センター元所長の故青田昌秋北大名誉教授（２０１２年死去）の言葉を胸に刻んでいる。

ギーーギーー。子どものころの流氷の記憶は、静かな夜、氷同士がこすれ合う「流氷鳴き」の音だ。辺り一面が真っ白になる紋別市の海岸のそばで育ち、あまりにも身近な流氷を特別な存在と感じたことはなかった。

高校を卒業してから明確な目標を持てず、札幌や沖縄・石垣島などを転々とした。流氷科学センターに入ったのも偶然。25歳で夫の里之（さとし）さん（39）と出会い、紋別へ戻ってきた後、出産を機にセンターを退職する高校の同級生から誘われた。

恩師の遺志胸に

09年4月、館内の展示を案内する説明員として働き始めた。数カ月後、青田さんが来館者に語る「流氷講義」が人生の転機となる。「オホーツク海は巨大な魚付林（うおつきりん）。流氷が海を育む」。アムール川から流れ込む真水が凍った流氷には、川の周りの森林の栄養分が豊富に含まれる。紋別のホタテや毛ガニがおいしいのは流氷が運んでくるプランクトンのおかげ—。

当たり前のように見てきた流氷の底力を「初めて知った」。説明員の責任と自覚が芽生えた。勉強嫌いで英語は苦手。それでも青田さんからの宿題「流氷を英語でどう説明するか」と格闘し、辞書を片手に必死で調べた。ちょうど海外の観光客が増える時期と重なり、流氷の知識と語学の蓄積が生きてきた。

３年前からセンターの営業も担当し、２カ月に１回は道外の旅行会社を回る。世界自然遺産の知床に比べ、紋別はまだまだ知名度不足だと思う。だから地道に訴える。「オホーツクの『すごさ』を分かってもらいたい」という一念で。食道がんで74歳で亡くなった恩師の遺志を継ぎ、気づかされた地元の魅力を伝える。

漁師目線で撮影

「Ｏｋｈｏｔｓｋ　ｆｉｓｈｅｒｍａｎ　Ｐｈｏｔｏｇｒａｐｈｙ（オホーツク　フィッシャーマン　フォトグラフィー）」。オホーツク管内雄武町の四辻裕二さん（52）が運営するフェイスブックは、毛ガニやタコ漁の傍ら、四辻さんが自ら撮影した写真が目を引く。

「戦場カメラマンならぬ〝船上カメラマン〟かな」。豪快に笑う。勝負は一瞬。朝日が顔を出し、海と空が朱色に染まれば、すぐさま網を揚げる手を止め、スマートフォンや一眼レフカメラを構える。灯台の頭の上から光り輝く朝日、水平線ににじむ四角い太陽。荒波が船体を揺らす。「ピントを合わせるのがひと苦労なんだよね」。それだけに漁業者の「特権」ともいえるベストショットが撮れる。

　高校生のころから写真好き。小遣いをためて買ったフィルムカメラを愛用した。雄武高を卒業し、祖父、父に続き、漁師の道へ。慣れない仕事に追われ、一度は写真から離れた。再開したのは15年ほど前に始めたブログがきっかけだ。

　風景だけでなく、毛ガニやホタテ、サケなど漁の様子も撮影した。迫力が違う。ブログを見たテレビ局から「この写真のような構図で毛ガニを撮りたい」と問い合わせが来た。6年ほど前からフェイスブックを使い始め、スマートフォンで撮影しては週に数回投稿する。

「今この瞬間、何が見えるのか。リアルな雄武を伝えたい」。海の最前線にいる漁師の目線で情報発信する。継続的にページを閲覧する「フォロワー」約1400人には外国人もいる。

　本業に加え、海がない旭川市の小学生に漁業や食育について教える出前授業に取り組む。「自分の写真がきっかけで、実際に子どもたちや観光客がオホーツク海と雄武町へ足を運んでくれたら」。ささやかな願いだ。

前年採取した本物の流氷をバックに、オホーツク海が持つ力を説明する本間紘枝さん

所有する船の前で、カメラを手に写真の魅力を語る四辻裕二さん

［滝上町・浜頓別町］

過疎逆手　マチ盛り上げる

合同会社経営　**扇みなみ**さん、**井上愛美**さん
北オホーツク100キロマラソン実行委員長　**丹羽幹典**さん

姉妹でUターン

過疎を逆手に田舎を盛り上げたい。オホーツク管内滝上町の扇みなみさん（31）、井上愛美（あみ）さん（27）姉妹が、ふるさとでの起業にこだわった理由だ。

「実家が酪農家というのはコンプレックスだった」。姉のみなみさんは、地元の中学から札幌西高へ進んだ当時を振り返る。横浜の大学を卒業し、東京の商社で3年間勤務。２０１２年に退職して電機メーカーに勤める大学の同期生、扇直也さん（31）と結婚した。

実家から遠く離れて「普通の会社員」を経験すると、不思議と牛飼いの仕事が魅力的に思えてきた。妹と牧場を手伝った記憶も良い思い出としてよみがえる。「分かりやすいアイデンティティーをもらえたなって」。友人からうらやましがられ、誇りも感じるようになった。

逆に、サラリーマンの夫の生活は充実していないように見えた。「うちの

実家の牧場を手伝いながら、過疎地の暮らしを楽しむ扇みなみさん（左）、井上愛美さん

牧場で働けばいいじゃん」。思い切って提案した。16年の春、夫の転勤先の青森から2人で滝上へ移り住んだ。

妹の愛美さんは札幌大谷高美術科へ進学し、道教大岩見沢校で彫刻を専攻した。進路を迷った末の12年春、姉より先に滝上へ。「小さい頃、毎日どこかの牧場で隠れんぼや鬼ごっこをした楽しい記憶があったから」

みなみさんがUターンを考え始めると、姉妹で何度も夜通し電話をした。「移動販売車でカフェをやりたい」「うちの牛乳をそのまま瓶で売ろう」――。

滝上で姉妹がそろった16年、合同会社「Ｃａｓｏｃｈｉ（カソチ）」を設立した。事業目的は「地域の人、農山村の暮らしや産業を支援するデザインや情報発信」。「田舎は人が少ないから、何かに依存することも少ない。自由に好きなことができる」

実家の牧場のホームページを一新。牛脂を使ったせっけんのパッケージデザインやカレンダー製作を手掛けた。名刺や農産物の包装など注文が増えてきた。18年春には牛乳の販売を始める。「町内で勝手にかわいいものを増やしてイケてるマチにしたい」。2人が電話で語り合った時は「妄想」だったものが、一つずつ形になっている。

町民の力で大会

「小さな町の大きな挑戦」をスローガンに始めた大会は18年の夏、8回目を迎える。宗谷管内浜頓別町を中心に開かれる北オホーツク１００キロマラソン。実行委員長丹羽幹典（よしのり）さん（59）の願いは「町を出た若者がこの日だけは戻ってくるような歴史あるお祭りにすること」だ。

町民との協働で運営する北オホーツク100キロマラソンの魅力を語る丹羽幹典さん

愛好家から「北（きた）オホ」と呼ばれ、浜頓別と宗谷管内猿払村の海岸線や酪農地帯、山間部を走る。学生グループや旅行会社の提案で、10年秋に準備会が発足した。「１日がかりのウルトラマラソンは幅広い世代が絡める。町民一人一人のエネルギーを集めるために汗をかきたかった」。周囲から推薦されると、二つ返事で発起人代表を受けた。

11年8月の第1回開催が決まり、準備を進めるさなか、東日本大震災が発生。それでも「もう立ち止まれない」と腹を決めた。被災地に実家がある大学生11人の出場料は免除した。

道内外の５５７人が出場登録し、必死に集めたボランティアは全町民の10分の1に当たる約４００人に上った。夜にゲートが閉まった瞬間、涙があふれた。「みんな手作りでやってきた全てがゴールしたと思った」

浜頓別生まれ。道工大を卒業後、父が経営する建設会社に入り、１９９７年に社長に。観光協会会長などを歴任した父の故源太郎さんは、02年に浜頓別で開かれたアジア初の世界砂金掘り大会を主導した。源太郎さんの口癖は「独掌（どくしょう）鳴らず」。一つの手では音を鳴らせないように、事を成すには人の協力が欠かせない。その精神が、北オホを運営する息子に引き継がれる。

街中で「委員長」と声をかけられることも増えた。還暦となる18年、初めて自ら北オホに出場し、50キロの部で走ることを宣言した。「人生の節目に浜頓別の魅力を再確認したい」。トレーニングも始めた。今後の目標は過去最多の出場者千人。その達成に向け、アイデアを練る。

［興部町・西興部村］

木のぬくもりで癒やす

食堂店主 **都築鉄也**さん

「オホーツク楽器工業」生産・加工課長 **向井地紀幸**さん

旅人の悩み聞く

木のぬくもりが、旅人や町民を癒やす。オホーツク管内興部町で都築鉄也さん（55）が営む「おこっぺんはうす」。道産食材を使い、カツ丼や牛丼を提供するマチの食堂だ。

内装はほとんど手作り。「木に囲まれた優しい空間で、おなかいっぱい丼を食べて力をつけてほしい」と思いを語る。

自らも旅人だった。埼玉県出身。高校2年の夏、自転車で道内を一周した。「興部を走っていたら大雨に遭い、酪農家のおじさんに助けられたんです」。人の温かさに触れ、道内各地で見た牧場の風景が心に焼き付き、酪農学園大へ進学した。

カナダに1年留学し、卒業後は旅をしながらニュージーランドの牧場などで働く。帰国して東京の旅行会社に9年間勤めたが、北海道が忘れられない。1998年に興部へ移住。友人の紹介で町内の飲食店で働き始めた。「雪は降りすぎず、子供の教育環境もいい」。マチの印象の良さは変わらなかった。

ある夜、町内の丘から見た満天の星空が、後の人生を決めた。「自分でお店を開き、ここでずっと暮らしたい」。空を見上げ、気持ちが固まった。今もほぼ毎日、星を見に丘へ通う。

旧国鉄名寄線の興部駅（89年廃止）に面し、かつて駅前食堂だった空き家を購入した。床を張り替え、天井に木材を打ち付けた。2007年、おこっぺんはうすを開業。昼時は旅行者や地元の人たちでにぎわう。

「人生のまよい子が、けっこう来るんだよね」。各地を放浪した自分だから、相談に乗れる。東日本大震災直後、ママチャリで道内を旅していた30歳前後の男性が来た。東京のIT企業をやめたばかり。「これからどうしようか悩んでいて」。じっくり話を聞いた。4年後、「今度はちゃんと車で来ました」と笑顔を見せた。後志管内の養蜂場で働いていると言った。

店で知り合いカップルになった男女

木にこだわった手作りの店内で旅人たちに思いをはせる都築鉄也さん

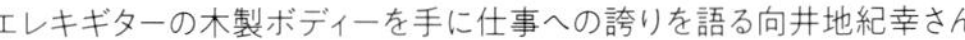

エレキギターの木製ボディーを手に仕事への誇りを語る向井地紀幸さん

や、毎月絵はがきを送ってくれる人もいる。リピーターも増えた。「人と人、人とモノ、都会と田舎をつなぐ接着剤になりたい」。都築さんはそう願い、旅人たちに声を掛ける。

ギターを世界へ

道内で3番目に少ない人口約１１００人の西興部村。小さな村の「オホーツク楽器工業」で、年間1万8千本ものエレキギターの木製ボディーが製造されている。

国内外に販路を持つギターメーカー「フジゲン」（長野県松本市）の関連会社。工場で作ったボディーはフジゲンで完成品となる。仕上がったギターは数十カ国で愛用される世界レベル。「ここ数年で一気に注目が高まった」。要のボディー作りの責任者、生産・加工課長向井地紀幸さん（40）は誇らしげだ。

14年には村のカントリーサインにエレキギターを持つ乳牛のイラストが採用された。16年度からは完成品のギターやベースが村のふるさと納税の返礼品に加わった。1本当たり納税額30万円以上と高額だが、17年度だけで約10件の寄付があった。視察や見学の依頼が舞い込み、ショールームを整備した。

北オホーツクの宗谷管内枝幸町出身。中学3年からエレキギターにはまった。高校卒業後、いったんは板金業者に就職したが、「本当に好きなことを仕事にしたい」とオホーツク楽器工業を飛び込みで見学。「ここで働きたいんです」。熱意が通じ、19歳の冬に採用された。

入社数年後、上司が相次ぎ退職し、ストレスで体調を崩した。自分を見つめ直す日々。「やっぱりこの仕事が天職だ」と気づき、復帰した。

8年前に社員だった妻まゆみさん（31）と結婚し、3人の子宝に恵まれた。8、5、4歳の男の子の名前は弦（ゆづる）、奏（そう）、律（りつ）。「何か音楽をやってほしくて」。長男は最近、ギターを触り始めた。

目標はボディーだけでなく、エレキギターの完成品までを作ること。技術面などの課題がある。「今はまだ音が鳴らない部品の製造。音が出てこそ、『西興部でギターを作っている』と胸を張れる」。長年の夢をかなえるため、腕を磨く。

［枝幸町・中頓別町］

魅せられて ここで生きる

カフェ店主 **鷲見道子**さん
地域おこし協力隊員 **中野巧都**さん

真っ青な空、海

雲ひとつない青空。オホーツクブルーに一目ぼれした。

宗谷管内枝幸町の鷲見道子さん（44）は15年前、町内の三笠山展望閣から見た景色に、全てを魅了された。「胸に焼き印を押されたようだった。枝幸で生きていけるって思えた」

三笠山（172メートル）は市街地から車で10分。鷲見さんは山頂の展望閣で毎年5～10月、カフェを営む。ガラス張りの店内からはオホーツク海と枝幸の街並みのパノラマが一望できる。

出身の新潟県内の高校を卒業し、21歳でロシア極東の教育大学に4カ月間留学した。帰国後も、函館市のロシア極東連邦総合大学函館校でロシア語を学び続ける。身に付けた語学力を生かして紋別市の水産加工会社で通訳の仕事に就き、紋別で知り合った夫（49）と結婚した。

2002年秋、夫の転職に伴い、枝幸へ。引っ越しの翌日、生後1カ月の長女を抱き、「枝幸暮らしの原点」となった展望閣で真っ青な空と海に出合う。

それでも子育ては楽ではなかった。夜泣きで10回も起こされ、水分も全く取ろうとせず…。心が折れそうになった時、「原点」の展望閣へと足が向いた。

そこでは長女は泣くことなく、水筒の水もいっぱい飲んだ。ご飯も食べた。2歳離れて生まれた次女も同じだった。「私の『駆け込み寺』だったのかな」。前任のカフェ経営者の女性がやめると聞いたとき、町の募集に迷わず手を上げた。

「親子ともども助けてもらった恩返し」。05年にカフェの店主になると、同じ子育て世代のママたちが集まるようになった。手作り工芸品のフリーマーケットや音楽ライブを定期的に企画し、15年には展望閣の開設30周年記念イベントも開いた。

展望閣から見える景色は多彩だ。満月の夜はオホーツクのないだ海面に月

冬季閉館中の三笠山展望閣で、枝幸への思いを語る鷲見道子さん。ガラスの向こうに街並みと海が広がる。

光の道ができる。年数回は眼下に雲海が広がる。「枝幸は地球に愛されているマチだと思う。世界中の人に絶景を見に来てほしい」。再びカフェが開く、春が待ち遠しい。

菓子店引き継ぐ

「ここでやっていけるかな」。宗谷管内中頓別町の地域おこし協力隊員、中野巧都（たくと）さん（22）は15年3月、初めて訪れた町で不安にさいなまれた。「想像以上に田舎だったから」

隊員募集のインターネットサイトを見るまで「中頓別」の地名すら知らなかった。条件は「おおむね20歳以上」。他の自治体は「20歳以上」だったから、『おおむね』なら19歳の自分もできると思った」と笑う。

オリンピック選手になるのが夢だった。小学3年で柔道を始め、札幌第一高で全道ベスト8入り。筑波大で柔道をきわめようと1年間浪人したが、2年続けて不合格となり、「これ以上の受験は厳しい」と就職を決意した。

テレビ番組で知って興味を持っていた地域おこし協力隊の募集先を探し、たどり着いた中頓別。鍾乳洞など名所案内をしてくれた町職員に背中を押され、15年4月に採用された。

経営を引き継いだ菓子店のオープンに向け、あん製造の機械を入念に調整する中野巧都さん

何かしなければと思うが、それが何か分からない。町内唯一の銭湯「黄金（こがね）湯」を訪れ、「マチのことを知りたいんです」と常連客に声をかけ続けた。人脈が広がった。移住フェアの手伝いや、地元特産の「なかとん牛乳」を使った新商品の開発など、任される仕事も増えてきた。

18年3月末の任期まで1年を切った17年5月、商店街で高齢夫婦が菓子店をたたむと耳にした。「このまま無くなるのはさみしい」。任期後の身の振り方を考えていた時期でもあり、店を継がせてもらおうと、夫婦に頼み込んだ。約4カ月間、菓子作りの修業に通った。

17年9月末、菓子店最後の営業日。集まった商店街の人たちに店主から紹介してもらった。「子どもたちや地元の人に愛される店にしないと」。使命感が高まった。今は18年4月のオープンを目指し、自ら店内の改修に励む。定番の和菓子に加え、フルーツ入りの生どら焼きなどオリジナルのスイーツも考える。

結婚相手は中頓別出身の未琴（みこと）さん（22）。名も知らなかったマチで、暮らしていく覚悟はできている。

十勝で輝く

広大な畑、晴れ渡る空、輝く海、大地を彩る草花——。自然の恵みにあふれる十勝には、豊かな生活を育む風土が息づく。十勝管内9市町を巡り、広い大地の可能性を信じ、挑み続ける新世代の姿を追った。（2017年12月1日～29日掲載）

［帯広市・浦幌町］

人と人　都市と地方結んで

ホテル総支配人　**坂口琴美**さん
地域プロデューサー　**近江正隆**さん

憩いの場目指す

ホテルヌプカ。帯広市中心部の小さなホテルのルーツをたどると、1本の映画に行き着く。

2015年春、ユーチューブに投稿された短編映画「マイリトルガイドブック」。台湾人のヒロインが、十勝の美しい風景を旅する作品だ。アイヌ語で原野を意味するヌプカの総支配人、坂口琴美さん（40）は、映画制作を発案した一人。16年3月、ホテルを開業した。「映画で十勝を知った旅人の拠点にしたかったんです」。ホテルは5階建て26室。1階は洗練された内装のフロント兼カフェバーだ。音楽ライブなども開き、旅人と地元客が同じ空間で憩う。

帯広の隣の幕別町出身。大学進学で上京し、東京で飲食店経営に奔走した。帰省の飛行機は必ず窓側に座った。小麦、ジャガイモ、大豆…。十勝平野を彩る美しい模様に癒やされた。

十勝ゆかりの首都圏在住者が集う交流会で古里への思いを語るうち、帯広出身の弁護士柏尾哲哉さん（51）＝東京＝たちと「十勝の魅力を発信する映画を作ろう」と決めた。監督は幕別の後輩で東京で活躍する映像作家に託した。農道沿いの畑、客同士が交流する帯広の屋台。27分の映像に十勝の日常の魅力を詰め込んだ。ユーチューブで1週間に約1万回再生された。

同時に進んだプロジェクトがあった。「帯広のホテル、買っちゃった」。14年春、柏尾さんが12年に閉館した宿を取得した。「人を楽しませる技術がある」と、その運営を打診した相手が坂口さん。「宿泊業は究極のサービス業。やってみたい。十勝が大好きだし」。映画を見て十勝を訪れる人の受け皿になればと即断した。

2人は運営会社を設立。社長に就いた坂口さんは帯広に拠点を移した。2年かけて十勝らしいぬくもりを感じられるデザインにホテルを改装し、開業にこぎ着けた。

17年夏は客室の稼働率8割の忙しさ。地域にも溶け込んだ。晩秋の昼下がり。カフェバーで地元の白髪の女性2人がオリジナルビールを味わいながら、会話を弾ませていた。「旅行者にも地元の人にも、ここが、みんなのリビングになったらいいな」。坂口さんがほほ笑んだ。

農漁村に高校生

都市と地方、人と人。浦幌町の地域プロデューサー近江正隆さん（47）は「つなぎ役」として十勝を駆け回る。

NPO法人「食の絆を育む会」理事長。東京などに住む高校生が、十勝管内の農漁村の家庭に泊まる「農村ホームステイ」を5年前から手がける。年間約3千人を管内約400戸が受け入れる大規模な企画。「家族のような存在の人が産地にいたら、都会の高校生に生産者を大切にする気持ちが育まれる」。農漁業従事者の支え手が減り続けたら地域は維持できない。その思いに突き動かされている。

活動の源流に「うらほろスタイル教育プロジェクト」がある。浦幌小PTA会長も務めた近江さんは07年、児童が農漁業の現場などを見て郷土に愛着を持ってもらう取り組みを、町民有志や教員と始めた。翌年に町も加わる協議会が事業を進めることになり、会長に就いた。

過疎の町の活性化といえば、商品開発や観光など経済に結びつくものが思い浮かぶ。浦幌の基盤は教育。「地域を未来へつなぐには、時間がかかっても人づくり」。子どもたちのためならと、主体的に関わる町民が増えた。近江さんは13年度に会長を退き、サポート役に回った。

東京出身。海に憧れ、19歳で北海道に渡り、浦幌の漁師に頼み込んで漁業の世界へ。1996年から始めたインターネットでの魚の販売は、通販サイト魚部門の売り上げ1位となった。

05年、自ら乗った漁船が転覆。仲間に助けられた。「自分の商売のことばかり考えていたのに、周りの漁師たちは関係なく救ってくれた」。本当の支え合いを知った。そんな価値観が息づく地域のため、まちづくりの会社ノースプロダクションやNPOを設立した。「生きるために大切なことを浦幌で気づかされた。その恩は未来を担う子どもたちに返したい」

ホテルヌプカで語る坂口琴美さん

浦幌町のノースプロダクションで話す近江正隆さん

［大樹町・上士幌町］

空へ宇宙へ　地域と共に

IST社長　**稲川貴大**さん
上士幌ガールズバルーンクラブ代表　**早坂彩**さん

ロケット　民間で

どこまでも広がる十勝晴れの空に、大きな夢が映える。

十勝管内大樹町のベンチャー「インターステラテクノロジズ」（IST）は、スーパーだった建物を改修した工場で、低価格の小型ロケットを作る。目指すは宇宙へ行くスーパーカブ。平均30歳のスタッフ約20人を率いる社長の稲川貴大（たかひろ）さん（30）は、さらりと言う。「誰もが宇宙に手が届く未来をつくる」

2017年7月、太平洋に面した町内の実験場で観測ロケット「MOMO（モモ）」を打ち上げた。目標の高度100キロの宇宙空間には届かなかったが、約20キロ上昇し、飛行データを集めた。国主導の宇宙開発に民間が切り込む。18年の年明けに2号機が完成予定だ。「このスピード感は大樹だからこそ」。工場を中心に実験場、住まいが車で10分圏内。トライ&エラーを重ね前へ進む。一軒家でスタッフと暮らし、帰宅後もロケット談議は尽きない。

ISTは実業家堀江貴文さんらが13年、宇宙産業の誘致に熱心な大樹で創業した。同年に入社し、翌年社長に就いた稲川さんは埼玉県育ち。東京工業大では人力飛行機による「鳥人間コンテスト」のサークルで設計を担当し、優勝もした。

ものづくりへのあくなき渇望――。大学院に進む前、ロケット開発に挑む学生プロジェクトを知った。ロケットは「超エリートが作るもの」と思っていた自分が、学内でロケットサークルを結成し、ISTの前身の団体で作業を手伝うようになった。

大手カメラメーカーに内定が決まっていた13年3月29日、ロケット発射のサポートで大樹にいた。実験は失敗。その場で「技術者が必要だ」と言う堀江さんと目が合った。「君、何してるの」。ISTへの誘い。だが、内定先の入社式は3日後…。

その夜、町内の焼き肉屋での反省会

「これまで作ったロケットエンジン部品を手にすると、宇宙への思いがあふれる」と話す稲川貴大さん

でも迫られた。「君が作りたいのはカメラなの？　ロケットなの？」。迷いが消えた。「やっぱり、おもしろそう」

スポンサー集めなどで東京へ行く機会が増えた今、大樹に戻ると「帰ってきた」と感じる。17年夏、地元有志がISTの後援会を結成した。「自分の人生で後援会ができるなんて考えもしなかった。チャレンジできる場所があるって貴重」。宇宙への挑戦に日々どっぷりつかる。

ガールズ熱気球

東大雪の山々に抱かれた上士幌町。朝焼けの空に色とりどりの熱気球が浮かぶ。ひときわ鮮やかなピンク色のバルーンを操るのは、早坂彩さん（36）。全国でも珍しい女性チーム「上士幌ガールズバルーンクラブ」の代表だ。

大空を飛ぶと、あの人の声が聞こえる気がする。「彩ちゃん、絶対、安全（第一）だぞ」って。

1974年にバルーンフェスティバルを始めた熱気球の町。地元育ちの早坂さんも気球を膨らますバーナー音で目覚めるほど身近な存在だった。でも、操縦に関心は向かなかった。

大空への扉を開いたのは2013年に町役場へ入った時の先輩、関克身（かつみ）さんだ。ベテラン操縦士でフェス運営の中心人物。活動的な早坂さんに「女性チームをつくろう」と声を掛けた。熱気球を盛り上げたいと真剣に考え始めた16年2月、関さんは病気のため50歳で急逝。道しるべを失った。

ある日、関さんの妻からバーナーに点火するロックライターが自宅に届いた。遺品に添えられた手紙に、背中を押された。「克（かつ）の思いと一緒にフライトしてね」。操縦士資格を取り、町内の20～40代の女性メンバー4人を集め、関さんの命日の17年2月2日にクラブを結成した。

熱気球の購入費600万円は町内企業の寄付で賄った。風任せの気球が農地に着陸することに、農家が理解を示してくれていた。「この町だから熱気球を始められた」。クラブのバルーンにはリボンのマーク。人と人の結び目をイメージした。

関さんは安全意識の徹底と「町のために」という思いが人一倍強かった。自身も同じように熱気球と向き合う。「返事がなくても『これで良かったんですよね』って、時々、関さんに話しかけるんです」

熱気球が膨らむ早朝の上士幌で、大空を飛ぶ魅力を語る早坂彩さん

【帯広市・鹿追町】

豊かな風土、魅力伝える

ソーゴー印刷社長　**高原淳**さん
神田日勝記念美術館学芸員　**川岸真由子**さん

紡ぐ文化と物語

厳しくも温かい大地が育む風土を伝える人たちがいる。

十勝管内を軸に北海道のライフスタイルを紹介する季刊誌「スロウ」を手掛ける帯広市のソーゴー印刷。「北海道で暮らす私たちが足元の豊かさを伝えたい」。社長でカメラマンの高原淳（あつし）さん（56）の目指すところは、特集を読めば分かる。

「郷土菓子がつなぐ記憶」「森と薪（まき）と、ストーブと」「旧校舎に魅（み）せられて」。スタッフ7人が紡ぐ郷土文化や作り手の物語を、被写体を優しく見つめる高原さんの写真が彩る。

創刊13年目で現在53号。毎号9千部を出す地方発ライフスタイル雑誌の成功例だ。印刷業から出版の世界へ。そこには一つの信念があった。「変化を恐れない」

少年時代は家業の印刷業に関心はなく、カメラ好きが高じて大阪芸術大へ進む。東京で後に妻となるライターの萬年とみ子さん（66）と知り合い、編集プロダクションを設立した。2000年、体調を崩した父から「会社を継ぐなら、これが最後の機会」と告げられた。来るべき時が来たと悟った39歳の決断。まっすぐ帯広へ戻った。

会社では1998年から飲食店を紹介するフリーペーパーを発行していた。編集現場を知る高原さん、とみ子さんに刺激されたスタッフが、北海道の魅力を掘り起こす雑誌を作りたいと提案した。「大勝負」に気後れしつつも職場の仲間を信じ、2004年にスロウは産声を上げる。

スタッフは魅力的な人々に会った感動を読者に話しかけるようにつづり、その軟らかな文体は「スロウのようなパンフレットを」との呼び水になった。地域の話題をすくい取るガイドブック「チビスロウ」には、約20の自治体から依頼が来た。取材した作り手が十勝に集い、商品を売る企画は5年目を迎えた。

家業を継いだ当時は義務感に支配さ

「挑戦する心があったからこそ、多くの人がスロウを手にする今がある」と語る高原淳さん

「神田日勝の絶筆『馬』と向き合うと、いつも何かを語りかけてくる」と話す川岸真由子さん

れていたが、17年春出版した自著にこう記した。『『義務感』は『ムギ感』へと変わっていくのを感じました。ああ、自分は十勝平野で収穫される一粒の麦でよいのだ」

日勝研究は財産

十勝の原野を開墾しながら画家として生きた神田日勝（1937～70年）。くわを下ろした鹿追町の神田日勝記念美術館の学芸員川岸真由子さん（29）は、日勝を「開拓画家のイメージにとどまらない」と評する。

東京生まれの日勝は、戦火を逃れ家族で鹿追に入植。32歳で早世するまで開拓農家の生活がモチーフの油彩を数多く残した。ベニヤ板に半身まで描いた絶筆の「馬」は広く知られる。

川岸さんの研究によると、日勝は美術誌の切り抜きを参考に構図を考えた節がうかがえる。あらゆる表現を模索した探求者。「日勝を通じ、戦後美術の系譜を明らかにしたいんです」。それは、恩人の願いでもある。

石川県出身の川岸さんは、北大大学院で西洋美術史を学んだ。鹿追で学芸員となった15年春、当時の館長菅訓章（すがのりあき）さんが温かく迎えてくれた。町職員として日勝の画業に光を当て、24年前の美術館開館につながる町民運動を支えた功績者だった。

「戦後の画壇での日勝の位置付けを検証してほしい」。菅さんは長年の課題を新人学芸員に託すと、16年1月にがんのため65歳で他界した。「大きな責任を感じた」。川岸さんは遺志を継ぐことで前を向く。

17年8月、日勝の命日に合わせた催しで世界的な美術家奈良美智（よしとも）さんが講演した。日勝作品を絶賛した奈良さんのツイッターを、川岸さんが目にしたのがきっかけ。奈良さんは北国の風土を力強い写実表現で描いた作風について語り、時代を超えて息づく作品群を高く評価した。

20年で日勝は没後50年。川岸さんは膨大な資料と向き合い、記念展を構想する。半世紀という時間は作品の評価が定まる節目。重圧はある。でも「フランスの風景画のような」田園風景に癒やされる。そして「町民運動で美術館ができた歴史があり、地域の皆さんの支援が厚い。そんな場所で研究できることは大きな財産」。鹿追が優しく包み込んでくれる。

〔更別村・広尾町〕

自然生かす　マルチな活動

更別農業研究所長　**岡田昌宏**さん
水産関連会社社長　**池下藤一郎**さん

岡田農場でドローンを操る岡田昌宏さん

農家と研究者と

十勝管内に広がる大地と海は、大いなる恵みをもたらす。

更別村の岡田昌宏さん（34）が差し出す名刺は3枚。「ボーダーレスワーカーなので」。笑顔の向こうに、枠にとらわれない生き方が浮かび上がる。

ふだんは農家。小麦やジャガイモなどを育てる57ヘクタールの「岡田農場」を兄と営む。傍ら、研究者としての顔ものぞく。北海道農業研究センター（北農研）の研究助手。太平洋に近く、冷涼な気候に向いた小麦の育種に挑む。

三つ目の肩書は、小型無人機ドローン販売「エアステージ」（釧路管内弟子屈町）の更別農業研究所長。ＩＴ技術を駆使した東大研究者による「スマート農業」プロジェクトに加わり、自らドローンを操縦して岡田農場の上空に飛ばす。作物の育ち具合を撮影したデータを解析し、追肥や農薬散布の効率化につなげようとしている。

晴れたら畑で働き、雨の日や冬は研究にいそしむ。農業と向き合う時の自由な姿勢は、農業科がある更別高で育まれた。先生から「好きなことをやれ」と背中を押され、実家で作るジャガイモが病気にならないよう、無菌の種芋栽培に熱中した。

帯広畜産大に在学中も北農研でジャガイモの育種を手伝い、就職先は東京の種芋の販売会社。4年後に更別へ戻り、実家で働きながら帯畜大大学院で学んだ。「農家の視点を生かした研究がしたかった」。半農半学のスタイルは性に合った。

スマート農業に可能性を見いだすのは、自らの経験から。岡田農場は家族経営。繁忙期は人手が足りない。大学時代からタブレット端末を使いこなすＩＴ通を自任してきたこともあり、人が少なくても農業ができる技術の活用は、農家の暮らしに余裕と潤いを与えると実感する。

２０１７年春から村内の人材育成塾「十勝さらべつ熱中小学校」で、まちづくりを学んでいる。小麦の知識を生

かした課外活動「ピザ部」を始め、土の恩恵を受けた地元食材の底力に気づいた。

農業者、研究者、まちおこしの仕掛け人。いつしか地域のプラットフォームのような役回りを担う。「更別が日本の農業の中心になって、多くの人が集まったらいいな」

波も魚も楽しむ

晩秋の午前5時半。広尾町の池下藤一郎さん（35）が、太平洋沿いの黄金道路を軽トラックで走り抜けた。荷台にサーフボード。自宅から5分足らずの海岸で車を止めた。ウエットスーツに着替え、朝日が昇る水平線にこぎ出す。うねりをつかまえ、波を滑り降りる。オレンジ色に輝く海を見渡し、「本当にぜいたくな時間」に包まれる。

地元の水産関連「池下産業」の若き社長だ。約10年前に家業を継ぐため東京から戻った。広尾にはサーフィンに適した大波が押し寄せる。本格的に波乗りを始めると、夢中になるのに時間はかからなかった。

良質な波を求め、サーファーが全国から広尾へ集まる。「いつもは出会えない人と会える場所」。その一人、千葉県のプロサーファー宮坂麻衣子さん（19）は、小学生時代から家族らと訪れていた。親しくなった池下さんは、彼女が中学3年の時に相談された。「広尾高に入って、サーフィンがしたい」。道内へ単身渡ってくると、下宿させ、学校や海へ送迎して支えた。

在学中にプロ資格を取った宮坂さんは、17年春卒業して千葉へ帰った。国内大会で好成績を残し、東京五輪の有力選手に数えられる。池下さんは「広尾の海が五輪につながるかもしれない。人生って、おもしろい」。

海の恵みは仕事でも享受する。養殖魚の飼料用に地元で水揚げされるマイワシ。重さ１５０グラムを超えると一段と脂が乗り、大トロのような味わいになる。食材の価値を見いだした。17年秋、鮮度を長時間保つ急速冷凍機を備えた工場を新設。刺し身用に出荷を始めた。首都圏の飲食店などから引き合いがある。

波乗りで知り合った若者が、社員やアルバイトとして一緒に働いている。「海のおかげで仕事もサーフィンもできて、仲間もできた」。地域の唯一無二の価値を、人一倍感じている。

波乗りで通う広尾の海岸でたたずむ池下藤一郎さん

［中札内村・幕別町］

ペンで草花でマチ彩る

デザイナー **山本学**さん、**えり奈**さん
十勝ヒルズヘッドガーデナー **高田玲子**さん

村民の記憶描く

十勝管内を彩る。そんな仕事が、土地への愛情を深める。

中札内村民なら誰もが持っている、愛らしいイラストが添えられた五十音表「中札内あいうえおもいで表」。地域の風景や文化が一枚一枚描かれている。

「え」は枝豆。ハーベスターによる収穫風景を描写した。「せ」は生協仮装盆踊り。約10年前に幕を閉じた夏の一大行事で、仮装して踊る女性がいかにも楽しそう。「れ」はレール。旧国鉄広尾線をゆくＳＬと並んで少年が駆けっこする。昔の子どもたちの遊びがよみがえる。

２０１７年９月の開村70年を記念し、村が全戸配布した。制作は村内に暮らす山本学さん（42）、えり奈さん（42）夫妻によるデザイナーユニット「チームヤムヤム」。２人はうなずく。「この仕事を通じて、本当の村民になれた気がする」。学さんは郷土史を調べてコンセプトを考え、えり奈さんが手描きした。ほのぼのとしたタッチのイラストが地域の風土によくなじむ。

夫妻は群馬県に住んでいた11年夏、キャンプで村を訪れた。豊かな自然にきれいな水。おいしい地元の食材も気に入った。「もうちょっとここに居ようか」。見つけた空き家に移り住み、そのまま今に至る。

長女（10）と長男（６）と家族４人で十勝ライフを満喫。知り合った小麦農家の１年の作業をイラストで紹介した冊子が評判を呼んだ。以前はウェブや出版社の仕事が多かったが、十勝の商品のラベルデザインといった地元からの依頼が増えた。

活動が村役場の目に留まり、開村70年事業の仕事が舞い込んだ。２人はみんなの思い出を紡ごうと、五十音にちなんだ村の記憶をアンケートで尋ねた。約50通の返信文は、村の人たちが愛する風景や、記憶にだけ残る情景で埋められていた。村民に「家族で五十音を考えたよ」「部屋に表を張ったよ」

「中札内あいうえおもいで表」を手にする山本学さん（左）、えり奈さん

花で彩られる春を待つ十勝ヒルズで庭園造りの魅力を語る高田玲子さん

と声を掛けられ、肌で喜びを感じた。

「旅をしている時と同じように、今も日常生活で新鮮な感動があるんです」とえり奈さん。デザインのアイデアは、日々の営みから湧き続けている。

年間4万人来園

日高山脈も広大な畑も帯広の街並みも望める幕別町の丘に、十勝ヒルズはある。畑やレストランがある23ヘクタールの園内の中核が、千種以上の草花が彩るガーデンだ。「空が広く、遮るものが何もない。そんな空間に合う庭園です」。ヘッドガーデナー高田玲子さん（44）が冬囲い作業の手を休めて教えてくれた。

七つのテーマ別の庭園は、高田さんがガーデンデザイナーと相談しながら整備してきた。例えば秋まで見ごろの「スカイミラー」はシラカバの足元を白と青のサルビアで彩る。十勝の広い空を映す大地の鏡をイメージした。庭園の中心に芝生広場も設け、ゆったり過ごせるガーデンには年間4万人が訪れる。

高田さんは富山県出身。父憲治さんは造園業を営んでいた。真夏に夜中まで花壇へ水をまくような「大変な仕事」に興味はなかった。ガーデナーになったのは、旅行を機に25歳で道内へ転居したのがきっかけだった。

後志管内留寿都村などのホテルに勤務。10年から富良野市のリゾート施設で働いた。人事異動でスキー場担当の部署から、会社が運営する庭園「風のガーデン」へ。テレビドラマの舞台となった庭園で、来園者に花の種類を聞かれた。「調べるうちに、花の名前を覚えるのが楽しくなって」。風のガーデンのデザイナーの下で、自然に溶け込む庭園造りを学んだ。

14年に十勝ヒルズから声が掛かった。広い大地に美しい山並み。土地に魅力を感じ、幕別へ引っ越した。庭園の大改修に着手したばかりで、ゼロから造り上げる仕事に没頭。昨夏、十勝らしいガーデンが完成した。

父は5年前に64歳で他界。生前、娘が造園に関わるのを喜び、「帰ってこないか」と言ってくれた。「地道に続ける作業が形になる仕事。父のすごさが今は分かる」と高田さん。「ガーデンは常に変化するので永遠に完成はない」。この大地に根を張り、理想を追い求める。

釧路でわが道歩む

釧路湿原、阿寒摩周と二つの国立公園を抱える自然の宝庫・釧路管内。この広々とした大地と生き物たちの姿に触発され、「わが道」をひた向きに歩む人たちを訪ねた。
（２０１８年３月２日～30日掲載）

［標茶町］ 静寂と熱狂 対極の世界で

自然ガイド **小川清史**さん

大自然の音体感

「静寂」と「熱狂」――。対極の世界を行き来する人がいる。

約２万９千ヘクタールに及ぶ釧路湿原国立公園の４割を占める標茶町。２月の厳寒の朝、町南部の塘路（とうろ）湖から湿原に曲線を描いて流れるアレキナイ川を、自然ガイドの小川清史さん（53）がこぐカヌーが音もなく進んだ。岸辺の木々を覆う霧氷が陽光に輝き、上空を国の天然記念物オオワシが舞う。「パサッ」。コバルトブルーの羽に身を包むカワセミの羽音がこだました。

「都会では気づかない大自然の小さな音が、ここでは体中に響く。その感動を湿原を訪れる人に体験してもらいたい」――。小川さんが低くつぶやいた。

ＪＲ塘路駅から４００メートルの丘の上に、小川さんが２００４年に開業したドーム形の民宿「釧路湿原とうろの宿」が立つ。窓の外には湿原を潤す塘路湖と三つの沼、蛇行するアレキナイ川、湿原を縦断するＪＲ釧網線の鉄路が絵画のように連なる。

観光客を湿原の静寂へと案内する小川さんには全く別の顔がある。１９８０年代後半に活躍したロックバンド「ＲＥＤ　ＷＡＲＲＩＯＲＳ（レッドウォーリアーズ）」のベーシスト。２０１７年、東京など４カ所で結成30周年公演を行い往年のファンを熱狂させた。小川さんは言う。「ロックと自然は両極のようで、魂を揺さぶる感じが似ている」

東京生まれ、埼玉育ち。地元の仲間とレッドウォーリアーズを結成し86年にデビューした。時代はバブル全盛期。「バラとワイン」「ルシアン・ヒルの上で」などヒット曲を連発した。年間１５０本近いライブをこなし、88年には日本武道館公演を成功させたが、平成が幕を開けた89年、わずか３年間で解散。

「何十年分も生きた充実した日々だったが、レッドウォーリアーズであり続けることに必死で、自分を見失いかけてもいた」。96年に再結成後は断続的に活動し、小川さんはソロ活動もしながら自分の道を模索した。

移住し民宿開業

カヌーとの縁は98年。旅行で滞在した塘路で住民にアレキナイ川で乗せてもらった。湿原に分け入り、静けさに息をのんだ。「チャパン」。水音に振り向くと、国の特別天然記念物タンチョウが川を歩いていた。ロックの大音量とは対照的な小さな響きだが、タンチョウの鼓動が伝わるようで胸が震えた。以来毎夏、塘路でカヌーをこいだ。

父が69歳で急逝したのを機に「命あ

るうちにやりたいことをしたい」と39歳で塘路に移住。民宿開業に踏み切った。客室全5室にテレビは置かず、野鳥のさえずりがBGMだ。

移住から15年。今や湿原のガイドではベテランだ。２０１７年は釧路川をカヌーで清掃するイベントを仕掛けた。「湿原を守りつつ活用するルールを地域ぐるみで再確認すべき時」と考える。

音楽活動も続ける。12年にレッドウォーリアーズのギタリスト木暮〝shake〟武彦さん（57）を招いて宿でライブを開き、小川さんにカヌーを教えた赤羽根勇さん（71）ら近所の高齢者も集まった。赤羽根さんは「小川さんがバンドの人だったとは知らず、驚いた。面白いことをやって、年寄りも刺激してほしい」と期待する。

レッドウォーリアーズは18年も5月27日、5千人収容の東京国際フォーラムホールで公演する。釧路湿原が青葉にあふれるころ、小川さんはパドルをベースに持ち替え大歓声の待つステージへ向かう。「若い頃は、いつ死んでもいいつもりでがむしゃらに弾いたけど、今はまだやりたいことがある、簡単にくたばらないぞって覚悟で弾く。それが50歳を過ぎた〝湿原のおやじ〟のロック」。銀色に輝く長髪を風になびかせ、胸を張った。

釧路湿原国立公園内を流れるアレキナイ川をカヌーで下る小川清史さん。
川面を打つパドルの音だけが静寂に響く

レッドウォーリアーズ結成30周年記念公演で演奏する小川清史さん
=2017年9月、東京・中野サンプラザ

［阿寒湖温泉・釧路市］

大自然の営み　アートに

銀細工職人　**下倉洋之**さん
切り絵作家　**竹本万亀**さん

雲や湧き水表現

大地が「創造の扉」となり、生まれるアートがある。

「頭に浮かぶデザインを形にすると、大自然へとつながっていく」。釧路市阿寒町の銀細工職人、下倉洋之（ひろゆき）さん（42）が、自作の腕輪を手に取った。内側に彫り込んだ幾つもの渦巻きで風を表現した、アイヌ民族の文様の影響を受けたデザインだ。

阿寒摩周国立公園を訪れる観光客でにぎわう阿寒湖温泉街の外れに下倉さんの工房「ｒａｋａｎ（ラカン）」がある。妻絵美さん（44）の伯父でアイヌ美術の彫刻家、故床ヌブリさんの作業場を引き継ぎ２０１５年に開いた。雲、湧き水、芽吹き…。自然の営みを銀で表現したペンダントや指輪なども並ぶ。

横浜市出身。専門学校を経て東京都内の彫金工房で働いていた１９９８年、オートバイでツーリング中に寄った二風谷アイヌ文化博物館（日高管内平取町）でアイヌ民族の衣装にほどこされた刺しゅうにくぎ付けになった。「単純な曲線や渦巻きなのに、見えない何かへの敬意が伝わりズドン—と胸に響きました」

アイヌ文化を調べ、自然との共生の歴史を知った。その後、都内でアイヌ音楽の歌手として活躍していた絵美さんと出会い結婚。２０１３年から、絵美さんが育った阿寒湖温泉のアイヌコタン近くで自然に寄り添い暮らす。

阿寒湖温泉に遅い春が来ると、摘み立てのフキノトウを絵美さんが煎じた茶が大地の息吹を体に吹き込む。国の特別天然記念物「阿寒湖のマリモ」をまつる「まりも祭り」の前には、コタンの〝男衆〟に加わりアイヌ民族の祭具イナウ（木幣）の材料のヤナギを採りに山へ向かう。17年秋は釧路管内白糠町の茶路川でアイヌ民族の伝統漁「マレㇷ゚（もり）漁」に参加。大きなサケの命の重みを体で感じた。アイヌ民族が文様に込めた自然への敬意を日々感じ共感する。

工房で作品をチェックする下倉洋之さん。腕輪の内側に幾つもの渦巻きが彫り込まれている

自宅につるした切り絵を背に、創作に込めた思いを語る竹本万亀さん。エゾフクロウやキタサンショウウオがゆらゆら揺れた

18年6月に東京で新作を発表する。作品にはあえて説明は添えないつもりだ。「阿寒の暮らしが作品に影響しているかとよく聞かれるが、自分では分からない。手に取った人が何を感じてくれるかが、その答えだと思う」

湿原の生物題材

今にも動きそうなキタサンショウウオやエゾアカガエル、獲物を狙うエゾフクロウ…。釧路市の竹本万亀（まき）さん（43）宅に自作の切り絵がゆらゆらとぶら下がる。高校の美術教師で、札幌、東京などで多数個展を開催する切り絵作家だ。釧路湿原周辺に生息する生き物が題材だが、いずれも体に葉や風を思わせる文様を刻み込んだ幻想の姿だ。

「生き物と、彼らが生きる大自然を私流に合体させたら、こうなりました」と笑う。

釧路管内厚岸町生まれ。鶴居村、浜中町で育ち、キタキツネやエゾシカなどの野生動物が身近だった。小学1年で切り絵を始めた。初めは人物や風景を描いていたが、道教大釧路校在学中にカエルを題材にした。友人からカエルのゴム人形をもらい、子供時代に、近所の沼でカエルの卵を採っては瓶で育てたことを思い出したのがきっかけだった。

黒画用紙から切りだしたカエルの体には、自然と一体化させようと湿地や沼に茂るヨシ、水草、湧き水の水泡を思わせる模様を入れた。「もっと遊び心を」と、カエルをまんじゅうやギョーザ、信号機などあらゆるものに〝変身〟させたシリーズをアート系イベントなどで発表し話題となり、道内外から出展依頼が来るようになった。トカゲ、モモンガ…とレパートリーは広がり、新作は年間30を超す。

アイヌ民族がカムイ（神）とあがめた動物たちを題材とした竹本さんの切り絵に、宗谷管内中頓別町在住の公務員榎田（えのきだ）純子さん（43）が詩を添えた二人展「カムイ絵巻」が、釧路市立美術館で18年3月31日まで開催中だ。16年、北九州市でも開催し、竹本さんの切り絵の妖しげな雰囲気が、反響を呼んだ。

「創作意欲をかき立てる生き物が身近にいるから生まれた作品。実物そのままではなく、似ているけど、違うのが面白い——。そんな作品を作っていきたい」

【釧路市・釧路町・標茶町・鶴居村】

湿原舞台に共生を追求

「タンチョウコミュニティ」設立者 **音成邦仁**さん
環境把握推進ネットワークPEG代表 **照井滋晴**さん

鶴居に根を張る

釧路市、釧路管内釧路町、標茶町、鶴居村にまたがる釧路湿原は、約2千種の動植物が生きる国内最大の湿原。人と生き物の共生を追い求める人たちがいる。

湿原西部、人口約2500人の鶴居村は国の特別天然記念物タンチョウの飛来地だ。2016年度は村内2カ所の給餌場に人口の15倍近い延べ3万7千羽が来た。その名の通り「鶴のいる村」だ。

音成邦仁さん（50）は08年、日本野鳥の会（東京）の村内のタンチョウ保護拠点「鶴居・伊藤タンチョウサンクチュアリ」を退職し、地域団体「タンチョウコミュニティ」を設立。村の子供たちに給餌用デントコーンを育てる場を提供するなど環境教育を進め、タンチョウにまつわる各種調査も行っている。

10年度には全国から来る観光客の移動や宿泊、飲食等の経済効果が冬だけで63億円に上るのに、このうち村内での消費は7億5千万円にとどまると推計。タンチョウを地元資源として生かしきれていないと指摘した。

16年度は、村内の酪農・畜産農家の85％に家畜飼料の穀物などを求めて飛来していることを調査で明らかにし、村など関係機関に農業被害防止策の必要性を訴えた。「がむしゃらに突っ走って、10年」と笑う。

東京出身で、栃木のゴルフ場勤務を経て01年に野鳥の会職員となり同サンクチュアリに赴任。村の畑ではタンチョウがデントコーンの種などをついばむ姿が見られた。農家を回ると「タンチョウ見物の観光客が畑を踏み荒らす」とも聞かされたが、大半は「タンチョウは大切だからしょうがない」と続けた。

「村民の思いや産業と、タンチョウ保護を共存させたい」と考え始めたが、野鳥の会には転勤がある。「鶴居に根を張り、やり通したい」と退職を決意。酪農関連の仕事もしながら活動を続け

「ツルも人も産業も大事」と鶴居村内で空を見上げる音成邦仁さん。頭上をタンチョウが舞った

釧路湿原のキタサンショウウオの生息地で、わなをチェックする照井滋晴さん

てきた。

かつて絶滅の危機にあったタンチョウは千羽を超え、環境省は15年度から、鶴居と釧路市阿寒町で行う給餌の量を段階的に削減している。村は18年度、タンチョウ保護と産業の共生を図る仕組み「鶴居モデル」構築を目指す検討委員会を設立する。音成さんも加わりたい考えで、「ツルのいる村が自力で問題を解決するための地ならしが、いよいよ始まる」と力を込める。

未踏の研究目標

釧路市の天然記念物キタサンショウウオは、北方領土を除くと国内では釧路湿原でしか生息が確認されていない希少種。同市のNPO法人環境把握推進ネットワークPEG代表の照井滋晴さん（35）は日本で数少ないキタサンショウウオ研究家だ。

札幌市生まれ。道教大釧路校在学中に初めてキタサンショウウオを見た。体長約10センチ。後ろ足の4本指を広げてはう愛らしい姿で知られるが、生態は解明されていなかった。「人がやらないことに挑もう」と研究を始めた。同校修士課程在籍中の07年、研究と両立できる仕事を自分で作るため、環境調査を業務とするPEGを設立した。

キタサンショウウオは釧路湿原の縁に生息するため、道路建設や宅地造成など開発の影響を受けやすい。1982〜2006年に確認された繁殖地の3割が、消滅したか消滅寸前であることが、師と仰ぐ研究者の調査で分かっている。「繁殖地の状況をチェックし続けることで、開発が湿原に与える影響も分かる」と考える。

湿原の広範囲に直径16センチ、深さ21センチの円柱状のわな約千個を仕掛け、毎年4〜11月にキタサンショウウオを捕獲して、季節ごとの分布などを調べている。生息状況の解析には最低20年分のデータが必要だ。「僕が現場で調査できるのは、あと25年くらい。二十数回しか繁殖期を見られない」。緊張感を持って研究の未踏の領域を目指す。

湿原周辺の工事予定地の環境調査を担うことも多く、繁殖地を見つけると影響を回避するよう開発主体に提案している。

18年2月初旬、学生時代から通う生息地に繁殖期を前に、わなのチェックに向かった。隣接地では道東道の延伸工事が進む。「開発と自然の共存を投げかけていきたい」。わなを覆う雪を、手ではらった。

〔釧路市・弟子屈町〕

土地が生む 食にこだわる

釧路短大准教授 **岡本匡代**さん
イタリア料理店主 **松井弘**さん

シカ肉 価値追求

釧路管内の大自然だからこそ生み出される「食」があり、それを真摯（しんし）に追求する人がいる。

食品科学が専門の釧路市の釧路短大准教授、岡本匡代（まさよ）さん（44）が、文部科学省の日本食品標準成分表を広げ、2015年の改訂で新たに肉類に加えられた「ニホンジカ（エゾシカ）」の項目を指さした。「エゾシカが日本の一般的な食品として国に認められたのです。60歳までにかなえたかった夢が早くもかなった。19年前に研究を始めた時には考えられなかった」

表に載った栄養データは同省調べだが、管理栄養士でもある岡本さんは国に先駆け、1999年にエゾシカ肉の研究を始めた。まだ人々は「シカを食べるなんて…」と敬遠していた。

管内では当時、激増したシカに森の木々が樹皮を食べられて次々と立ち枯れ、牧草地や畑では新芽が食い荒らされていた。99年の管内の農林業被害額は約13億円で全道の3割にも。シカの駆除が進められたが、肉は大半が廃棄された。欧州ではジビエ（野生鳥獣肉）が浸透していたが、日本では知られていなかった。「シカの食肉としての価値を数値で示すのが管理栄養士の仕事」と、走り始めた。

最初の2年間は毎週末、猟や駆除に

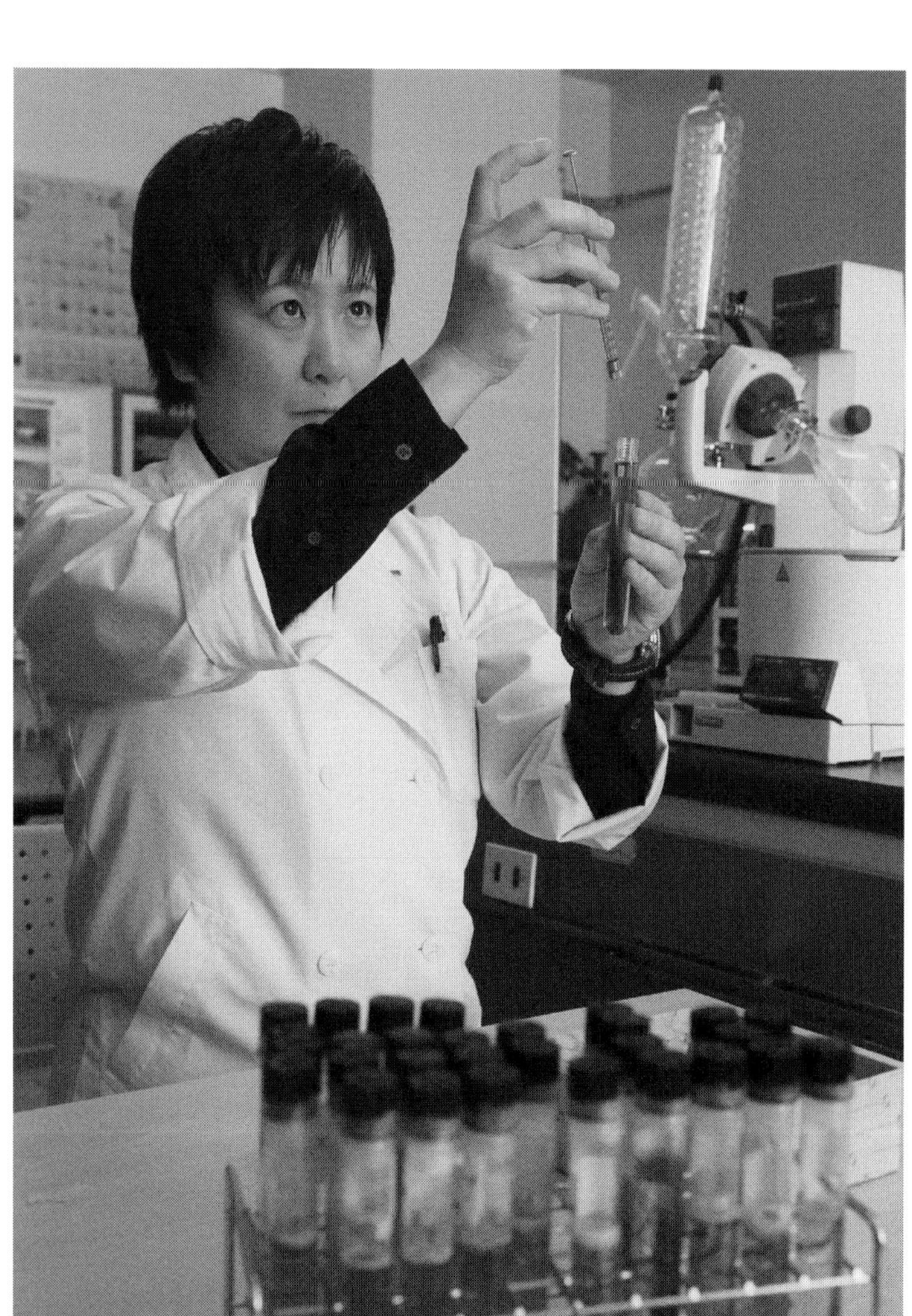

釧路短大の研究室でシカ肉の成分を調べる岡本匡代さん。
「シカとは一生のつきあいになりそう」と語る

同行。ハンターが撃って倒れたシカを探し、やぶをかき分け走った。ハンターがその場で解体したロース肉が実験材料。01年9月、鉄分の値に目を疑った。100グラム当たり6ミリグラム。成分表の牛サーロイン0・8ミリグラム、豚ロース0・3ミリグラムをはるかに上回り、鉄分が多い食品の代表、牛レバーの4ミリグラムをも超えた。「鉄分不足を解消できる食材」と確信した。季節変動も調べ、春は脂肪の少ない赤身、秋冬はタンパク質と脂質の多い旬の肉を味わえると分かった。

04年から学会で論文を発表し、データが食肉活用を進める各種団体に引用され、エゾシカ協会（札幌）は国に成分表への掲載を求める活動にも活用した。

岡本さんは短大で栄養士を目指す学生たちにシカ肉の価値を語り続け、道内各地の学校などで卒業生がシカ給食を提供。シカ肉を扱うスーパーやシカ料理を出す店は増えたが、まだ満足していない。今は高齢者向けの料理を研究中だ。「食害対策ではなく、おいしくて栄養もある食材として、もっと広げたい」

弟子屈町札友内に立つ「COVO」の前で、「自然に負けない料理を提供し続けたい」と話す松井弘さん

大自然が隠し味

阿寒摩周国立公園を象徴する三つの湖の一つ、屈斜路湖は国内最大のカルデラ湖。湖から流れる釧路川の源流部から約10キロ下流の弟子屈町札友内（さっともない）の川岸に、イタリア料理店「COVO（コーヴォ）」が立つ。松井弘さん（44）が10年に開業した。

弟子屈産豚肉をカリッと焼き自家製トマトソースと絡めたパスタ「アマトリチャーナ」、釧路町昆布森産のムール貝や厚岸産アサリなどを盛った「北海道ペスカトーレ」など地場産食材を使った料理が自慢だ。店の背後を流れる釧路川には国の特別天然記念物タンチョウやシマエナガなどの野鳥が舞い降り、窓の向こうの大自然が隠し味だ。

作り置きせず、注文が入ってからパスタソースを作り、ピザ生地を伸ばす。「大量生産の時代だからこそ、少量でも手間をかけた料理を出す」のが信条。団体客は断る。店舗にも手間をかけた。道産エゾマツなどの丸太100本を材料に10年かけて自分で建てたログハウスだ。

神戸市生まれ。三菱重工神戸造船所で原発関連の機器製造に携わっていたが、新婚旅行で訪れた弟子屈の自然に魅せられ、24歳で移住。釧路川のカヌーガイドに転じた。仕事の傍ら手がけたログハウス建設は、原木の皮むきから始まった。当初は自宅にするつもりだったが、カヌーの乗客からよく「川を見ながらランチできる場所がほしい」と言われ、飲食店の起業を決意。趣味の料理を独学で鍛えた。

弟子屈の大自然に合った店舗と地場食材を生かした料理が口コミやインターネットで広がり、今や1時間待ちの日もあるが「店が安定した」とは思わない。「環境や食材が良くても、味が落ちれば客は減る」。素材に負けない——と自分に言い聞かせ、厨房に立つ。

［浜中町］

動物との絆 ブルースに

ギタリスト　**藤本祐治**さん

クマ、ネコと生活

〜ねえロッキー　いつもの所に座ってるね　ねえロッキー　いつものように空を見上げてる

この「ロッキーのブルース」を作詞作曲し、自ら弾き語るのはギタリスト藤本祐治さん（62）だ。釧路管内浜中町で雄のツキノワグマのロッキーと三毛猫のオリーブと「3人暮らし」。海岸線の美しさで知られる同町に、動物との絆が生むブルースが響く。時には、動物に成り代わって思いを代弁する。

〜私は三毛猫　名前はオリーブ　まじめに生きてます

藤本さんは道東が拠点のバンド「エコーズ」のリーダー。２０１７年は札幌、大阪、博多など道内外約30カ所でライブを行い、米国でも演奏した。18年5月には沖縄県宮古島の音楽イベントに出る。「自分らしい音楽をロッキーたちのおかげで見つけられた」

浜中湾を望む町内後静（しりしず）の高台にロッキーの獣舎と藤本さんの家がポツンと立つ。背後には、１９７２〜２００４年に多数の動物と客でにぎわった「ムツゴロウ動物王国」の10ヘクタールの跡地。藤本さんは王国の元スタッフ、ロッキーは人気者だった。

北九州市出身。プロのロックギタリストを目指し挫折した時、作家畑正憲さん（82）＝根室管内中標津町在住＝のエッセーに出会った。テレビでは畑さんが中標津と浜中で主宰するムツゴロウ動物王国の番組が人気だった。幼いころから動物好き。畑さんに手紙を出し、80年、24歳で浜中に向かった。

王国にはネコ２００匹、ウマ１２０頭、イヌも１００匹以上いた。畑さんは「動物と好きなように暮らしなさい」と語っていた。ウマの世話をし、毎日が楽しかった。一方、テレビ局がお膳立てしスタッフで結成した「長靴バンド」で演奏したが、あくまで番組用。目指す音楽にはほど遠く手応えはなかった。

ロッキーは82年春、福井県からやって来た。母熊が撃たれ、巣穴に残された生後間もない子熊を王国が引き取った。両手に収まるほど小さく、スタッフの家で人やネコと暮らした。しかし、成長し、おりに入ると、遊び相手もなく孤独になった。

畑さんに頼まれ

浜中の王国が04年に閉鎖されると動

釧路市内で開いたライブで、動物たちのブルースを披露する藤本祐治さん。ロッキーが冬眠から目覚めたことを聴衆に報告した

物たちは東京に移ったが、クマは移動に規制がありロッキーは残された。藤本さんは直前に王国を退職し福祉施設などで働いていたが、畑さんから世話を頼まれた。寂しげに空を見上げるロッキーの姿が脳裏に浮かび、引き受けた。毎日、餌を与えながら語りかけた。

冬眠から覚めたロッキーが、藤本さんに語りかけるように柵越しに顔を寄せた

　幼いロッキーが先代の三毛猫オリーブに寄り添い眠る懐かしい写真を見つけたのは7年前。子熊の母親代わりのように毎日一緒に寝ていたオリーブの乳から、やがてミルクが出たことを思い出したらブルースができた。「三毛猫オリーブ」だ。次に「ロッキーのブルース」、暴れ馬や、ほえてばかりの犬も…。

〈そんなにきつく　抱きしめないで
息ができないよ　私はトイプードル

　王国の動物たちがどんどん歌になった。

先代の三毛猫オリーブに抱かれるように眠るロッキー=1982年（ムツプロ提供）

ライブで数日家を離れて戻ると、ロッキーは柵の間から前足を伸ばし、藤本さんの足にそっと乗せて甘える。36歳。飼育下のツキノワグマでは最年長級だ。藤本さんは「最期まで見届ける」と心に決めている。幼稚園で用務員を務めながら、ロッキーの世話と音楽活動を続ける。

　16年、2枚目の自主制作アルバムを発表。畑さんが詞を提供した作品もある。畑さんは藤本さんを黙って見守る。「動物とどう生きるかは、その1匹と、その1人の関係で一般論はない。藤本君とロッキーにも、彼らだけが分かる信頼関係がある」

　18年3月初旬、藤本さんは冬眠中のロッキーを起こそうと獣舎に向かった。高齢なクマは冬眠中に死ぬこともある。心配で眠れなかった。獣舎の天窓からおそるおそるのぞくと、ロッキーが顔を上げた。声が震えた。「ロッキー、起きてるね、生きてるね。良かった」

　餌置き場に現れたロッキーは黒蜜500ミリリットルを飲み干し、ようかん1本とリンゴ3個を平らげた。「俺も頑張らんとな」と笑う藤本さんに、ロッキーが柵越しに顔を寄せた。真っ黒な瞳に、藤本さんの笑顔が映った。

十勝で育む慈しむ

十勝の大地で育まれるのは豊かな農畜産物だけではない。おおらかな地で子供たちを育て、地元の自然や魅力を守り、慈しみながら暮らす人々の姿を伝える。
（２０１９年２月２日〜23日掲載）

［幕別町・音更町］

若手選手の飛躍後押し

十勝相撲連盟理事長 **小師国光**さん
帯広大谷短大教育助手 **石沢志穂**さん

２０１９年１月の大相撲初場所。新入幕の東前頭13枚目、矢後関＝十勝管内芽室町出身、本名・矢後太規（たかのり）さん、尾車部屋＝が９勝６敗と勝ち越し地元を沸かせた。矢後関が小学生の頃から、畜産業の傍ら相撲を教えていた十勝相撲連盟理事長の小師（こもろ）国光さん（59）＝同管内幕別町＝は「最高の相撲だった。体もしまって、いい稽古ができていたんじゃないかな」としみじみと語った。

押し相撲を徹底

幕別中から江別市の酪農学園機農高（現・とわの森三愛高）に進み相撲を始めた。３年生の時、道予選で個人優勝し、団体戦の一員に選ばれ国体に出場。チームは敗れたが、自身は２勝１敗と健闘した。卒業後は幕別で家業の畜産業を手伝いながら好きな相撲を続け、道警機動隊の稽古にも参加したが「所属連盟がなければ試合に出られない」。１９８４年、25歳で幕別町相撲連盟を立ち上げた。十勝管内には帯広市と本別、広尾両町に連盟があり、上部団体の十勝相撲連盟も同時に設立した。

５年ほど後、「子供たちと練習できる環境をつくりたい」と自宅敷地内にプレハブの「十勝相撲道場」を開設。幕別出身で帰郷した元力士「栃の嶺（みね）」の武藤利浩さん（57）に監督を頼んだ。道場からは帯広や本別など管内出身の５人が角界に進み、初の関取・矢後関を生んだ。

今は管内の小中学生男女計９人が通う。稽古は週２回。「教えるのは押し相撲。押しを完成しないと強くなれない」。自身の得意技でもあった〝押し〟の信念を貫き、巣立っていく子供たちに、困難に立ち向かう心を養ってもらいたいと願う。

矢後関は、広尾町出身の北勝海（現八角親方）、芽室町出身の大乃国（現芝田山親方）に続く十勝管内出身３人目の横綱を目指し幕内での一歩を踏み出した。小師さんは「勝ち越しよりも、とにかく押し相撲に徹してほしい」と期待する。

食の知識生かす

十勝管内音更町の帯広大谷短大に19年４月、スピードスケート部が誕生する。チームを率いるのは、同短大の栄養士課程で教育助手を務める元スピードスケート五輪代表の石沢志穂さん（32）。既に男子２人の入部が決まった。「地域に応援されるチームをつくりたい」と誓う。

道内唯一の屋内スピードスケート場「明治北海道十勝オーバル」（芽室町）があるスケート王国・十勝。同管内中札内村出身の石沢さんは「練習環境は恵まれているのに高校卒業後は地元で競技を続けるのが難しい。もったいない」と感じていた。

中長距離選手として10年バンクーバー五輪の5000メートルで9位に入った後、所属先の苫小牧の企業のスケート部が廃部に。単身ノルウェーに渡り、4カ月ほど海外選手と練習したが、後ろ盾がない。「不安が尽きなかった」。日本に戻って千歳市に本社を置く新たな所属先を見つけ、14年のソチ五輪では3000メートルで9位に入った。「監督や仲間がいるだけで安心して競技に打ち込める」。選手として飛躍するために「部」や「チーム」の存在が必要と実感した。

14年春に現役を退き翌年春から同短大で、体づくりに影響する食や栄養を学んだ。知識を生かし卒業後の17年春から18年の平昌（ピョンチャン）五輪まで、親友の小平奈緒選手（32）のアシスタントスタッフを務め、同五輪500メートルでの金メダル獲得などを支えた。

実は現役引退1カ月後に幕別の白人（ちろっと）小学校で行った講演で、ある目標を語っていた。「選手としてメダルは取れなかった。だから五輪でメダルを取る選手のサポートをしたい」。ただ、こんなに早く平昌で達成できるとは思っていなかった。

「かなわなかった夢に、違う形で関われるチャンスがある」。後進にそう伝えたい。19年春から学生と共に一からチームをつくる。自身の経験や小平選手から学んだこと、スケートに必要な体づくり…。伝えたいことは山ほど。でも「自分で考え、納得して練習を重ねることが選手としての基礎。どこまで、どうやって伝えるのがいいか」。考え、悩みながら向き合う覚悟だ。

教え子の矢後関の成長に「まだまだこれから」と話しながらも熱い期待を寄せる小師国光さん

明治北海道十勝オーバルで、「多くの人の支援で部の発足にこぎつけられた」と感謝の思いを語る石沢志穂さん

［豊頃町・帯広市］

掘り起こす 地元の魅力

写真愛好家 **浦島久**さん
地域情報発信者 **野沢一盛**さん

輝く氷塊 世界に

朝日に輝く透明な氷塊「ジュエリーアイス」を写真に収めようと、多くの人たちが集まっていた。氷点下17度まで冷え込んだ2019年1月30日午前6時すぎの十勝管内豊頃町大津海岸。寝そべったり、氷を積み上げたりしてカメラを構える人々の中に、ジュエリーアイスの名付け親、帯広市の浦島久さん（66）の姿もあった。初めてこの氷塊を見たのは7年前の12年2月。「この世のものと思えなかった」。一目で、その美しい名が浮かび、自身のブログで発信した。

厳寒の十勝川に張った氷が日中の暖気などで割れて海に流れた後、海岸に打ち上げられたものとされる。海水が凍る流氷と違い透明度が高く、波にもまれ丸みも帯びる。夜明けの光で氷が宝石のように輝く光景は幻想的。「太陽はみるみる昇る。勝負は15分もあるかないか」。限られた時間と一つ一つ異なる輝き。「もっと撮りたい。明日も撮りたい」と駆り立てられる。

帯広市で英語学校を運営しながら趣味で写真を撮り続けてきた。01年に他界した、自然写真家だった父の甲一さんが撮影したハルニレの写真が、中学の英語教科書に収録されたのを機に、自身も09年からカメラを手にする。豊頃町のニレの木やジュエリーアイスを中心に被写体は十勝の自然だ。「十勝にはシャッターを切りたくなる風景があふれている」という。

ジュエリーアイスの写真は自身のブログやフェイスブックで紹介。海岸の様子を随時発信する。ジュエリーアイスの名が広まるまで、数人のアマチュア写真家が訪れるだけだった冬の大津海岸。17年1月にニューヨーク・タイムズの電子版でも紹介されるなど、海外にも知られる冬の貴重な観光資源に育った。

大きな注目が集まり喜ぶと同時に「地元にとって何かメリットになるものはないか」と考えた。写真家の岸本日出雄さんと協力。2人の作品を集め

早朝の海岸でさまざまなアングルからジュエリーアイスを狙う浦島久さん。「のんびり撮ってはいられない」

た初のジュエリーアイスの写真展（町観光協会主催、大津漁協共催）を19年2月28日まで豊頃で開催中だ。商店街にも観光客を呼び込めるよう、食堂やカフェなど町内12カ所を展示会場にした。

父は10年以上もニレの木を撮り続けた。「ハルニレの写真家」とも呼ばれ「撮り尽くした」と言ってカメラを置いた。「俺もいつか言ってみたい」が、まだまだカメラは手放せない。

実用情報を発信

人材派遣会社に勤める帯広市の野沢一盛（かずしげ）さん（30）は、十勝の魅力をブログで発信し3年ほどになる。大学卒業まで京都市で過ごし、十勝に縁もゆかりもない。「移住を考えている人や移住間もない人、地域の魅力に気づいてない地元の人たちに魅力を伝えたい」。２０１６年７月に「しげのざ・ｃｏｍ」を開設。仕事の傍ら、地元愛にあふれる約３００本の記事を配信してきた。動画数は40を超える。

カフェや居酒屋、雑貨店などを紹介。冬しか楽しめない観光スポット、自身が夜の繁華街を練り歩く「夜の帯広探検ツアー」の動画配信など、行ってみたくなる話題を扱う。「早朝に朝食が食べられる帯広の店は」「幕別町札内地区の飲食店まとめ」。実用的な内容が中心で、道外からのアクセス数も多い。月間閲覧数は7、8万になる。

古里の京都の人やモノに誇りを持っていたが、大学で出会った他地域出身の友人たちの多くは「自分の地元が好きにはなれない」「ださい」と言う。「自分が住んでいる地域を好きになれる人を増やすことに尽力したい」と考えるようになった。

大学卒業後は情報通信会社に就職し札幌に赴任。「地域活性化に関わる仕事がしたい」という思いが捨てきれず、5年ほどで退社した。農林水産業に特化した人材派遣業ライフラボ（東京）の道東駐在員に応募し、16年7月から十勝管内幕別町、18年9月からは帯広市で暮らす。

京都に戻るつもりだったが、ブログをきっかけに多くの仲間に恵まれた。「十勝の観光地だって札幌や小樽に負けてない。十勝に居たい」と今は思う。「日常のふとした瞬間や生活での疑問を形にするのが楽しい」。情報を更新し続ける。

ドローンも駆使して動画撮影を行う野沢一盛さん。
「十勝の青空の下で、景色を収めるのが楽しい」と話す

［上士幌町・帯広市］

家畜や花　自然な姿で

「十勝しんむら牧場」社長　**新村浩隆**さん
「紫竹ガーデン」社長　**紫竹昭葉**さん、長女・**隈本和葉**さん

一から土づくり

十勝管内上士幌町の田園地帯。小高い丘を登ると「十勝しんむら牧場」で放牧されている牛やヤギ、豚、馬が出迎えてくれる。豚の親子が並んで小走りする姿に思わず笑みがこぼれる。

「豚は元々森に住むイノシシを家畜化した動物。一番気持ちいい環境で育てることで豚肉もおいしくなるんです」。同牧場の新村浩隆社長（47）は、家畜本来の生命力を生かそうと、放牧による畜産に取り組む。

放牧への関心は酪農学園大（江別）の学生時代からあった。家業の酪農は、牛舎の清掃やふん尿処理、餌やりなど重労働という負の印象が拭えず、牛舎内で早朝から夕方まで、つきっきりで牛の世話をする日々は「元気な牛をわざわざ介護するような飼育だった」。

「牛にできることは牛にやってもらおう」と〝放牧〟にたどり着いた。4代目として23歳で牧場を継ぐと牛舎につないでいた牛を放した。

良い草を育てるため土づくりを一から教わったのが、農業コンサルタントで農学博士のエリック川辺さん。ニュージーランドに留学して草地学を専攻し、道内各地で土づくりを実践してきた人物だ。指導を受け、数十区画に分かれた約70ヘクタールの牧草地の土壌を分析。区画ごとに必要成分と不要成分を洗い出し、各区画に適した肥料を与えバランスを整えた。満足いく土ができるのに3～5年を費やした。

現在、乳牛約120頭を飼育。放牧に変えてから「牛が健康になって寿命も延び、子牛も元気に生まれるようになった」。

2015年からは放牧の養豚も始めた。牧草やドングリを食べ、山林をのびのびと駆け回る豚のブランド名は「山森野豚（やまもりのぶた）」。加工したハンバーグは臭みがなく甘みが特徴で、上士幌町のふるさと納税の返礼品として人気だ。

バーベキューやキャンプが楽しめるよう専用テラスの整備も進める。十勝

牧場内のカフェの外では放牧された豚が自由に行ったり来たり。
「牛も豚も、牧草地の中で自然に出産するんです」と語る新村浩隆さん

「園芸療法で紫竹ガーデンの新しい1ページが始まる」と話す紫竹昭葉さん（右）、隈本和葉さん。見るだけの庭ではなく、心身を癒やせる庭造りに向け歩き出す

の大空の下、アグリツーリズム（農業観光）の充実を見据えている。「牛乳や豚肉が好きという来場客が楽しい、おいしい、もっといたいと思える魅力的な牧場にしていく」

野原のような庭

春には色鮮やかな花々のじゅうたんが一面に広がる帯広市美栄町の「紫竹ガーデン」。花畑に負けない華やかな衣装の紫竹昭葉（あきよ）社長（91）が30年かけて造り上げ、長女の隈本和葉さん（70）がそばで支え続けてきた。

５ヘクタールほどの園内には約２５００種の花が植えられ、季節ごとに見頃が入れ替わる。無農薬、無肥料、無散水が基本。年ごとに天候が違えば庭の表情も異なる。あえて手を加えず自然な姿を大切にするのは、紫竹さんが「子どもの頃に遊んだ野原のような庭を造りたかったから」。

紫竹さんは56歳で、建設会社役員だった最愛の夫勲さんを亡くし、寂しさのあまり落ち込んだ時期があった。その後、自分を奮い立たせるように取りかかったのが庭造り。「昔は帯広の街中も花だらけだったのに、どんどん減った。それが残念でガーデンを造ろうと思い立った」

十勝じゅうを回って探し購入した広大な土地に、一から花畑を造る——。60歳を過ぎて、なぜそこまでできたのか。両親の愛情を受け幸せな家庭で育った紫竹さんについて、隈本さんは「小さい頃から周りに『お利口だね』『よくできたね』って褒められて育った母には、『私は何でもできる』と思える才能があったんですね」と振り返る。

花畑を観光庭園にするため、隈本さんも札幌から帯広へ家族と共に移り、母をサポート。２人は庭造りの傍ら、花壇整備の仕事を受注できるよう道内各地を営業して回り、苗の費用や人件費を捻出していった。

１９９２年の開業当初、来場者は年間２千人ほどだったが、今や約10万人を集める観光名所だ。「庭はもちろんだけど、母に会いたいと来るお客さんがとても多い」と隈本さんは感心する。紫竹さんは「花と同じくらい人が大好き。会った人はみんな友達だもの」とほほ笑む。

２０１９年から新たに園芸療法を取り入れる。ストレス軽減や意欲回復などの健康効果が期待される療法だ。常に新しいアイデアと笑顔が絶えない母娘２人だからこそ、〝会いに行きたい庭〟ができた。

［帯広市・鹿追町］

子供たちを癒やす大自然

自然サークル代表 **中村典代**さん、夫・**修一**さん
瓜幕自然体験留学制度推進連絡協議会会長 **秋田芳通**さん

東日本大震災と東京電力福島第1原発事故から2019年3月11日で8年。「放射能の影響で、自由に外で遊べない子供たちに北海道の大自然の中で遊んでほしい」。自然観察や読み聞かせを行う帯広の自然サークル「どんぐりとやまねこ」代表の中村典代さん（64）と夫の修一さん（60）は、震災4カ月後の11年7月から毎年、福島県の子供たちを十勝に招待している。

木育マイスターの資格を持つ修一さんは十勝管内中札内村の高等養護学校木工科の教員。遊びを通じ自然を案内する指導員「ネイチャーゲームリーダー」の典代さんは、帯広の自然体験施設などで活動する。長男と長女は独立し夫婦2人暮らしだ。

福島県から招待

「福島の子を十勝でも預かってくれないか」——。受け入れ開始のきっかけは、札幌の被災者支援団体「むすびば」の知人からの依頼だった。典代さんは快諾、他団体も含めて実行委をつくり「ゆったりほっかいどう・十勝の夏休み」として福島県の小中学生10人を招待した。

子供たちは2週間ほど、帯広の中村さん宅や十勝管内の宿泊施設に滞在。同管内上士幌町内を流れる川で黒曜石を拾い集めたり、然別湖周辺でナキウサギの観察をするなど自然を堪能す

「家族や友人、多くの知人の助けがあって続けてこられた」と話す中村典代さん（右）、修一さん。周囲と助け合い、福島の子供たちを迎え入れる

る。「すべて楽しいことは、おなかにいいのですよ」。絵本の読み聞かせもする典代さんが好きなムーミンママの言葉だ。「元気になるよう、うんと楽しい夏休みを過ごしてほしい」

道内で福島などの子を受け入れる団体は少なくない。17年度、被災地から一時保養で来る親子の交通費を助成する道新福祉基金を利用しただけでも「どんぐりとやまねこ」含め9団体。一人でも多く招待しようと、参加を1回に限定する団体もある中、中村さん夫妻は「『また来たい』と言う子は断らない」。中には7年連続で訪れる子もいる。

毎年10～20人を受け入れてきた夫妻。19年は、帯広の子供たちも一緒に遊ぶ新しい保養プログラムを企画している。「一緒に遊んで、帯広の子が地元の良さをあらためて感じる機会になれば」と、修一さんは願う。

鹿追町自然体験留学センター内の食堂兼ミーティングルーム。山村留学の共同生活は「互いに相手を思いやる心を育む」と語る秋田芳通さん

「山村留学」30年

豊かな自然と広大な畑が広がる同管内鹿追町の瓜幕（うりまく）地区で、首都圏や大阪などから小中学生を受け入れる山村留学が始まって30年余り。今は瓜幕自然体験留学制度推進連絡協議会会長の秋田芳通（よしみち）さん(76)は、三男の留学を機に家族で移住して来た。「ここは外から来た人間を温かく迎えてくれる土地柄」だ。

東京生まれの東京育ち。中央信託銀行（現・三井住友信託銀行）でバブル期は朝7時から夜11時まで働いた。当時、都内の中学でいじめに悩んでいた三男は、新聞で知った瓜幕への留学を決意。同協議会初代会長の故井出順一さん宅で1992年からホームステイを始めた。

秋田さんは「（三男の留学で）瓜幕の学校や地域のつながり、互いに支え合う生活にふれた。『勉強して大企業で働く人生』という固定観念が百八十度変わった」。翌年には瓜幕に新居を建て、妻と長女が移住。自らも、単身赴任ながら道内勤務に変えてもらい〝半移住〟した。

道内で2番目の88年に始まった瓜幕自然体験留学制度では、これまで瓜幕小・中に延べ525人が在籍。現在、町運営の自然体験留学センターには専任指導員が常駐し、小中学生10人が暮らす。朝晩の食事は出るが、2人部屋の掃除や洗濯は自ら行うルールだ。秋田さんは他の指導員と交代で3日に1度、留学生と寝食を共にする。

町内には、ほかに公営の専用住宅などで暮らす親子留学が3組8人、ホームステイをする留学生も1人いる。地元の子と共に乗馬や登山、スケートに親しみ、1年もたつと外部の人は、都会の子と地元の子の見分けが付かないほどになる。

秋田さんは函館で働いていた18年前に退職して鹿追に完全移住し、東京で働いていた長男も同町の会社に転職。今は家族5人と孫6人が町内で暮らす。「鹿追に家を建てて四半世紀。山村留学制度を通じて地域活性化に役立ちたい。それが自分にできる唯一の恩返しと思っている」

南空知で醸造用のブドウ栽培に乗り出す人が相次いでいる。空知管内の栽培面積は後志管内に次ぎ、全道の3割ほどを占め、ワイナリー設立も続く。ワインや日本酒の醸造所を巡る観光ルートも人気で、道外・海外からも観光客が訪れる。南空知の醸造酒にまつわる人たちを訪ねた。

（2018年1月5日～26日掲載）

南空知に酔う

［岩見沢市・三笠市］

風土と情熱　ワイン醸す

「栗澤ワインズ」開設者　**近藤良介**さん
醸造家　**ブルース・ガットラブ**さん
「宝水ワイナリー」社長　**倉内武美**さん

子どものように自分と育つ

「この施設でワインの可能性を探りたい」――。岩見沢市栗沢町茂世丑（もせうし）のブドウ園「コンドウヴィンヤード」の近藤良介さん（44）は、仲間2人と農事組合法人を興し、2017年10月に園内にワイナリー「栗澤ワインズ」を開設。自分ならではのワイン造りに挑み始めた。

恵庭市出身。神戸市外国語大に進学したが、やりたいことが見つからず、就職活動をしないまま1997年に卒業。ただ、恵庭の母の実家が兼業農家で、農業に漠然とした憧れがあった。そのため、京都で親が農業を営む友人の実家でアルバイトをし「この仕事をやりたい」との思いを強め、北海道に戻った。

札幌市の北海道農業担い手育成センターに相談。紹介されたのが第3希望の果樹栽培だった。後志管内余市町の農家で1年間研修し、歌志内市職員として99年から市営ブドウ園で働いた。「ブドウ栽培が面白いのは農業だけで終わらないこと。（ワイン造りを含め）単年の仕事でなく、子どものように自分と一緒に育つのが奥深いと思った」

しかし、出荷したブドウは大手ワインメーカーで醸造され瓶詰めされて戻ってくるだけ。「勤めていてはやりたいことができない」と退職し、2007年に三笠市内に2ヘクタールの土地を取得し翌年、苗木を植えた。11年に初収穫し岩見沢市栗沢町にも10ヘクタールの土地を取得。ブドウは札幌市南区の「さっぽろ藤野ワイナリー」に持ち込んで醸造した。

「栗澤ワインズ」内の貯蔵庫で熱く語る近藤良介さん

12年からは米国人醸造家ブルース・ガットラブさん（56）が岩見沢市栗沢町上幌に開設した醸造所「10R（とあーる）ワイナリー」に持ち込んだ。近藤さんは「ブルースさんは多くの面で、自分の考えでワインを造ることを認めてくれた。例えば白ワインは一般に果汁しか使いませんが、赤ワインのように種と皮も使って醸造させてくれ、あらためてワインの可能性を確信することができました」。

自分たちで醸造所を持つ思いが強まった。「10Rで醸造してもらう方が良いワインができるかもしれないが、ワインは人それぞれの個性が出るお酒。いつまでもブルースさんに頼っては、自分のワインができないと思った」

栗澤ワインズでは、かめに皮や小枝がついたままのブドウをつけ込む「クエブリ」と呼ばれる醸造法にも取り組む。ワイン発祥の地とされる東欧ジョージアの伝統的製法。白ワインでありながら色はオレンジで、赤ワインのような渋みがある。1年半寝かし、19年春に出荷する。

自分なりの味 考えるしかない

「南空知は1日の寒暖差が大きくて、本州と比べ雨が少なく、湿度が低い。だからブドウの質が高く、おいしいワインができると思った」。09年に理想のワインを求め岩見沢市に移住したガットラブさんはそう語る。

ワインの出来を見るブルース・ガットラブさん

ニューヨーク出身。ワインが好きで大学卒業後、カリフォルニア州立大デービス校の大学院で醸造学を学び醸造家となった。1989年に醸造所を持つ栃木県足利市の障害者施設「ココ・ファーム・ワイナリー」に招かれた。当初は日本に永住する気はなく、日米を往復し障害者らの指導に当たったが、意思疎通は簡単ではなかった。「それなら自分で全部やって指導しよう」と日本に住むことにした。

「当時の日本のワインはかなり甘かった。欧米の食文化では辛口じゃないと量を飲めないのに」。辛口ワインを造ると購入者の評判は悪かった。「日本人の好みを無視していた。客から『外人をアメリカに返せ』と言われたのはショックでした」

ココ・ファームはその後、日本を代表するワイナリーとなり、ガットラブさんが手がけたワインは九州沖縄サミットや洞爺湖サミットで採用された。今でも取締役として名を連ねる。

10Rワイナリーは農家から委託を受け醸造するのがメイン。現在、道内各地の14農家がブドウを持ち込み、それぞれのブランド名でワインを出荷する。ガットラブさんは指導役だ。

「独立支援が僕の仕事。質問されれば何でも教えます。でも自分なりのワインを造るには、最後は自分で考えるしかない。ワインは簡単に造れる。でも良いワインは簡単には造れない」

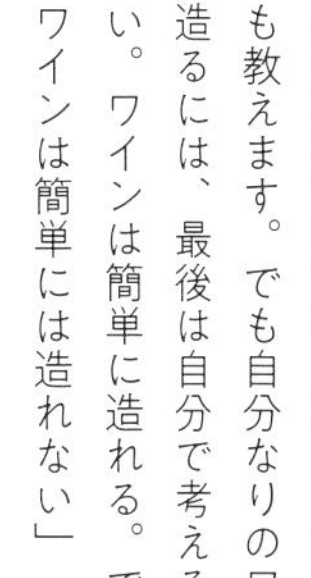

映画ロケ地 観光スポットに

南空知のワイナリーは今、観光スポットだ。きっかけはワイナリーを舞台にした大泉洋さん主演の映画「ぶどうのなみだ」(2014年)。ロケ地となった岩見沢市宝水町の宝水ワイナリーには団体ツアーのバスが乗り付け、オーストラリアや台湾などの外国人や道外ナンバーを付けたマイカーも多数訪れる。宝水ワイナリーにはロケで使われた柱などの骨組みがそのまま残され、社長の倉内武美さん(71)は「これだけ多くの観光客が来てくれるようになるとは。ワイナリーや日本酒の酒蔵を巡るのが人気コースになっているようです」と目を細める。

稲作・畑作を行う農家の3代目。連作障害を防ぐため1980年代にブドウ栽培を始めた。「ブドウ畑は景観がいい」と岩見沢市から本格栽培を勧められ、地域の農家で02年に「岩見沢市特産ぶどう振興組合」を設立して組合長に。04年に会社を設立し06年に醸造所を開設して、ワイン造りを始めた。稲作・畑作地は次男(44)に任せた。

醸造所に併設した売店でワインを手にする倉内武美さん

当初は知名度、味から苦戦したものの、初出荷から2年後の08年には国産ワインコンクールで銅賞に選ばれ軌道に乗り始める。現在、10ヘクタールに1万8千本近いブドウの木があり、年間最大6万本のワインを出荷できる。

「醸造を始めて10年以上。これだけ地域にワイナリーができるとは思わなかった。みんなライバルであり、仲間なんです。地域を盛り上げていければいい」

南空知のワイナリーは現在6カ所。「宝水」は1962年の地番改正の際、住民の要望で地元のダム湖「宝池」にちなんで改称した地名だ。ワインは文字通り地域の「宝の水」になった。

〔三笠市・長沼町〕

理想を求め次代を担う

「山崎ワイナリー」栽培担当 **山崎太地**さん
「北海道自由ワイン」責任者 **池岡優介**さん

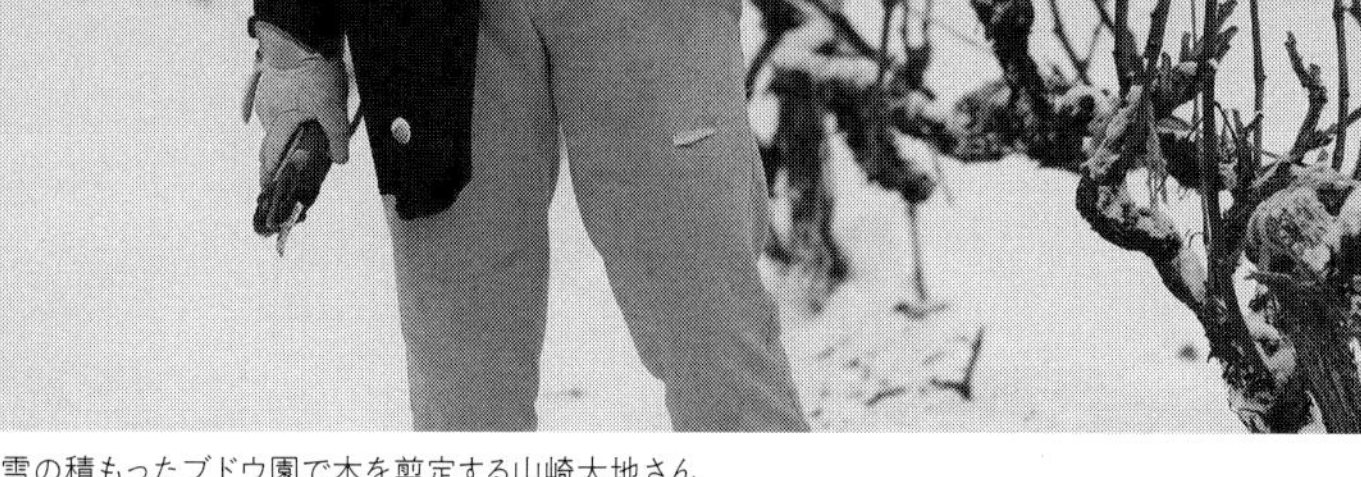

雪の積もったブドウ園で木を剪定する山崎太地さん

人材育成にも力

ブドウ栽培から醸造までつながるワイン造りは手のかけ方で味が変わり、個性が出る。ロマンを感じる人もおり、新規参入を目指す人も増えている。

三笠市達布（たっぷ）の山崎ワイナリーはそんな新規就農希望者の受け皿だ。家族5人で営むワイナリーは大泉洋さん主演の映画「ぶどうのなみだ」（2014年）のモデルにもなった。栽培担当の次男山崎太地さん（32）は、大泉さんの弟役を務めた染谷将太さんの農作業などを行うシーンの代役として映画にも出た。

山崎ワイナリーは元々、畑作・稲作農家。3代目の父和幸さん（64）が1998年から本格的なブドウ栽培を始め、02年に農業者としては国内で初めて酒造免許を取得した。兄亮一さん（36）が醸造、母国子さん（61）と姉あかりさん（34）が直売店を担当する。

小中学校を三笠で過ごした太地さんは、岩見沢東高卒業後、北海道教育大岩見沢校で学んだ。生涯スポーツ教育を研究する教官に同行してドイツを訪れた際、農村の家並みが町ごとに違い、ソーセージやジャガイモなどの料理も町ごとに特色があるのを知った。「ドイツの多様な食文化に感銘を受けた。農村に生まれた者として農業にかかわりたいとの思いを強めた」

08年に大学を卒業してすぐに父にブドウ栽培の基本を教わり、10年から責任者を任された。もともと美術教師志望で、「剪定（せんてい）は美術的センスで木を美しく仕上げるのが大切。そうすると樹液がよく流れるようになるんです」。11ヘクタールに植えられている10種約1万本のブドウの木の目配りをし、収穫の際はブドウの出来を判断して、兄と醸造法について話し合う。

研修生の面倒を見るのも太地さんの役目だ。ワイナリーには年間20件ほどの申し込みがあり、熱意などを見定めて受け入れる。これまでに会社経営者や、がん研究の医師ら異分野の人を受

け入れ、就農につなげた。今は元スタイリストや元リゾート会社社員ら20～30代の3人が太地さんからブドウ栽培を学ぶ。

農閑期は小中高校や大学、企業などで講演・講義をし、地域づくりやワイン造りの夢について語る。「いい農村をつくるためにワインが必要なんです。だからブドウ栽培は人生をかけて行うものなんです」

自由な発想基に

空知管内長沼町でワイン造りに飛び込んだのは池岡優介さん（38）だ。町内のマオイワイナリーの経営者が高齢で、不動産などの北海道自由グループ（札幌）に事業譲渡。マオイ自由の丘ワイナリーと改称した17年6月、経営する北海道自由ワイン（長沼）に責任者として転職、ワイン造りに挑戦している。

室蘭市出身。札幌の大学に進学したが、当時は就職氷河期。3年生だった00年に友人らとススキノにバーを出店し、大学は中退した。バーは軌道に乗ったものの、酒が強くなかったことから5年ほどで店を友人に譲り、就職。17年春まで勤めていた札幌のIT企業ではシンセサイザーを使った音楽ソフトづくりに携わっていた。

「ワイン造りをしてみないか」と誘ったのは、いとこで北海道自由ワインの林英邦社長（45）。「戸惑ったが、ワイン造りが地域振興に役立ち、一生をかけて取り組める仕事と知った。バー、音楽ソフト、ワイナリーで共通するのは一からの仕事。つくりあげるのが好きだった」

長沼のワイナリー事務所に住み込み、前経営者から雑草取りや木の剪定などブドウ栽培の基本から学んだ。17年9月末から10月上旬の収穫は必死だった。現在、3人で作業に当たる。

1ヘクタールのブドウ畑を将来的には10ヘクタールほどにまで広げ、品種も増やす考え。18年3月上旬からは瓶詰め作業が始まり、4月にはラベルを一新したワインが店頭に並ぶ予定。就任1年を過ぎる7月以降は独り立ちも求められる。

「まずは今までのファンに味を納得してもらえるかどうか。一生あっても足りないほどの仕事がある。会社名のように既存の発想にとらわれない、自由な考えで自分たちのワインをつくりあげたい」

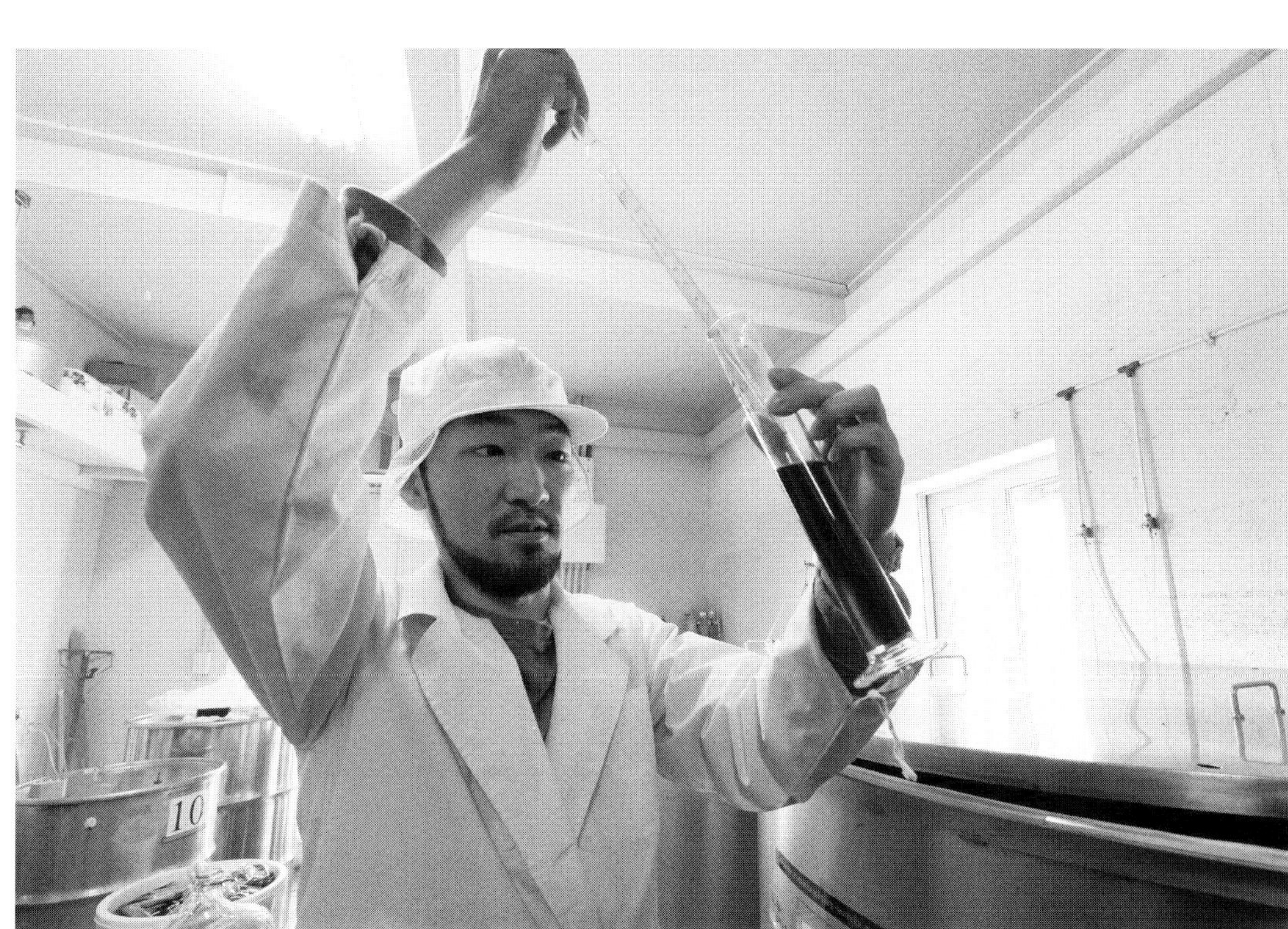

ワインの出来を調べる池岡優介さん

［栗山町・長沼町］

酒造り支える女性たち

小林酒造の歴史を伝える **小林千栄子**さん
どぶろく杜氏 **駒谷亜希**さん

1968年に亡くなるまで、男女が一緒に食事することも許さなかった。千栄子さんは「小学1年まで父と食事をしたことがなかった。小さいころは酒蔵が大嫌いで、家を出て行くことしか考えてなかった」

家の「守りびと」

空知管内は道内一の米どころ。栗山町錦3の小林酒造は道内最古の酒蔵で、創業者が1897年（明治30年）に建てた、事務所や蔵を備えた家屋は国の登録有形文化財だ。「小林家」と名付けて一般公開し、案内役の「守りびと」として、酒造りを支えた女性たちの歴史を伝えているのが3代目社長の長女、小林千栄子さん（56）。4代目の現社長米三郎さん（55）の姉だ。

78年に札幌・ススキノで創業した小林酒造は経営が軌道に乗り、広大な土地を求めて98年に栗山に移転した。当時の空知は続々と炭鉱が掘られ、酒は飛ぶように売れ、会社は隆盛を極めた。しかし、千栄子さんが生まれた昭和30年代以降はビールやウイスキーに押され、炭鉱閉山も相まって日本酒は不振となり、廃業を検討するまでになった。家計も火の車だった。

当時の2代目社長は「女が酒蔵に入ると酒が腐る」と言うほどの男尊女卑。

20畳の大広間でかつての酒蔵の暮らしを語る小林千栄子さん

だから地元高校を卒業後は、あえて大阪の大学に進学。「手に職を持ちなさい」という母の言葉を受け、卒業後は空知管内の中学の国語教師となった。

2011年の父の他界が転機となった。母1人となった自宅は築114年で冬は外と同じくらい寒く、取り壊しの話が浮上。しかし「一般公開して残したい」との母の思いを受け、14年春に30年勤めた教職を辞し、退職金をつぎ込んで住宅管理会社「小林家」を設立。14年7月から公開を始めた。

小林家は、木造一部2階建て延べ床面積約350平方メートル。大広間、書斎、蔵など大小23の部屋があり、ソファや金庫、蓄音機など当時のものがそのまま残されている。最盛期にはお手伝いも含め20人ほどが暮らした。家の歴史を一族の女性4人が「守りびと」として1時間以上かけて案内する。

建物入り口にはすり切れた服を縫い合わせるため、使える布を張り合わせた「千枚の布」が飾られている。千栄子さんは「小さいころは服に穴が空くと端切れを縫って着た。周りから『裕福な酒蔵の娘がなぜ』と言われたが、実は貧しかった。千枚の布は質素倹約した祖母と母のコラボ。酒蔵を支えた女性たちの物語を知ってもらえれば」。

どぶろくの瓶詰め作業を行う駒谷亜希さん

どぶろくを追求

隣の長沼町。05年に道内で初めて国のどぶろく特区に認定された。5人の杜氏（とうじ）が誕生し、3人が女性。このうち農事組合法人駒谷農場（東6線南）の駒谷亜希さん（43）は「女性に飲みやすいどぶろく」を追い求めている。

東京都渋谷区出身。母の実家が福島県の農家だったこともあり、農業に憧れがあって東京農業大に進学。3年時のゼミの授業で実家が駒谷農場の夫、信浩さん（42）に出会った。2人は1997年に卒業したが、亜希さんは大学に残り、翌年から江別市の研究機関などで食品加工を学んだ。00年に信浩さんと結婚し、長沼で暮らし始めた。

不夜城と言われる東京都心と違い、長沼に来て驚いたのは夜、明かりがなく、真っ暗になることだった。「でもその分、星がきれいだった。みんな親切で、今は暗くても外を歩けます」

どぶろく造りは、農場を長年経営し、グリーン・ツーリズム推進団体で旗振り役も務めていた夫の父信幸さん（75）から打診され、二つ返事で引き受けた。

どぶろくは米、こうじ、酵母、水などを使って発酵させて造る。米は農場で生産する、ゆめぴりか、ななつぼし。飲みやすくするため米粒をミキサーにかけるなどの工夫をしている。

試行錯誤の末、06年から発売を始めた「まい姫」は現在、甘口（アルコール度数4〜6度）と辛口（同10〜12度）があり、年間400〜500リットルを製造し、町内の道の駅などで人気を集めている。「どぶろくは湯せんの温度管理と味付けが難しい。長沼の味を多くの人に知ってもらえれば」

［岩見沢市］

酒引き立てる地元の食

「ワークつかさ」事業所長 **白戸浩雅**さん
市川燻製屋本舗社長 **市川茂樹**さん
「北の大地マルシェ」代表 **小西泰子**さん

キジの注文次々

南空知は酒のつまみも豊富だ。岩見沢市には、他地域では味わえないキジ料理がある。

「ワイナリー巡りの合間に立ち寄る観光客もいます。キジとワインとの愛称はぴったりなんです」――。キジを飼育し加工する障害者就労施設「ワークつかさ」（日の出町）事業所長の白戸浩雅さん（59）はそう語る。

岩見沢では元々、野ネズミやヘビを駆除するためキジが放鳥され、農家の副業として飼育もされていたが、担い手不足などのため社会福祉法人「岩見沢清丘（せいきゅう）園」が事業を引き継いだ。

１９９８年に１９４羽で飼育を始め、２００８年に運営する「ワークつかさ」へと継承。現在は年間４５００羽ほどをスモークやスライスなどにして出荷し、直営食堂「きじまるくん」ではステーキやカツレツ、ラーメンなどとして提供している。

岩見沢市出身。東北福祉大卒業後、１９８１年に指導員として清丘園入り。「少しでも利用者の収入を増やしたい」とキジ飼育に取り組み、職員の意見を踏まえ新商品を生み出し、２０１７年春にきじガラスープを使った「きじ万能たれ」、同年12月にはきじそばのセットも発売した。

飼育するキジは脂が乗って独特の甘みがありつつ、海外産に比べクセが少ない。キジは、ジビエブームを背景に高級食材として注目されており、フランス料理店やイタリア料理店からの引き合いも多い。すべての注文に応じ切れておらず「今後はキジの飼育数も増やしたい」。

常時20種の薫製

「薫製にすると濃縮した味になるんです」――。タラコ、ウニ、カニ、ダイコン、ジャガイモ…。岩見沢市大和３の５の市川燻製（くんせい）屋本舗は、あらゆるものを薫製にする。社長の市

キジを飼っているハウス内で語る白戸浩雅さん

自慢の薫製について話す市川茂樹さん

川茂樹さん（62）が脱サラし05年に創業した。

実家は岩見沢の乾物店で小さいころから薫製好き。薫製づくりに携わりたくて大学卒業後は札幌の水産加工会社に就職しスモークサーモンなどの薫製担当の営業マンになった。道内外の有名ホテルの料理長と会い、薫製談議。料理長のアイデアを基にした商品開発にも携わった。

当初から「50歳までに独立して自らつくりたい」と考え、25年勤めた会社を49歳で退社。岩見沢に戻った。はじめは失敗の連続だったが、ほかにない味が新聞やテレビで紹介されると一気に人気を呼んだ。

最初は海産物だけだったが、地元特産のタマネギなどの農産物や豆腐も薫製に。季節にもよるが、常時20種ほどの商品をとりそろえ、道内外から注文が寄せられる。このうちサーモンプロシュート（秋サケ）は生ハムのような味わいで16年に道の「北のハイグレード食品＋（プラス）」に認定された。「空知のおいしいワインや日本酒と味わってもらえれば」と語る。

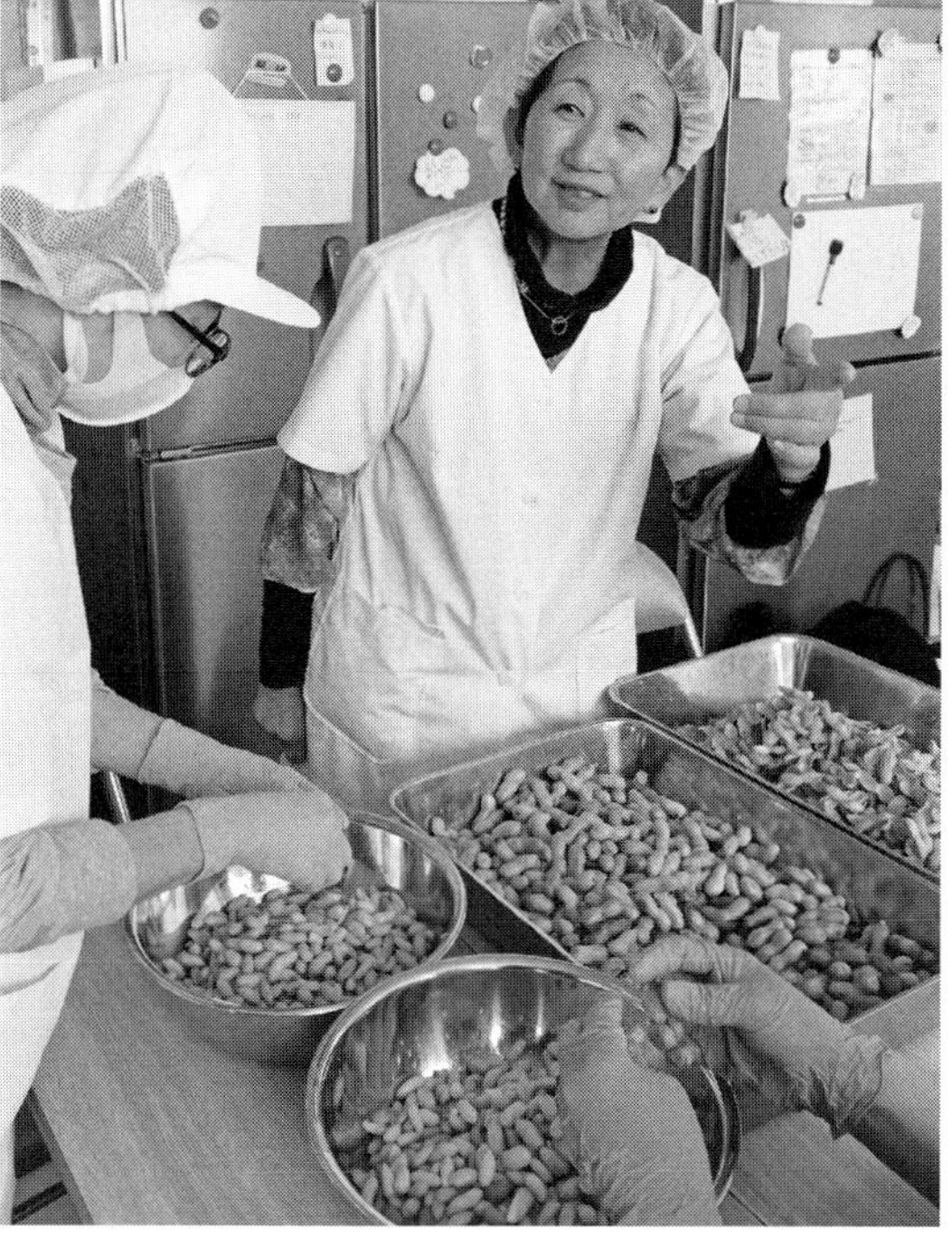
地場産塩ゆで落花生のおいしさを強調する小西泰子さん

落花生で特産品

岩見沢市北村豊正（ほうせい）の農産物直売所「北の大地マルシェ」代表の小西泰子さん（62）は「塩ゆで落花生はワインにもビールにも合います」と話す。

旧北村の農家に生まれ、1975年に村内の農家に嫁いだ。地域の特産品を作ろうと2006年に落花生の栽培を始め、仲間にも呼びかけた。農家を中心とした学習組織「豊正ＦＡＭ（ファム＝フューチャー・アグリカルチャー・メイク）協議会」のふれあい室長に11年に就任し、翌年から「落花生まつり」を開催。「地域に人を呼び込もう」と16年には協議会有志5人でマルシェを立ち上げた。

マルシェには落花生30キロを一気にゆでられる回転釜や急速冷凍庫を完備した加工施設のほか、買ったものを、その場で食べられるスペースも開設。夏から秋には生鮮野菜や真空パックした塩ゆで落花生などの加工品を販売する。特にやわらかくて甘みと塩気が特徴の塩ゆで落花生は道内では珍しく、人気商品。17年からは落花生、バジル、オリーブオイルなどを使ったバジルソースの販売も始めた。

「バジルソースはワインに合うイタリア料理など向けに開発しました。地域を盛り上げるためこれからも新商品を発売していきます」

室蘭・鉄のまちに生きる

明治期から続く「鉄のまち」室蘭。鉄鋼業大手の技術者が先端技術で世界と競う一方で、日本古来の製鉄法の伝承に励む人もいる。男性職場のイメージが強い製鉄業界で活躍する女性や、新たな発想で業界に新風を吹き込む経営者も…。鉄を愛し、鉄に懸ける人々を訪ねた。

（2018年9月14日〜10月5日掲載）

［室蘭市］

手作りの輝き 魅了され

「室蘭・登別たたらの会」代表 **石崎勝男**さん

「ボルタ工房」工房長 **星野義一**さん

「たたら」を実演

高さ1メートルに満たない炉から勢いよく炎が上がる。「これはいい鉄になるべ」――。日本古来の「たたら製鉄」を伝える「室蘭・登別たたらの会」代表の石崎勝男さん（73）は、鉄が生まれる瞬間がいつも待ちきれない。2011年に仲間と会を設立。年10回ほど、室蘭や自宅のある登別市の小学校、夏祭りでたたらを実演し、計95回を数える。

火入れから数時間。炉の中は千度以上だ。砂鉄の不純物や炉内の粘土が溶け、その中で鉄が作られる。原料の砂鉄は噴火湾の砂浜で大きな磁石を使って自ら集め、炉は毎回れんがで造る。

鉄鉱石とコークスを用いる近代的な製鉄に比べ効率は悪いが、純度は99%以上だ。鉄は小学校に寄贈したり、鍛えて刃物にしたり。妻桂子さん（71）が使う包丁も、この鉄で作った。

いつも真剣勝負

1964年、富士製鉄（現新日鉄住金）室蘭製鉄所に入り、製鉄所のシンボルの高炉の管理を担当した。今も操業する第2高炉の高さは約80メートル。根元部分に空けた穴から、鉄鉱石を高温で溶かした銑鉄（せんてつ）が噴き出す。状態を見極め、穴を専用の工具でふさぐ。油断すれば命に関わる職場で「鉄を作っているんだ、という実感、喜び」を感じた。

定年退職前、後進の育成に携わった。会社が社員教育に導入した「たたら」に興味を引かれ、自宅近くの広場で初挑戦。銀色の輝きに、夢中になった。

見学者に必ず聞かせる例え話は「たたらは、お母さんなんだよ」。製鉄の現場の言い伝えだ。炉は子宮、炉内に厚く塗った粘土は胎盤、そして生まれる鉄の塊「鉧（けら）」は赤ちゃん――。だからいつも真剣勝負。作業を手伝う子どもがふざけたり、道具を粗雑に扱ったりしたら、遠慮なく大声でしかる。

生まれた鉧のかけらを小さな布の人形に入れて知人に贈る。「子宝、安産のお守り。御利益があるんだ」。思いを込めた鉄が、幸せを運ぶと信じている。

無機質ねじに命

プラスのねじ穴を目に模した顔は、とぼけているのか、ほほ笑んでいるのか。無機質なステンレスのねじを曲げ、ボルトにはんだ付けして生まれる小さな人形の男の子「ボルタ」は2006年に本格販売され、今や室蘭のシンボルだ。新日鉄住金室蘭製鉄所の「城下町」、室蘭市輪西町にある「ボルタ工房」

の工房長、星野義一さん（75）は、10年以上作り続けている。

ちょっとドジで飽きっぽいが、音楽やスポーツ好き。ギターを弾く、自転車に乗る——など商品は100種類を超えガールフレンド「ナッティ」も登場、特注も増えた。「ウチのスタッフは難しい品もすぐ作れるようになる。さすが」と目を細める。

父は富士製鉄室蘭製鉄所で働いていた。自身も輪西町の社宅で育ち、かつてあった企業内学校の輪西工業学校を卒業して富士製鉄に入り、工場の機械の整備などを担当。その後、新日鉄（現新日鉄住金）のグループ会社に移り60歳で定年退職。06年、スタッフ募集の新聞記事を見つけて応募した。

鉄の町のど真ん中で生きてきた星野さんには、芸術を愛する一面も。幼い頃から絵が好きで、今も知人らに自作を贈る。最近のお気に入りは、植物を緻密に描いた「ボタニカルアート」風の水彩画だ。

グループ会社にいた頃、北海道を代表する彫刻家国松明日香さんの、鉄を素材にした創作活動に参加。輪西町の商店街に展示されたモニュメント「月明（げつめい）」など20基以上の制作を手伝った。国松さんの構想を業者に伝え、形にしていく。ものづくりの楽しさが心に植え付けられた。

ボルタの魅力は、手作りの「味」だと思っている。手足を曲げる方向や、目のねじ穴の角度によって、一体ずつ、ほんのわずかに違う表情を見せる。

「人間の姿勢も、一人一人違う。ボルタも同じですよ。奥が深い」と笑う優しげな目が、一瞬、プラスのねじ穴に重なって見えた。

登別市での実演会で、見学者に「たたら製鉄」の魅力を語る石崎勝男さん

「ボルタ工房」に並ぶ人形たちを前に、熱い思いを語る星野義一さん

［室蘭市］

若きリーダー　鋼に向き合う

日本製鋼所室蘭製作所　**中村翔太**さん
新日鉄住金室蘭製鉄所　**池下哲哉**さん

✽熱い心でけん引

「荷重も加工の正確さも世界トップ級」――。日本製鋼所（東京）がそう誇る巨大な加工機械「1万4千トン油圧プレス」が同社室蘭製作所に導入されたのは2010年だ。高さ17・6メートル、横幅7・4メートル。最大1万4千トンの荷重で同670トンの鋼塊を加工できる。直径数メートルにもなる筒状の石油精製用圧力容器や原子炉圧力容器など、高い安全性が求められる大型部材を、まずこれで成型する。

作業を統括するのが中村翔太さん(34)。千度以上に熱せられた真っ赤な鋼がクレーンで油圧プレスに運ばれてくると、鋭い視線を送り、緊張感が漂う。無線で「せーの、で運ぶよ」「正確に押していこう」と仲間に指示を飛ばすと、クレーンが巨大な鋼の向きをゆっくりと変え、プレスが押しつぶしていく。

愛用する青いヘルメットは、プレス工程の「指揮者」と呼ばれる司令塔の印。「安全第一で、早く確実に作業しなければならない。やりがいを感じる」

同工程は入社前から「面白そう」と思っていた。旭川工業高を卒業し03年に日鋼室蘭に入ると希望通り3千トンプレスを操縦後、指揮者になった。4年前、熱心で的確な仕事ぶりを買われ1万4千トンの指揮者に抜てきされた。30歳。異例の若さだった。

3千トンと1万4千トンでは、作業員の数が3人から6人に増える。大きな鋼塊を使うことで劣化しやすい溶接の継ぎ目を減らせる分、作業は複雑で長丁場。600トン級を加工する際は数時間も目を離せないこともある。

受注する部材は多岐にわたる。「何十年ぶりに受けたような珍しい製品」が舞い込んでも、ひるまない。過去の似た製品から推測し最適な工程を割り出す。複雑な物を手掛ける前日、小学生の長男が授業で使う粘土をこね、工程を再確認することも。「将来は工場全体を引っ張れる存在になりたい」。

工場の心臓部である1万4千トン油圧プレスを前に、やりがいを語る中村翔太さん

熱い心で、鋼に立ち向かう。

冷静に対処大事

新日鉄住金（東京）の室蘭製鉄所でも、若きリーダーの下、真っ赤な鋼が世界に誇る製品へと生まれ変わる。主力の特殊鋼だ。自動車のシャフトやギア、サスペンションに用いられ、世界的な自動車需要の伸びによって2年前からフル生産が続く。

それを支える一人が池下哲哉さん(35)。工場には、熱せられどろどろに溶けた鋼が最大約300トン入る「鍋」がある。直径2メートル、深さ12メートル。操作室から見つめる視線は、鋼とは対照的にクールだ。「万が一、機械が故障するなどのトラブルがあっても冷静に対処することが大事」と話す。

担当する工程は、製造途中の鋼の成分を調整する「二次精錬」。溶けた鋼をパイプを通じ鍋から減圧容器へ吸い上げ、真空に近い状態にして水素や窒素、硫黄など不要な成分を気体として取り除いていく。

それぞれの部品に求められる弾力や耐久性を生むため、二次精錬のパターンは多岐にわたる。時には、300トンの鋼にアルミなどの金属を数キロ加え、化学反応によって不純物を取り除き品質を微調整する。製鉄所では「風呂おけに耳かき1杯の薬品を正確に入れるようなもの」と例えられる微妙な作業だ。

計器や映像を見て適量を最適なタイミングで投入しなければならず「心が折れそうになることもある」。綿密な計画を立てるが、瞬時の調整も必要だ。

帯広工業高を卒業後、同製鉄所に入って以来、二次精錬一筋。30歳で班長になり、仲間3人とともに特殊鋼の品質を守る。

同製鉄所に二次精錬のラインは一つしかない。「機械が故障して二次精錬がダメになれば、室蘭で特殊鋼を作ることはできなくなる」という責任感から、故障を招く、成分を間違う——など大きなミスをする夢を見る夜もあるという。目を覚まし、ほっとして工場に向かう。

「自分の関わった鋼が世界に出て行って、自動車部品に使われる。しっかりやらなきゃ」。重圧と誠実に向き合う。

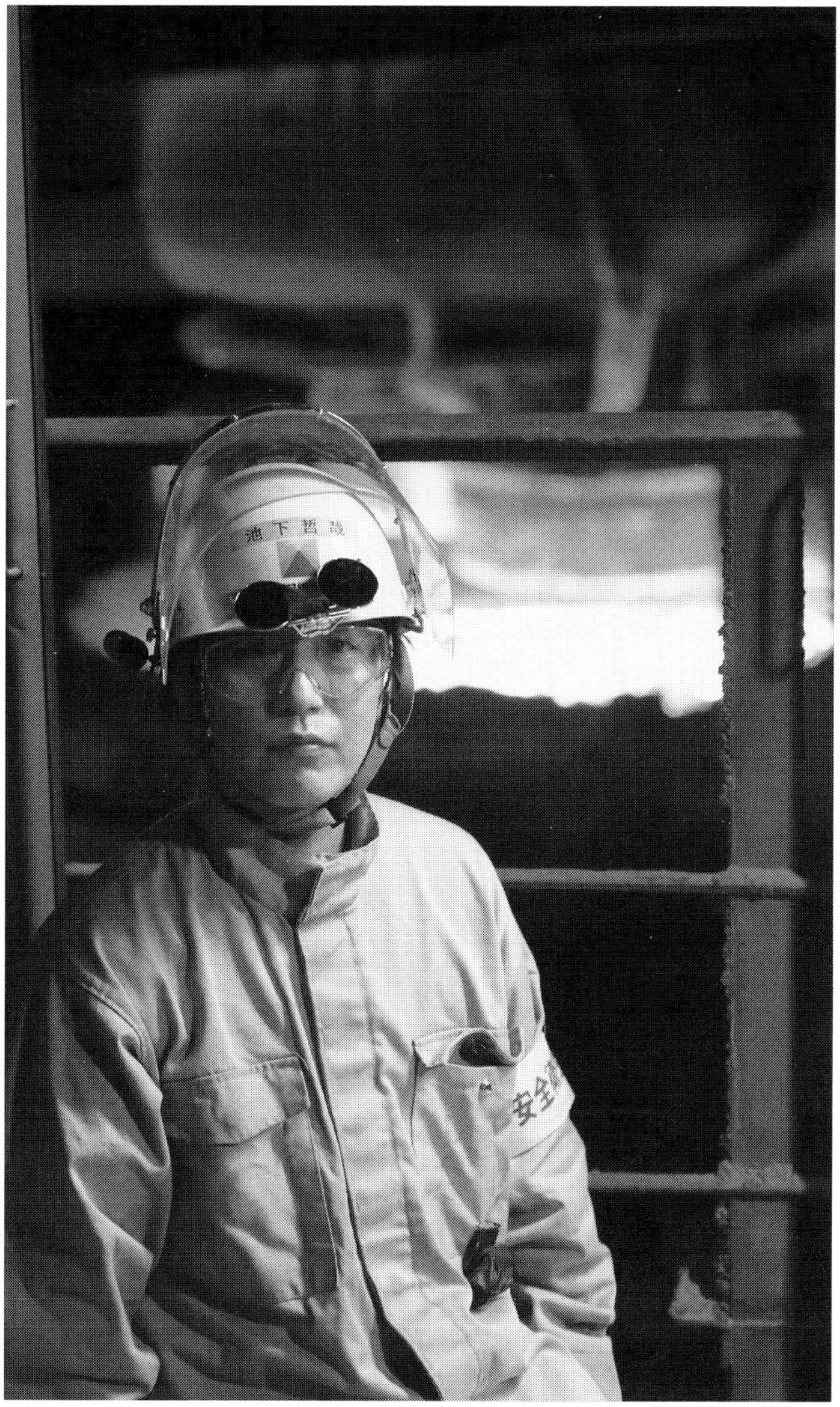

どろどろに溶けた鋼が注ぎ込まれた「鍋」を前に立つ池下哲哉さん

［室蘭市］

男社会に挑み　道切り開く

第一鉄鋼・天井クレーン運転士　**吉岡佑子**さん
今野鉄工所社長　**今野香澄**さん

新日鉄住金室蘭製鉄所の構内で、工場群を見上げる吉岡佑子さん。
「女性でもできる、と思ってもらえるようになった」

火を付けた一言

新日鉄住金室蘭製鉄所の工場の、高さ10メートル以上ある天井に設置された操作室で、吉岡佑子さん（39）がハンドルを握る。鋼材の検査・加工を担う同社の子会社・第一鉄鋼（室蘭）で2004年に女性初の天井クレーン運転士になった。自動車部品などに加工される長さ約10メートルの角材状の鋼材を、クレーンの先の強力な磁石でつり上げてトラックの荷台へと運ぶなど、生産現場の最前線に立つ。「女性にもできるんだ」との思いで「男社会」に道を切り開いてきた。

　登別市出身。高校卒業後、1997年に胆振管内の建設会社に就職し衝撃的な一言を浴びせられた。同期入社の男性の給与と比べ「私の方が低い。同じ仕事をしているのに」と疑問に思い、男性上司に説明を求めると「あんた、女なんだから」――。

　会社を辞め、2003年に第一鉄鋼へ再就職した。天井クレーンは前の会社にもあり、男性が運転する姿を見て、やってみたいという興味が膨らんでいった。事務職をこなしながら猛勉強の末、翌年2月に運転士の免許を取得し現場に配属された。

　しかし、最初から環境が整っていたわけではない。1日3交代制勤務のうち、吉岡さんは当初、日中しか入れてもらえず、「深夜も働きたい」と1年以上訴え続け、認めさせた。会社は女子トイレを新設し、安心して働けるよう照明を増設した。

　製鉄工場で活躍する女性として多くの取材を受けた。「吉岡さんが出たテレビを見て、格好良かったから志した」という後輩もおり、同社のクレーン運転士有資格者約500人のうち女性は9人になった。圧倒的な男社会が少しずつ変化している。

　心に火を付けた「女なんだから」という言葉に今では、反感の中に少しだけ感謝の気持ちも交じる。「あれでモチベーションが上がった。どうだ、やってやったぞ、って気持ちです」

女性の背中押す

精密機械部品加工の今野鉄工所（室蘭）の今野香澄社長（54）は、町工場がひしめく室蘭市内で唯一の女性経営者だ。13年の突然の就任から5年がたち「不安だったけれど、続けてきてよかった」と穏やかに笑う。

同社は今野さんの父勇さんが1962年に創業した。家族経営で、日本製鋼所室蘭製作所から金属加工を請け負うなど順調だったが、2009年に勇さんが急逝。後を継いだ勇さんの弟五郎さんも4年後に他界した。

勇さん死去の前年から経理を任され役員だった香澄さんが後を継ぐことに。「覚悟を決める間もなく葬儀をし、就任のあいさつ回りをした。一段落したら急に怖くなり体が震えました」

香澄さんには3人の息子がおり、当時は子育て中。仕事で遅くなる日は近所に住む姉に息子を見てもらいながら、慣れない経営に奔走した。少しでも現場を知ろうと、社長の席を2階から作業場に近い1階に移した。

就任直後、製品の寸法を誤る大きなミスが続いた。社長交代と直接関係はないが「女性社長なんて大丈夫かと思っていた人たちは『ほらね』と言うのかな」と心が揺らいだ。しかし、父と叔父が心血注いだ会社を守りたい一心で気丈に振る舞った。

就任時、現場で働く20人ほどの社員に女性はいなかったが、今野さんは、女性は細かい作業を繰り返すのが得意だと思い、2年前に2人を採用。ともに子育て中で、男性社員に多い工業系の高校や専門学校の卒業生ではなく、予備知識がなかった。

それでも、3カ月の研修で基礎を教え込んで現場に出すと、周囲の不安をよそに順調に成長。「職場の整理整頓が上手で、道具の扱いも丁寧」など、安全操業に役立つ資質も評価された。その後も女性の採用を続け、今は4人が現場で働いている。

男子トイレを改装して女子用にし、更衣室も設けた。子育てに配慮し勤務時間の変更や急な休みにも柔軟に応じる。「女性の活躍は男性にとっても刺激になる。男女差より、どれだけやる気があるかが大事」。人手不足深刻化の中、人材確保にもつながる。これからも女性の採用を増やし、二の足を踏む女性たちの背中を押し続ける覚悟だ。

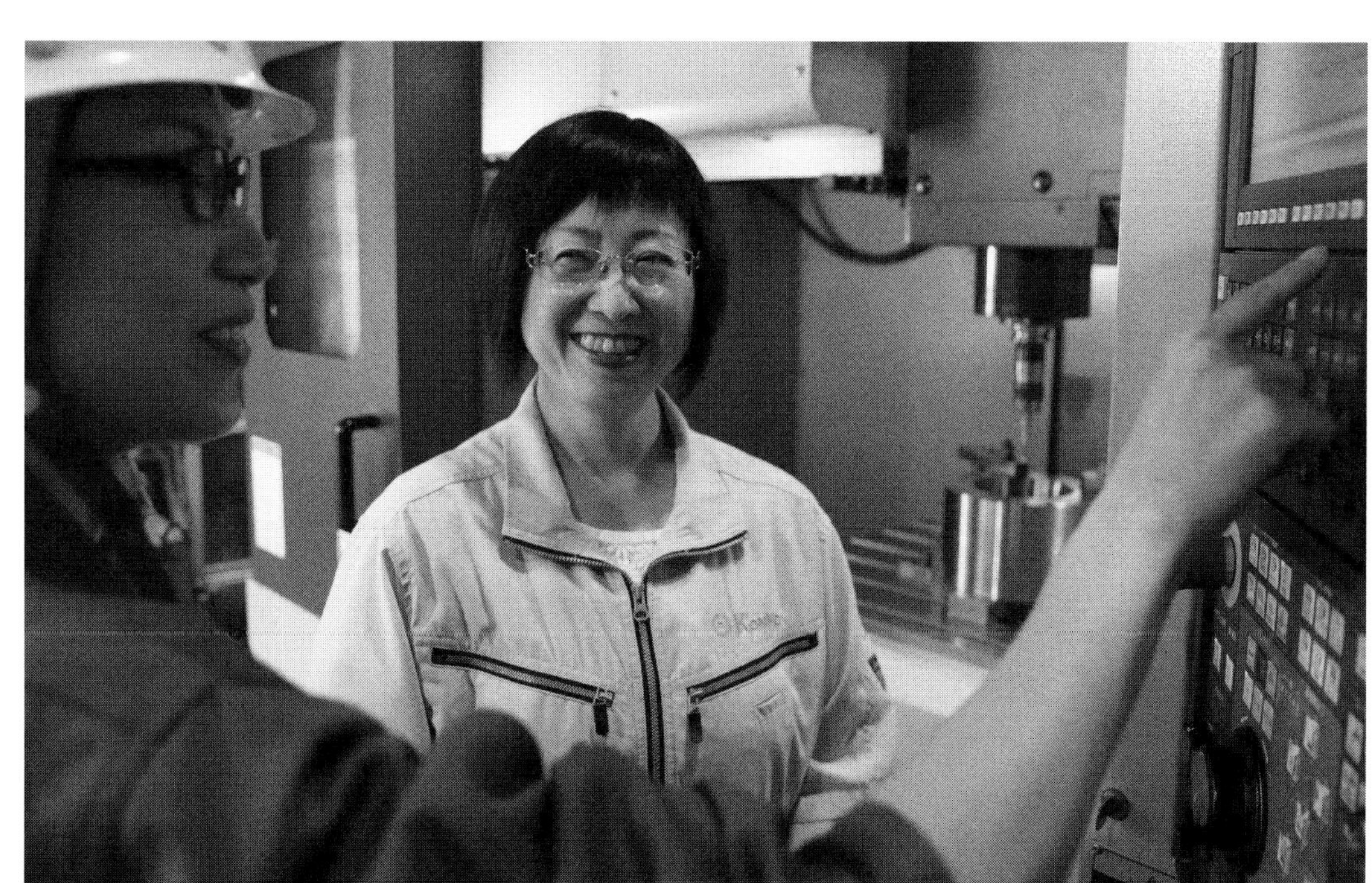

今野鉄工所の工場内で、女性社員に声をかける今野香澄さん。「女性を採用したことで、職場の雰囲気が柔らかくなった」

［室蘭市］

新風起こす異色の後継者

瑞泉鍛刀所・刀匠 **佐々木胤成**さん
キメラ社長 **藤井徹也**さん

✽機能と美を両立

日本製鋼所室蘭製作所が1918年（大正7年）に開設した瑞泉鍛刀（ずいせんたんとう）所で、名工堀井胤明（たねあき）、俊秀親子が日本刀を作り始めて2018年で100年が過ぎた。堀井家が4代にわたり技術を伝承してきたが、現在、1人で刀製作を担う佐々木胤成（たねしげ）＝本名・直彦＝さん（46）は、堀井家出身以外で初めての刀匠だ。

これまで製作した刀は約40振り。鋼の芯を1340度まで熱し、鎚（つち）で何度も両面をたたいて鍛える。鍛え方が甘く中に空気が残ると、強度を高める「焼き入れ」でひびが入る。「焼きを入れる瞬間は、神仏に祈るような気持ち」という。

佐々木さんは札幌出身。大学受験に失敗し美術系の予備校に通っていた時、漠然と刀匠になりたいと思うようになった。幼少期、山菜採り用のナイフを自分で研いだ経験と美術工芸が結びついた。同鍛刀所を「アポなし」で訪れ、弟子入りを直訴。大学卒業を条件に認められた。

志望校を変え、室蘭工大で作刀に役立つ金属の特性を学んだ後、98年、日本製鋼所に入社し鍛刀所で本格的に修業を始めた。2005～08年には同大大学院で刀に使う鋼の性質を研究し博士号を取得。成果を生かし、刀の鋼の

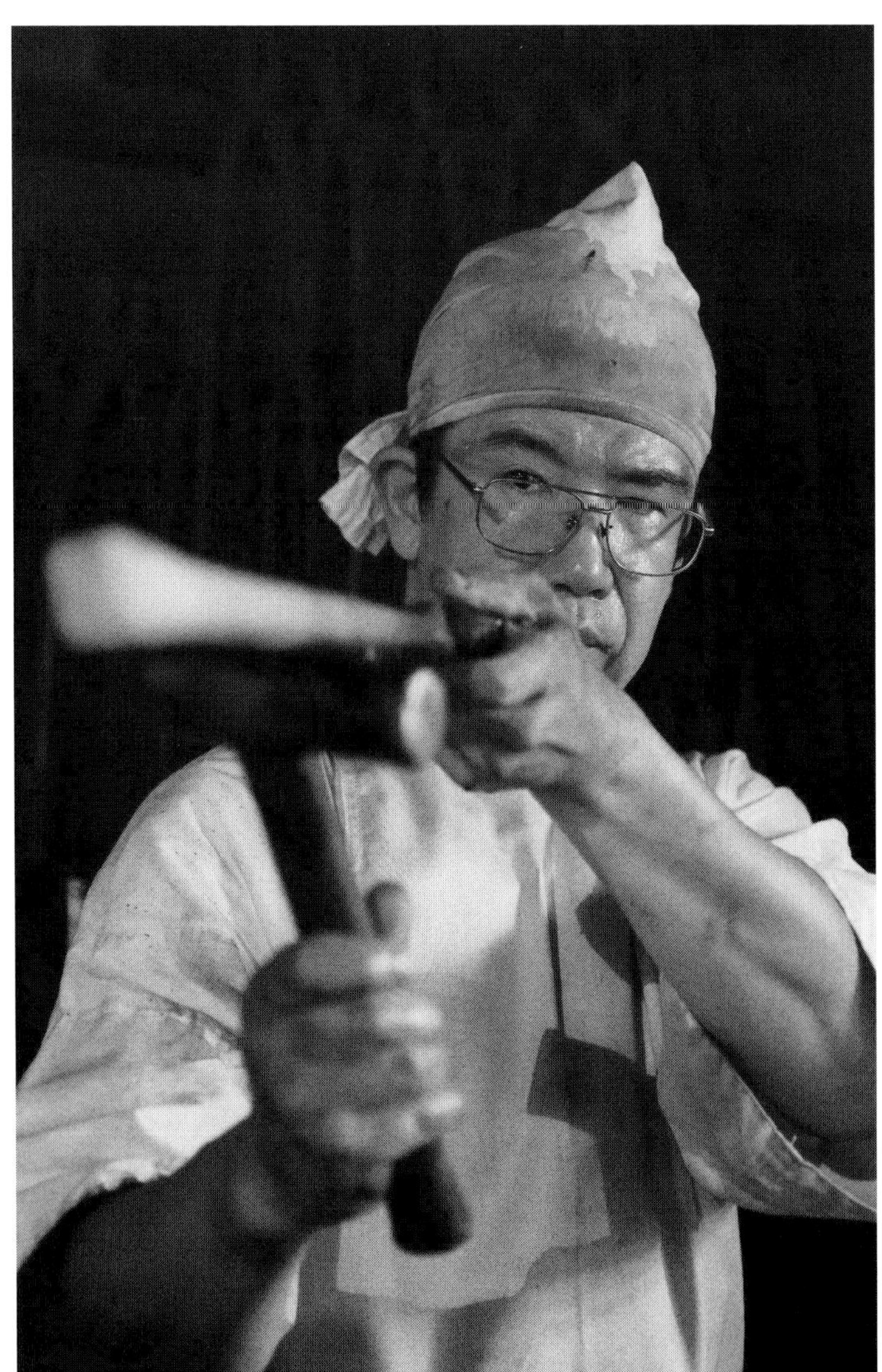

瑞泉鍛刀所で、刀の材料となる鋼の状態に目をこらす佐々木胤成さん

成分を加工しやすいように変え、刀作りの道具を改良した。「伝統をただ踏襲するだけでなく、なぜその作業が必要なのか——など本質を考えたい」

焼きが入る刃側と入らない棟(むね)側は色が違い、真珠のように輝く境界線は「刃文（はもん）」と呼ばれ美術的価値を高める。「刃側だけ焼きを入れるのは、切れ味よく折れにくくするため。機能と美しさを両立させた刀の製造技術を守り伝えることは、鉄による物作り全般にとって意義深い」

鍛刀所にある資料館に、初めて作った刀を展示している。「あまりにもひどい作品だから」。刀身の反り具合から自分の名を彫った銘の文字の形まで、欠点を挙げるときりがない。「二度とこんな刀を作らないという戒めのため、今でも時々眺める」。自らの意思で伝統を背負ったからこそ、自分に厳しい。

キメラの工場で、切削機器を前に航空機分野への参入の意欲を語る藤井徹也さん

航空分野に参入

室蘭市のキメラは、千分の1ミリ単位で金属を削る独自の「超精密加工技術」が自慢だ。自動車のプラスチック部品製造に使う金型が主力。最新機器と24時間体制の生産によって受注から納品までを短縮し、藤井徹也社長（55）は「短納期で高精度の加工ができる」と強みを語る。

昨年の売り上げ14億１３０万円のうち９割が道外。室蘭市内はゼロに近い。東京、仙台など道外４カ所に営業拠点を置き顧客開拓に力を注ぐ。新日鉄住金室蘭製鉄所、日鋼室蘭の二大工場の下請け関連が大半を占める室蘭の工業界で、異彩を放つ。

藤井さんは、室蘭の高校を出て東京の専門学校で電子工学を学び、音楽スタジオの録音技術者を志すもかなわず、東京の商社に就職。その後、家の事情で室蘭に戻り、つてでキメラに入ったのは35歳の時だ。未経験の切削作業に四苦八苦して仕事を覚え、01年に営業部に移った。

営業課長時代、経営会議で気後れせず考えを述べ、営業方針や体制の改革を訴えた。創業者の先代社長の目に留まり、後継に指名。「『異物』だった僕は、自分の意見をどんどん言った。そこがよかったんでしょう」。11年、社長に就任した。

キメラの前身の会社は横浜市で設立され、１９８８年に室蘭市の誘致を受け移転。小さな町工場を発展させた先代の「とにかくやってみる」という精神のＤＮＡを「崩しちゃいけない」と、藤井さんは今、世界的な成長産業の航空機分野への参入に挑戦している。機体やエンジンの部品を製造するには取得の難しい国際認証が必要で、部品によっては高額な専用の切削機器も必要となる。ハードルは高いが「今までやったことのない仕事をしなければ、技術が蓄積されない」と先を見据える。

２０１７年、航空機の部品製造に使う治工具を初受注。機内の装飾品などの部品製造も模索する。「どんな部品が作れるのかも分からない。でも、やらなければゼロのままですから」。独自の歩みを止めない。

オホーツク・森に抱かれて

オホーツクは緑豊かな大地だ。原生の森が脈々と生き続け、木材・木製品の出荷額は管内別で1位。森を敬い、木々とともに生きる人々を追った。
（２０１８年12月８日〜29日掲載）

［津別町・置戸町］

木製品の美しさを全国に

山上木工専務　**山上裕一朗**さん
工房「夕花野」　**石垣純枝**さん、**拓也**さん

「地域へ恩返し」

黒の板張りに覆われた、落ち着いた雰囲気の外観。扉を開けると、ナラなど道産材を使った上品なデザインの椅子の数々が出迎えてくれる。窓の外には校庭らしき空間が広がり、ここが学校だったと気づかされる。

オホーツク管内津別町の山上木工が自社ブランド「ＩＳＵ―ＷＯＲＫＳ」の椅子を町内で展示、販売する直営店だ。２０１２年に販売が開始された同ブランドは座り心地の良さが高く評価され現在、国内外に約60店の販売網を持つが、直営店は初。３年前に閉校した旧活汲（かっくみ）小中学校の校舎を町から借りて改装し、18年６月にオープンした。

店の名は「ＴＳＫＯＯＬ（ツクール）」。命名した山上裕一朗専務（34）は「オホーツクや、学校にちなんだスクール、そして『つくる』などいろいろな意味を込めました」。２６５平方メートルの店内には管内のクラフト作家の作品も並ぶ。自宅で使う家具を手づくりしてもらう一般向け木工教室も計画中だ。「ものづくりを通して、多くの人が集まる場所にしていきたい」

同社は１９５０年に祖父が創業し、父の山上裕靖社長（63）が引き継いだ。少年期から「３代目」と呼ばれたが、当時は継ぐ気はなく、東京の大学を卒業後、名古屋の工作機械メーカーに就職。結婚して１子を授かり、公私ともに順調だった。

だが帰省する度、商店は消え、友人も引っ越すなど過疎化を痛感し寂しさが募った。「津別で生きていきたい」と決意し２０１３年、Ｕターンした。

現在、ツクールの運営を担当。店は阿寒湖温泉と網走・北見方面をつなぐ国道２４０号沿いで開店以来、道内外から観光客らの来訪が後を絶たない。「人を呼び込むきっかけになっている」と手応えをつかむ。

敷地内の体育館をイベント広場に改装し、カフェもオープン…。新たな構想も浮かぶ。「かつてにぎわいを生み出した学校のようにしたい。それが長年、会社を支えてくれた地域の方への恩返しだと思っています」

夢追う職人夫婦

同管内置戸町で１９８３年に創設された木工芸品ブランド「オケクラフト」。これまで町内の職人養成塾から45人が巣立ち、現在23人が町内に工房を構える。そんな35年の歴史で初の「めおと職人」が今年誕生した。

いや、今はまだ職人と塾生の夫婦。町内で２０１４年に工房「夕花野（ゆうはなの）」を開いた石垣純枝さん（41）と18年春、入塾した拓也さん

（40）だ。同年1月に結婚。札幌にいた拓也さんは脱サラし、おわんづくりの職人を目指す。「こだわりの強い職人集団の一員に早くなりたい」

純枝さんも移住組だ。旧姓高田。07年に離婚後、札幌で2人の幼い子どもを抱え、職を転々としていた。10年に小樽の雑貨店で偶然、オケクラフトの食器を手にし、「とにかく美しくて、自分でつくりたくなった」。翌年、養成塾に入塾し、2人の子どもと置戸で暮らし始めた。

塾では厚さ2～3ミリの板を曲げて弁当箱などを作る「曲げ輪」の技術を習得。「曲げても折れない強さと木目の美しさ」にほれ込み、年間600個を作るまでになった。

そんな純枝さんと拓也さんを母校が引き合わせた。ともに札幌清田高出身で学年も1年違い。在学中はお互い、顔がわかる程度の存在だったが15年、札幌で卒業生が集まる食事会が開かれ再会。意気投合した。

直営店「ツクール」で。多彩なデザインの自社ブランド椅子「ISU—WORKS」に囲まれ、笑顔を見せる山上裕一朗さん

距離を縮めたのは純枝さんが見せてくれた曲げ輪の弁当箱だった。「丸みを帯びたラインの美しさに引きつけられた」と拓也さん。置戸で一緒に暮らし、職人を目指す気持ちを固めた。

拓也さんは18年11月、原木をおわんに成形する木工ろくろの練習を塾だけでなく「夕花野」でも始めた。そばには、曲げ輪作りに没頭する純枝さんがいる。2人の子どものうち長男速人さん（17）は檜山管内奥尻町の奥尻高に進学し、今は中学生の長女一華さん（14）と3人暮らし。新たな絆で結ばれた拓也さんと純枝さんの夢は一緒だ。「オケクラフトを全国に広めたい」

工房「夕花野」で。制作中の作品を手に、オケクラフトの魅力を全国に広める夢を描く石垣拓也さん（右）、純枝さん

［北見市・遠軽町］

努力や創意　美しい山作る

林業現場で重機を操る　**高橋香奈**さん
佐々木産業社長　**管野伸一**さん

重機の運転席で操るのは、先端にハサミ状の機器がついたアーム。切り出されたカラマツの丸太をハサミでつかみ、トラックの待つ土場に積み上げる。

山の現場で「巻き立て」と呼ばれるこの作業を、北見市の林業タカハシの高橋香奈さん（39）は担当する。丸太の山は高さ約8メートル。「断面をきれいにそろえ、泥もつけずに積むのが理想。でも完璧にできるのは年に10回未満かな」。従業員14人の唯一の女性として日々奮闘。2015年、道が林業のリーダー候補を認定する「道青年林業士」に女性として初めて選ばれた。

斜面の滑落経験

2代目社長の父清さん（68）に連れられ、小学生の頃から仕事を手伝った。「リスやシカに出会えるのが楽しかった」。高校卒業後、市内の金融関係の会社に就職したが肌に合わず2年で退職。途方に暮れていた時、清さんから山に誘われた。懐かしさあふれる森。父の指導で重機を操作し「丸太が簡単に持ち上がってすごいと感動した」。00年、父の会社で働き始めた。

現場は生やさしくなかった。丸太をうまく積めず、山は何度も崩れた。重機への給油も運転手の仕事だが腰の高さの給油口までポリタンクを上げられず、同僚に頼むしかなかった。10年前には山の斜面で作業中に足場を取られ、重機ごと10メートル滑落。けがはなかったが以来、怖くて斜面で作業ができなくなった。

何度もやめようと思った。だがその度、山の仲間に救われた。同僚からは「数をこなせば、危険を避けるコツがわかる」と助言され、取引先の人々も励ましの声をかけてくれた。

やがて、山にはさまざまな人が働いていると実感するようになった。木を切る人、運ぶ人、植栽する人、間伐する人…。多くの人が、長い時間をかけ美しい山を作り上げる。「私もその1人として関わっていきたいという思いが強くなりました」

北見市常呂町の山林に立つ高橋香奈さん。山の仕事は真冬も休みなく続く

18年、斜面での作業を再開。以前より心に余裕が生まれた気もする。「いずれ木を切る作業にも挑戦したい」と前を向く。

コンテナ苗導入

敷地一面に、高さ20センチのトドマツの苗木が整然と並ぶ。オホーツク管内遠軽町で苗木を生産する佐々木産業が17年、「コンテナ苗」という新方式を導入して開設した育苗施設だ。

コンテナとは長さ15センチ程度の筒状容器のこと。畑に種をまくなどの従来方式と違い、培養土入りの筒で苗木を育てる。畑では必要な除草などの作業が大幅に省ける上、土がついたまま山に植栽できるので根付きやすいなど利点は多い。道内では5年前からコンテナ苗の栽培が本格化。17年度の生産量は前年度比4割増の30万3千本に達した。

同社の育苗施設は2400平方メートルで、コンテナ苗の施設としては道内最大規模。昨年度は3万5千本を出荷した。「遠軽は森のまち。深刻な人手不足を乗り越え、何としても森を守っていかないと」。管野伸一社長（69）は力を込める。

同町丸瀬布生まれ。日大商学部卒業後、都内の会計事務所を経て1977年にUターンし、父の建設会社管野組に入社した。当時は公共投資が右肩上がりで建設業も好景気だったが、「必ず頭打ちになる」と多角化を模索。87年に社長就任後、農業分野にも事業を拡大してきた。

12年、佐々木産業の社長を兼務。後継者難の同社から譲渡を持ちかけられたためだ。林業の現場でも人材不足や高齢化が深刻であると知り、対策が急務と痛感した。

事態打開のヒントは同年視察した林業の先進地のドイツ、オーストリアにあった。コンテナ苗を導入した大規模工場がフル稼働し、効率化、省力化が進む欧州の実情に驚いた。帰国後、「5年以内にコンテナ苗の施設をつくる」と社内で宣言した。

「フットワークは軽い。石橋はとりあえず渡ってからたたくタイプですから」。宣言通りに施設を完成させ、20年には増設も計画する。「戦後植林された造林地はこれから主伐期を迎える。伐採量は増え、苗の需要も増すはず」。先を見据え、森を守り続ける覚悟だ。

育苗施設で笑顔を見せる管野伸一さん。コンテナで育った苗は順調に成長。手応えは十分だ

［津別町・斜里町］

癒やしの力 伝えたい

NPO法人「森のこだま」代表 **上野真司**さん
「知床山考舎」ガイド **伊藤典子**さん

オホーツク管内津別町の町有林「ノンノの森」。11月に降り始めた雪は次第に、エゾマツやトドマツの枝や地面に積もっていく。「でも、スノーシューで歩くのはまだ禁物。雪は浅く、かんじきの刃で森を痛めてしまいますから」。同町のNPO法人森のこだまの代表、上野真司さん（47）は森に優しいまなざしを注ぎながら言う。

風や香り感じて

ノンノの森で夏の間、散策しながら心と体を癒やしてもらう「森林セラピー」のツアーガイドを務める。2018年も5～10月に約100人が来訪。森の中で寝転がって、緑の香りや吹き抜ける風、野鳥のさえずりを〝浴びて〟もらった。「そうすると、ゆったりとした森の営みを感じ取ることができます」

名古屋市生まれ。東京の大学でロボット工学を学び、ゲーム機メーカーに就職したが3年半で退社。福島県のスキー学校で指導員として働くうち、自然の中で子どもが生き生きとした表情になることに驚かされ、学生時代から旅していた北海道での暮らしを夢見るようになった。

09年、休館していた町所有の温泉施設が支配人を募集しているのを知り応募。採用され10年、「ランプの宿 森つべつ」として再スタートさせた。

ノンノの森で、美しい自然を次世代に伝えていかなければと誓う上野真司さん

翌年、NPO法人森林セラピーソサエティ（東京）が町有林を「森林セラピー基地」に認定した。町の申請を受け同法人が町有林を調査し、滞在者の脈拍や血圧、唾液成分の分析結果からストレス緩和などの効果があるとお墨付きを与えたのだ。

上野さんは12年に森のこだまを設立し、セラピーツアーを開始。ガイドに専念するため15年、ランプの宿の支配人を退任した。津別峠が舞台の雲海ツアーや満天の星を観察する「宇宙ツアー」など、メニューを拡充し観光客を迎え入れている。

19年1月から標高差600メートルというランプの宿と津別峠を往復するスノーシューツアーなど、冬の森を舞台とした催しが始まる。「人を癒やす力のある、美しさに満ちた森を子どもや孫の世代まで伝え続けていきたい」

結氷したフレペの滝を望める遊歩道で、知床の魅力を語る伊藤典子さん

知床愛し10年目

オホーツク管内斜里町のガイド会社「知床山考舎」の伊藤典子さん（33）にとって、同町にある世界自然遺産・知床の景勝地、フレペの滝はお気に入りの場所の一つだ。

山から流れる地下水が約100メートルの断崖に染み出し、海に注がれる。森と海の接点と言える滝は12月、一気に結氷した。だが春、山の雪解け水で崖が潤い始めると、滝の谷間ではウミウが営巣を始める。冬眠明けのヒグマは山を下り、海で泳ぐことも。「季節が変われば動物も木々も全てが変わる。まさに自然の宝庫」と知床の魅力を語る。

神奈川県出身。幼少期、長野県で林業を営んでいた祖父の林を訪ねるたび、川魚を手づかみするなど自然とたわむれた。北大大学院で高山植物を研究中の2008年、環境省が知床のアクティブレンジャー（自然保護官補佐）を募集していることを知り、「世界に誇る自然を間近で見られる」と応募。採用が決まり09年春、大学院を休学して斜里に移住した。

知床の国立公園内の巡回や設備補修が主な業務だったが、毎日、足を踏み入れるうち手つかずの自然が凝縮されている知床に魅了されていく。11年に大学院を中退。レンジャーの任期を終えた13年に知床山考舎に入り、山岳ガイドとして奮闘する。

知床連山で登山の腕を磨き、国内外の名峰にも挑戦。18年5~6月には北米最高峰デナリに登頂した。13年には学生時代から興味があった狩猟免許を取得。知床の国有林で毎年シカ猟を行い、解体もこなせるようになった。「シカ肉のあっさりした味わいが好きです」。好奇心旺盛な「山ガール」の活動はとどまることを知らない。

知床では年間、約200人を案内する。当初は長居するつもりがなかった斜里での生活も、18年で10年目。「知床で見たいこと、知りたいことは全く尽きません」。そんな自然の奥深さを、ここを訪れる多くの人と共有していきたいと願う。

［紋別市・滝上町］

時代超え　技をつなぐ

佐藤木材工業社長　**佐藤教誘**さん
真貝林工専務　**真貝真**さん

紋別市の本社工場に足を運ぶ佐藤教誘さん。集成材に注ぐ視線は真剣そのものだ

紋別市上渚滑（かみしょこつ）町の本社工場。カラマツの板を何枚も貼り合わせて強度を高めた「集成材」の製造作業に、厳しい視線を注ぐ。「わが社の加工技術の集大成です」。佐藤木材工業の佐藤教誘（のりひで）社長（75）は胸を張る。

＊新たな活路開く

工場ではかつて、約30年にわたり割り箸を生産していた。だが2000年、海外製品との価格競争に敗れ生産を中止。切羽詰まる中、代わりに着手したのが建築用の集成材だった。

当時、建築資材に適した天然林は減り、戦後植林された人工林の伐採時期に入っていた。「天然林に比べ人工林は幹が細く強度も低い。集成材の需要は増すはず」。読みは当たり、今では年間約4千立方メートルを出荷。品質の評価は高い。「木と緑のスタジアム」をコンセプトに建設が進む20年東京五輪・パラリンピックのメイン会場、新国立競技場の観客席を覆う屋根の建材にも採用され「オホーツクの木材が認められ、大変光栄です」。

同社は1932年（昭和7年）、げた製造会社として誕生し地元での愛称は今も「げた屋さん」。早大卒業後、66年に紋別に戻り家業を継いだ。げたも需要減で84年に生産を止めるなど、会社は何度も時代の荒波にさらされたがその都度、新たな活路を見いだしてきた。「人の皮膚や口に触れるものを作ってきた。その歴史を忘れず、丁寧な仕事を心がけている」と語る。

創業の地の上渚滑町は過疎が深刻。2017年8月、買い物弱者対策として市が建設費の一部を負担した「セイコーマート上渚滑店」が開店し、話題となった。

開店時、現地入りしたセコマ（札幌）の丸谷智保社長と出会った佐藤社長はこの縁を「商機」ととらえた。18年春、札幌に丸谷社長を訪ね、国立競技場への採用が決まったばかりの集成材を売り込んだ。地場産業振興に熱心な丸谷社長も快諾。同年7月に開店した「セイコーマート北海道大学店」の内装に使われ、大学に合う落ち着きを演出した。

業界も地域も取り巻く環境は厳しい。「でもやることは変わらない。ニーズを探し、時代に沿った経営をしていくだけだ」

若手育成に注力

冷え込みが増すオホーツク管内滝上町の国有林に、丸太を切る機械音が響く。「この木はいい値段で売れるぞ」。同町で造林業を手がける真貝（しんかい）林工の専務真貝真さん（41）は若手社員に声を掛けた。笑顔を見せる社員に思わず、頬をほころばせた。

社員13人の平均年齢は33歳。同社が11年前に始めた高校生対象のインターンシップの成果が表れ、若返りが進んだ。「休日には温泉やジンギスカンに誘ってます」。兄貴分として、温かな関係づくりを心がける。

旧道東海大芸術工学部旭川キャンパス（2014年閉鎖）を卒業後、札幌のデザイン会社を経て04年、祖父が創業した同社へ。当時、ベテラン社員が高齢のため次々と退社する一方、若手を確保できず、深刻な人材難を痛感した。

そんな中、同社は07年にインターンシップを導入。林業に関心のある高校生を約1週間、滝上に招き、仕事の体験だけでなく若手社員の家で共同生活するのが最大の特徴だ。現役社員と人間関係を築き、入社後の生活をイメージしてもらう狙いだった。これまでインターンを経験した高卒生7人が入社。業界で先駆的事例として注目された。

人事担当の真貝さんはリクルート活動にも注力。18年10月には森林科学科がある岩見沢農業高で講義し、林業の現場の紹介ビデオを生徒に見せ訴えた。「自分たちは祖父の代が植えた木を切って生活させてもらっている。世代を超え、仕事をつないでいけるのが林業のやりがいです」

後継者不足は同社だけの問題ではない。同年5月に人材育成に取り組む若手林業者の新組織「オホーツク木材クラブ」を8人で設立。インターンの取り組みが評価されている真貝さんは、会長に選ばれた。年明けから、関連業界や行政との意見交換会を本格化させる。「地域全体で人を育てる仕組みを作りたい。林業をさらに発展させていくために」

滝上町の国有林の現場で、若手社員（右）へ気さくに声を掛ける真貝真さん

小樽・すしのまちを支える

港町・小樽は「すしのまち」とも呼ばれる。年間８００万人の観光客で活気づき、すし職人が腕を振るう。この味わいを多方面で支える人々もいる。すしに懸ける人たちを追う。
（２０１９年４月６日～27日掲載）

［小樽市］

母娘二人三脚　味を継ぐ

すし店「しかま」　**色摩久子**さん、**洋子**さん

市中心部の老舗（しにせ）5店でつくる「小樽寿司（すし）屋通り名店会」に加盟するすし店「しかま」。店内でねじり鉢巻きを締めているのが色摩（しかま）久子さん（70）。１００店近くが軒を連ねる小樽で珍しい女性のすし職人だ。

店に立つと、活気が生まれる。常連客から「かあちゃん」「ママ」と呼ばれる。「ママ、握ってよ」と頼まれると、熟練した手さばきを見せる。「まあまあの腕でしょ」と冗談っぽく笑う。

久子さんの夫は、２０１８年7月に71歳で亡くなった先代社長の文孝さん。実家が経営する小樽のすし店で修業した後、１９７３年に独立した。当初の職人は文孝さんのみだった。久子さんの実家は後志管内積丹町の漁師。魚の扱いに慣れていた。軍艦巻きを作ったりして、夫婦で店を切り盛りした。

＊賄いで握り始め

賄い用として、すしネタの切れ端を使って握り始めた。文孝さんから「シャリに空気を入れるように」と指導を受け、腕を磨いた。「夫婦というよりは職人対職人だった」。開店から4年ほどの29歳のとき、なじみの客から「握って」と頼まれた。緊張しながら、すしを出したところ、客は喜んだ。職人の道を決意した瞬間だった。

80年代に入ると、小樽観光はすし、小樽運河、ガラスの3本柱で全国的なブームになった。しかまは小樽で最大3店舗を展開した時期もある。久子さんは包丁1本を手に、各店を回った。快活な性格と語り口でファンが多い。道外から30年以上通い続ける常連客もいる。「お客さんに育ててもらった。季節になると、イクラや果物を互いに送り合ったり。長い付き合いだね」

女性職人は、男性より手が温かいため、すしネタの鮮度が落ち、おいしくないという風説がある。だが、久子さんは「技術があれば、手が冷たいとか温かいとかは関係ない」と言う。久子さんの義母（故人）もすし職人。「色摩と言えば、女性が握るというイメージ。抵抗がなかったのかも」

最近は男性職人3人に握りを任せ、厨房（ちゅうぼう）で焼き物などの料理を担当する。店の状況を見ながら、カウンターに立つこともある。すしを握ったり、客と会話したり。あと10年ほどで、すし職人として50年。「これからも日々勉強しないと。終わりはないよ」。職人としてのプライドをのぞかせる。

＊新メニューに力

久子さんの長女洋子さん（38）は

先代が残した店舗に立つ色摩久子さん（左）、洋子さん。小樽のすしの伝統を紡ぐ

2018年6月、2代目社長になった。その1カ月後、会長に退き、娘を支えていた文孝さんが亡くなった。洋子さんは「慌ただしい日々が少しずつ落ち着き、責任の重さを日々実感している」と話す。

幼少期から店で忙しく働く親を見ていた。最初は店を継ぐ気がなかった。だが、兄が小樽を離れ、老舗の跡継ぎはいなかった。「親のそばで店を残そう」。気持ちが変わった。高校を卒業し、すぐに店で働いた。今も調理や接客で現場に立つ。久子さんは「よく継いでくれたよ」と感謝する。

洋子さんは、久子さんの料理を継承しようと励む。店で出すニシン漬けなどのレシピはない。「しかまの味を盗まないと」。見よう見まねで覚えている。ただ、信頼できる職人がいるから、母のようにすしは握らない。「うらやましいときもある。けれども、あれもこれもできないから」

新たなメニューづくりには力を入れる。脂の乗ったトロを多くしたにぎりずしのセット、カニやエビを中心にした天ぷらの盛り合わせ…。「すしを食べ慣れた外国人観光客が増えている。飽きないように味を高めていかなくては」。以前はなかった焼き魚も取り入れた。「印象が悪いと、小樽の他の店にも迷惑がかかるから」。小樽のブランドも背負う。

文孝さんは小樽寿司屋通り名店会の呼び掛け人の一人だった。同業者とともに、小樽のすしを売り出した。「他の店舗と切磋琢磨（せっさたくま）しながら、父のように小樽を盛り上げていきたい」

2代目は、店の玄関で見守る父の写真に誓う。

北海道の食材が楽しめるしかまの人気メニュー「お任せ握り」

［小樽市］

脇役の酒にも地元愛

「伊勢鮨」おかみ　**小伊勢和枝**さん
「オサワイナリー」社長　**長直樹**さん

「日本酒が主役になってはいけない。すしに寄り添う存在でなければならない」

開店52年の小樽市稲穂3のすし店「伊勢鮨（ずし）」でおかみを務める小樽出身の小伊勢和枝さん（51）。利き酒師の資格を持ち、客の好みや料理に合う日本酒を出す。飲食店や宿泊施設の格付け本「ミシュランガイド北海道2017特別版」で、12年版に続き2回連続で「一つ星」になった店を酒で引き立てる。

「利き酒師」取得

日本酒サービス研究会・酒匠研究会連合会（東京）が認定する利き酒師の資格を取ったのは05年。きっかけは酒の専門的な知識を客から問われたことだった。答えられず、「あー、もういい」とあきれられた。「客の言っている意味さえ分からなかった」。負けず嫌いの性格に火が付いた。

「実は日本酒は苦手で飲んだことがなかった。熱かんの香りも嫌だった」。日本酒に詳しい市内の居酒屋店主の元へ通い詰めた。いろいろな日本酒を飲み比べ、多彩な味わいに驚き、見方が変わった。

利き酒師と伝えると「何の酒か当て

伊勢鮨のカウンターで。資格を生かし、主役を引き立てる日本酒を選ぶ小伊勢和枝さん

られるのか」と聞かれるという。「銘柄を当てるのではない。酒の味わいと食材との相性のアドバイザー。店の幅を広げるのにも役立った」と話す。

大吟醸酒は香りが高く、すしより酒が目立つことがある。すっきりした味わいの純米酒や本醸造酒を出し、酒が主張し過ぎないように気を配る。あくまで主役はすし。今では出す酒を全て任せてくれる常連客もいる。

同連合会の資格で、16年には利き酒師より難しい「酒匠」、18年には「日本酒学講師」を取った。「20代の従業員が酒の味わいを説明できたらかっこいい」と自らの知識を伝えるつもりだ。「きっかけになったあの客に、感謝しなくちゃね」

店では客の希望に応えるため、厳選した全国各地の日本酒30種をそろえる。だが、客の目に留まるお品書きには道内の地酒10種。「地元の酒を薦めたいから」。地元への愛が店の隠し味となっている。

オサワイナリーの醸造設備で語る長直樹さん。手にするのはすしに合うワイン「tabi」

好相性のワイン

すしに合うのは日本酒だけではない。「スダチや大葉、ショウガ。ワインを醸造する過程で、すしを連想させる香りが出てきた」。小樽市色内1のワイン醸造所「オサワイナリー」社長の長直樹さん（39）は偶然生まれたワインをすし用にと磨き上げた。

原料のブドウは小樽発祥と言われ、ワイン用にも生食用にもなる「旅路」。甘みが強く、酸味がある品種だ。15年に小樽近郊の農家から買い取った旅路で白ワインを仕込んだところ、すしに合うのではないかと感じた。

市内のすし店と協力して、すしとの相性を探った。16年に発売したワインには「ｔａｂｉ」と名付けた。品種名に加え、「旅のわくわく感」や「新しい始まり」の意味を込めた。

「海外産は果物や花の香りが強く出て、和食にはあまり向かないと思う。ｔａｂｉは違った」。アルコール度数は10％で、やや辛口で飲みやすい。「日本酒はすしと一緒に食べる感覚。ｔａｂｉは酸味で口をリセットする。軽やかにすしが進む」と話す。

福岡県出身。飲む人が幸せになるワインを目指し、15年に小樽市中心部にワイナリーを開いた。「ワインが主張しすぎては料理が台無しになる。ワインは出過ぎず、引き過ぎず。脇役でもいい」。ｔａｂｉはまさに目指すワインだった。

19年2月にはワイナリーに併設するテイスティングバーで市内の職人が握ったすしとワインを味わう催しを開いた。「ここでしかできない、ここだけの味。だから、ワイン造りにはまった」と目を輝かせる。こうした催しは今後も企画する考えだ。さらに、市販のすしとｔａｂｉを自宅で楽しんでもらえれば、と願う。

すしの世界は奥深く、進化していると思っている。知らないことも多いと言う。だからこそ「いろいろな人と関わり、知識を深めていきたい」。

［小樽市］

横丁、市場で肩肘張らず

「寿し処　彩華」店主　**永山亮**さん
「寿し処　わさび」店主　**堀田賢二**さん

おたる屋台村ろまん横丁の「寿し処　彩華」に立つ永山亮さん　素材を生かしながら一手間加える

一手間かけ仕事

「大将、10貫セット一つお願い」

3月中旬の夜、小樽市中心部の「おたる屋台村ろまん横丁」（稲穂1）のノードコートで客の声が響いた。大正から昭和初期の酒場を模した横丁で、すし店「寿し処　彩華（さいか）」を営む永山亮さん（41）が「はいよ」と応じる。テーブル11卓は各店共用だ。鉄板焼きやカレーなどを提供する7店舗が囲む。食欲をそそる香りが漂う。「いろいろな料理を味わいながら、盛り上がるのがここの魅力」

横丁のすし職人として「酒のつまみや締めに料理を頼む人もいる」と気を配る。酒に合うよう、イカのわたをみそ漬けにして凍らせた自家製の「イカゴロルイベ」を出す。ヒラメには、塩ゆでした肝のたたきにネギをあえて添える。すしには、昆布とカツオだしの風味を加えた「煮切りしょうゆ」を使う。素材を生かしながら、一手間かけた仕事を心がける。

職人を志したきっかけは家族の笑顔だった。小樽生まれ小樽育ち。高校に通いながら、中華料理店で3年働いた。エビのチリソース煮や酢豚の作り方を習い、親や妹に振る舞った。「にっこり笑って『おいしい』と言われた瞬間を覚えている」

高校を卒業し、知り合いの紹介で市内のすし店に入った。24歳で出会った先輩を今も慕っている。客の立場で料理を考え、仕事に対する一生懸命な姿。「お酒のあても意識するようになった。すし職人の仕事は食べて飲んで楽しんでもらうこと」。市内のすし店4軒で修業し、自分の店を持つことを目指した。

２０１７年4月、ろまん横丁の開業と同時に彩華を開店した。「横丁という場所が客を引きつけている」と感じている。今ではインターネットを見た道外からの客も訪れる。「充実した時間になれば、何倍も良い気持ちで帰ってもらえる」

新しい魚介類が入れば、素材に合う

薬味を試す。「感動がなければ、次は来てくれない。違う味を出せたら」。客の笑顔のために努力を惜しまない。

目の前に鮮魚店

市民の台所と言われる南樽市場（新富町）。鮮魚店や総菜店、精肉店など29店舗が入る。新鮮な食材や夕飯のおかずを買い求める客でにぎわう。「客から『鮮魚店が目の前だから冷蔵庫はいらないね』と言われたよ」。市場内の「寿し処　わさび」の店主堀田賢二さん（64）は笑う。

「市場だからこそ旬には敏感。四季を大切にしている」と語る。客から店にないネタを頼まれると、すぐに鮮魚店で仕入れる。買い物帰りに「2、3貫いいかい」と来店する地元客もいる。「肩肘張らずにのれんをくぐれるのが、市場の店の良さかな」

ここで店を始めたのは02年。店名に二つの思いを込めた。「わさびはすし言葉で『涙』と言われる。お客さんには涙を流すぐらい、すしで笑い楽しんでほしい。もう一つ、わさびはすしに付きもの。店の名前を忘れないから」

歌志内市出身。中学校を卒業後、旭川市内のすし店で働いた。旭川では計6年ほど修業した。職人になる情熱が高まった。「先輩がカウンターで握っている姿がかっこよく気持ちが変わった」。札幌や小樽のすし店で27年ほど働き、腕を磨いた。

「それぞれの店で味は違った。職人が変われば、すしの味も変わる。だからこそ、ここにしかないすしを求めている」

カツオだしやみりんなどを混ぜて火を通した特製しょうゆを使い、シャリは熱湯消毒して干した備長炭を入れて炊く。視覚でも楽しんでもらおうと、飾りを工夫。中身が赤い紅芯（こうしん）大根でチョウを作り、握りの盛り合わせに添える。「笑顔で帰るお客さんを見るのが、自分への一番のご褒美」

開店当時から妻喜代美さん（68）と二人三脚で歩んでいる。「シャリを炊いて、味を支えてもらっている」と感謝する。市内にある市場は現在7カ所。「活気ある市場ですしを味わえるのは貴重。これからも地物で勝負していきたい」

小樽市民の台所「南樽市場」内にある店の前に立つ堀田賢二さん。旬のネタを市場で仕入れ、すしを握る

［小樽市］

豊かさ演出　ガラスの器

「キム・グラス・デザイン」代表　**木村直樹**さん
「幸愛硝子」主宰　**木村幸愛**さん

ネタを引き立て

土産物店や飲食店が並ぶ小樽堺町通り商店街のすし店「たけの寿司（すし）」のカウンター。２０１９年４月上旬、店主の武田賢一さん（51）がにぎりをガラスの平皿にのせた。店には小鉢、ぐいのみなど50点以上のガラスの器が並ぶ。「小樽で店を構えるなら、ガラスの器は欠かせない。小樽だと冬に使っても風情がある」。小樽のガラス工芸作家、木村直樹さん（34）が手がけたものだ。

木村さんは13年、小樽で店を出した武田さんから依頼を受けた。代表を務めるガラス工房「キム・グラス・デザイン」は11年に設立した。おたる水族館に近い祝津の漁師町にあり、工房から石狩湾を見渡せる。「地元の漁師から『酒を飲むコップを作って』と言われることがある」

北見市留辺蘂町の出身。地元の高校卒業後は道外に就職したものの、北海道で働きたいと願った。職を探していたところ、小樽市のホームページにあった紫色のガラス製香炉にほれ込んだ。19歳で小樽に移り住み、吹きガラス工房に入り、ガラス作家を志した。

工房には飲食店からの食器制作など、さまざまな依頼がある。すし店の

小樽市祝津にあるガラス工房「キム・グラス・デザイン」で。すしをのせる器づくりの魅力を語る木村直樹さん

ガラス工房「幸愛硝子」のギャラリーに立つ木村幸愛さん。色とりどりの器ですしを楽しんでほしいと願う

器を制作する際は、他とは違った緊張感があるという。「すし職人は客の目の前で一瞬ですしを握る。そんな潔さをガラスでも表現したいと思った」

　すし店の器づくりで心がけることは「色を多用しない。ガラスはあくまで引き立て役」。すしネタはマグロの赤身や卵の黄色など色が多彩だ。主張が強い色はすし職人が使いづらいのではないかと考えた。

　ただ、「単純に透明な器だと面白くない。見た人の食欲をそそる工夫もしたい」と思った。筆で描いたような金色の1本線を施した透明な平皿、金箔（きんぱく）をあしらったしょうゆ差し…。さりげなく加えたアクセントにガラス職人の思いを込めた。

「これまでの木の板やすしおけというイメージから抜け出して、ひと味違った小樽のすしを味わってほしい」

　ガラスの器がすしを彩る店は小樽だけにとどまらない。

出合いに彩りを

　小樽市中心部の小樽寿司屋通りに本店を構える老舗「おたる政寿司（ずし）」。東京・銀座、新宿、タイ・バンコクの店舗で、ガラスの器を使っている。おたる政寿司副社長の中村圭助さん（39）は「道外で小樽の店であることを分かってもらうために、ガラスは大事な表現手段」と力を込める。

　制作したのは、小樽市桜のガラス工房「幸愛硝子（がらす）」を主宰する木村幸愛（ゆきえ）さん（40）だ。平皿や小鉢などを作っている。コバルトブルーや黄緑、赤など、作品は色彩豊かなものばかりだ。おたる政寿司から初めて依頼があったのは7年前。すし店の器を作るのは初めてだった。

　作品を制作する工房は小樽の高台に立つ。坂の向こうには日本海が広がる。「時間帯によって海の色が刻一刻と変わる。この風景から、自分が表現したい色のインスピレーションを得ている」

　大阪市出身。地元の高校を卒業した後、小樽の工房でガラス作家を目指した。修業を積んでいる時、夫の宮越貴大さん（40）と知り合った。10年に小樽で工房を立ち上げ、16年に現在の場所に移した。宮越さんがアシスタントとなり、息を吹き込んでガラスの塊を膨らませる吹きさおの付け替え作業などを行っている。

　1児の母でもある木村さんは「店で毎日使って洗うことを考えた。割れにくいよう、通常3ミリほどのガラスの厚さを6ミリにした」と語る。多彩な色合いの作品としたのは「お客さまが店を訪れるたびに、違う器に出合えるわくわく感を持ってもらえれば」との気持ちからだった。

「ガラスの器がすてきな時間を過ごすためのお手伝いになれば」

　ガラス工房が多く「ガラスの街」として知られる小樽。地元のガラス作家の仕事が「すしのまち」に豊かさを加えている。

釧路の風土(FOOD)を愛して

釧路管内は豊かな海と広大な土地に恵まれ、漁業や農畜産業が地域を支えてきた。多彩な食材を生み出す地域の風土に根ざし、挑戦する人たちの姿を紹介する。

(2019年8月3日～31日掲載)

[厚岸町]

海を生かし、海と生きる

漁業 **高田清治**さん
漁業 **丹羽良明**さん

霧が立ち込める釧路管内厚岸町の厚岸湾。午前5時、漁業高田清治さん(73)が1時間半の漁から戻り、ホッカイシマエビ約800匹を水揚げした。自宅隣の加工施設で塩ゆでにすると褐色の殻が鮮やかな赤色に変わる。氷水で冷やし、1匹ずつ重さを量って選別した。

「小さなエビが捕れても海に戻す。大きい方がおいしいしね」。近年は資源管理によるエビの大型化が進み、この日捕れたのは1匹18グラム以上の「大」が約60%、28グラム以上で「大黒しまえび」のブランド名で売り出す特大サイズは約5%だった。

エビ漁獲量低迷

厚岸町生まれ。地元の中学卒業後、父の跡を継いで漁業の道へ進んだ。「大漁でも不漁でも値段が高くても安くても深く考えず、いなくなるまでエビを捕っていた」と自嘲気味に語る。資源量は減少し、漁獲量は低迷。現在は体長10センチ以上が主流だが、当時は8、9センチの小型が多くを占めていた。

資源管理を導入

転機は2007年。高田さんが、厚岸漁協「厚岸ほくかいえびかご漁業班」の班長に就いた年だった。当時、漁業者はシマエビを自宅台所で塩ゆでしていたが、衛生上の問題から台所と加工用の施設を分けるよう、釧路保健所から指導を受けた。

新しい施設を造るには100万円以上かかり、漁獲量の回復が欠かせない。高田さんは「漁を続けるには資源を増やすしかないと意識改革が始まった」と振り返る。07年は休漁し、釧路地区水産技術普及指導所などの助言を受け、08年から新しい資源管理の手法を導入。シマエビを捕るかごを1人250個から50個に減らし、かごの網目を2・3センチから3・3センチに広げて小さなシマエビを捕りにくくした。漁期は約2カ月と4分の1に短縮。

当初は他の班員から「採算が合うのか」と異論も出たが、何度も話し合って理解を得た。

資源管理の導入後、漁獲量は年間3、4トンから17年は21トンに大幅に増加。大きなシマエビも増えて平均単価は2倍前後となり、漁業者の収入増につながった。漁獲を制限されたら割に合わない――と23人から18人に減った班員は、20人まで戻った。

「一時はシマエビ漁をやめようと思ったが、続けてよかった」。19年1月に班長を退いた際、ほかの漁業者から言われた言葉が心に残る。「漁師は自分自身を管理し、安定した生活に必要な分だけ捕ることが大切」と、高田さんは力を込めた。

ブランドに誇り

厚岸湾は汽水湖の厚岸湖とつながる。穏やかな湖を岸壁から船で約1キロ進むと、水深約1・5メートルの地点にブイや金属製パイプで組んだやぐらが目に入る。

「これが地元生まれの『弁天かき』さ」。漁業丹羽良明さん（65）がパイプにつるしたロープを引き上げると、養殖中のカキが詰まったかごが現れた。弁天かきは16年に出荷が始まった厚岸漁協のブランドカキで、厚岸湖に浮かぶ牡蠣（かき）島弁天神社から名付けられた。

厚岸産カキの種苗の約9割は、宮城県産。11年の東日本大震災で種苗供給が途絶える恐れが出たため、厚岸漁協は震災後、厚岸産の種苗から育成した弁天かきの生産に力を入れている。

丹羽さんは厚岸の漁業者の次男として生まれた。高校卒業後、サケ・マス漁などに携わり、38歳でカキの養殖を始めた。「厚岸生まれ厚岸育ちのカキを作りたい」と弁天かきの生産に当初から協力してきた。

ホタテの貝殻に付着している種苗を厚岸湖内で約2年半、殻の長さが10センチ前後になるまで育てる。ホタテから外して5カ月間養殖。最後に栄養豊富な厚岸湾に移し、1、2カ月かけて身が詰まった、ぷりぷりしたカキに仕上げる。「地元の水が合うのか、宮城県産種苗のカキより早く大きく育つ」という。

弁天かきは宮城の種苗を使った厚岸産カキの約2倍の浜値を付ける。生産量は16年の6万8千個から、18年には26万6千個と急増。「価値を認めてもらっている。消費者を裏切らないカキしか出さない」。漁業者のプライドがにじむ。

水揚げしたホッカイシマエビを自宅隣の加工施設で塩ゆでする高田清治さん。「資源管理のため、たくさんの人が助言してくれた。感謝しかない」

厚岸湖の中心付近で養殖中の弁天かきを引き上げる丹羽良明さん。「なぜか分からないが、弁天かきは宮城県産種苗のカキより早く大きく育つ」

［釧路市］

農福連携 働く場生む

「音別ふき蕗団」代表 **伊藤まり**さん
農業ベンチャー企業「Ozaki」 **尾崎誠治**さん

釧路市音別町のフキ畑に立つ伊藤まりさん。収穫したフキは地域のイベントで販売するほか、加工業者に出荷している

背の丈より高く生い茂った大きな葉が、爽やかな釧路の夏の日差しを受け止める。２０１９年６月下旬、釧路市音別町にある畑で、一般社団法人「音別ふき蕗（ふき）団」代表の伊藤まりさん（65）は２メートルほどのフキを刈り取り、畑に来た客に手渡した。「青々としてきれいでしょ、私の自慢よ」

意思疎通が極めて苦手だったり、精神的に弱かったり、情緒が不安定気味だったり…。フキ畑で作業するのは、企業や集団の中で働きたくても働けない、「生きづらさ」を感じる人たち。伊藤さんは音別町特産のフキ栽培を通して、こうした人たちの雇用の受け皿作りに力を注いでいる。

フキ栽培に着目

釧路市出身で、市内で看護師として勤務した。14年に定年退職後、知人の誘いで生活困窮者の自立を支援する市民団体の活動に参加して、こうした人がたくさんいると知った。

着目したのが退職後に移り住んだ音別町のフキ。水質が良い音別町産は、みずみずしく香りも強い。農業の働き手不足解消につながり、地域活性化にも役立つと考えた。ただ、フキについては全くの素人。フキ栽培の経験者を含む60～70代元酪農家４人の協力を得て、17年に同法人を設立した。

フキは離農した農家から借りた計4・8ヘクタールで育てる。無農薬が売り。19年は害虫を防ぐ特殊シートをかけたことで、初出荷した18年の２倍の約40トンを出荷した。

19年は20～50代の５人が４月下旬から１日４時間働き、数万円の月給を得ている。収穫は７月中旬で終えたが、11月末まで雑草取りなどの仕事が確保できる予定だ。技術指導する元酪農家に「怒鳴らない」「プライベートなことを聞かない」という決まりを守ってもらい、働きやすい環境づくりを心掛ける。

今、最も力を入れるのが、塩漬けな

どの加工品開発。加工作業があれば、通年で雇用できる。「働く人の中から、いずれ団の後継者が出てくれるのが夢なの」

水耕栽培で年中

リーフレタス、クレソン、バジル…。釧路市内で18年12月から稼働する工場内にびっしりと並ぶ専用ラックでは、みずみずしい野菜が水耕栽培で育つ。鉄筋コンクリート平屋約330平方メートルの工場には窓がなく、虫が入らない。釧路産の安全で新鮮な無農薬野菜を年中、出荷できる。

工場は、釧路市出身で市内でラーメン店を家族経営する尾崎誠治さん(47)が農業ベンチャー企業「Ozaki」をつくり、建設した。きっかけは、知的障害者のおい(19)の存在。17年秋、翌春に高校卒業を控えていたが、なかなか就職が決まらない。おいは難しい作業はできない。単純作業の繰り返しだと飽きて続けられない。やっと見つけた仕事は手取り月6千円ほど。知的障害者の就業環境の厳しさにがくぜんとした。

ラーメン店でおいを雇うことも考えたが「就職で困っているおい以外の知的障害者も雇用したい」との思いが頭をよぎった。実家は農家だが、農業は冬の仕事が少なく、通年雇用が難しい。そこで目をつけたのが、年中生産できる水耕栽培だった。

知的障害者が働く東京の野菜生産工場を見学すると、スポンジに苗を植えたり、野菜をポリ袋で密閉して商品名のシールを貼ったりと、簡単だが、いろいろな種類の作業をしていた。室温や光量は愛知のプラント会社がコンピューターで遠隔管理する。「農業経験がない自分でも始められる。おいも飽きずに働いてくれるに違いない」

一大決心し、1億5千万円を借り入れて工場を建設した。従業員は7人で、知的障害者は今のところおい1人。19年7月の売上高は250万円で、同年3月の初出荷から100万円ほど増えた。今は9種類の野菜を育てる。

おいの月給は、5万円。「生まれ育った釧路で、楽しそうに働いてくれている」。5年後をめどに第2工場を建設し、知的障害者を計10人ほど雇う青写真を描く。おいの成長を励みに、夢は膨らむ。

野菜生産工場でリーフレタスの生育状況を確認する尾崎誠治さん。無農薬の水耕栽培だ

[白糠町・厚岸町]

牧場の恵み　次世代へ

茶路めん羊牧場経営者 **武藤浩史**さん
森高牧場で乳製品を製造 **森高裕子**さん

羊が草をはむ茶路めん羊牧場。「夏涼しく冬は雪が少ない。草資源が豊富で白糠は羊の飼育に向いている」と話す武藤浩史さん

夏の草原で、羊がのんびりと草をはんでいる。釧路管内白糠町の茶路めん羊牧場。「ここで羊を飼い30年余り。山があり川がある茶路の風景に羊が溶け込んできた」。牧場を経営する武藤浩史さん（60）は目を細める。

京都出身で帯広畜産大に進み、牛など家畜の繁殖を学んだ。羊に魅せられたのは大学3年生の時。同大講師の提案で大学構内で飼育していた羊を焼いて食べた。「これまで食べた冷凍輸入肉の輪切りと同じ羊とは思えないほどおいしくて驚いた」

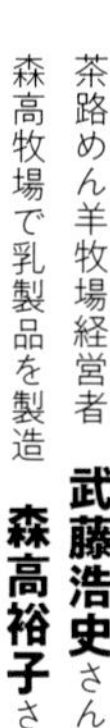

羊に魅せられて

羊は肉だけでなく、毛や皮まで余すところなく利用できる。羊の魅力を生かした仕事に就きたいと考えたが「当時、羊生産は見捨てられた産業だった。就職先もなかった」。国内の羊の飼育頭数は1950年代後半の約95万頭から、羊肉や羊毛の輸入自由化を経て、70年代後半には約1万頭に激減した。

大学院修了後、1年余りカナダで農業研修を受けた。研修先の綿羊農家はアフリカからの移住者。羊肉を市場に出荷するほか、枝肉を消費者に直接販売し、毛皮でコートなどの商品を開発していた。「北海道に戻り、いつか羊の牧場をやってみたい」。北海道への移住者である自分の姿が重なった。

夢の実現に向け第一歩を踏み出したのは帰国後の87年。知人の紹介で白糠町の離農地約2ヘクタールを借りて羊35頭を飼い、牧草や道産小麦などを自家配合した飼料で育てた。「飼育法に特別な秘訣（ひけつ）はない。健康に育てることに尽きる」と強調する。

口コミで道内外のホテルや飲食店に販路を広げた。90年ごろに食肉加工施設を建てて以降は部位ごとに切り分けた羊肉を消費者に直接販売する。規模も拡大し、約25ヘクタールで700〜800頭を飼育。枝肉で当初の10倍以上の年間約10トンを出荷する。

現在、国内で流通する羊肉の大半はオーストラリアやニュージーランドからの輸入物で国内自給率は1％前後。「次世代にも白糠で羊の生産が続くように、もうしばらく頑張りたい」と将来を見据える。

チーズに愛注ぐ

釧路管内厚岸町の森高牧場のゴーダチーズは、香りに癖がなく、すっきりとした味わいが人気だ。森高裕子さん(70)は夫正樹さん(70)と牧場を営み、自家製生乳で牛乳やソフトクリームを製造・販売。チーズは手がけて12年になる。「うちの牛乳のおいしさを最も感じられるチーズに仕上げている」と笑顔で語る。

ゴーダチーズは殺菌した生乳に凝乳酵素や乳酸菌を入れて固め、かき混ぜて水分を抜き、塩水で味付けするなどして作る。各工程の温度管理で品質が左右される。「1度でも違うと味が変わる。気が抜けないのは介護と似ている」。障害があり、14年前に23歳で亡くなった長女牧子さんを胸に言葉をつなぐ。

牧子さんは82年生まれ。重度の脳性まひがあり、首がすわらず、話もできない。自ら動くこともほとんどできなかった。森高さんは、車いす生活の牧子さんの体中の関節を固まらないよう動かす訓練を施すなど、24時間つきっきりで面倒を見た。

だが愛情を注いだ牧子さんは2005年、肺炎で亡くなった。森高さんが「自分の命より大事な存在を亡くした」と喪失感にさいなまれていた時、正樹さんに勧められたのが、チーズ作り。根室管内中標津町の畜産食品加工研修センターで約1年間、製造技術を学び、07年に新設した工房の責任者になった。「体を動かしていると牧子のことを忘れられた。チーズも手をかけると子どもと同じで、かわいく感じるようになった」

森高さんは18年春、心筋梗塞で倒れ一線から退いた。チーズ作りは長男の貴大(たかひろ)さん(47)が受け継ぎ、出荷量は年間約1・2トンを維持する。裏方として工房や直売店を手伝う森高さんは「なぜか分からないけれど、息子のチーズの方が味がまろやか。おいしくなった」と頼もしげに見守る。貴大さんには、チーズ作りの技術だけでなく、きめ細かなチーズへの愛情も込めて、バトンを渡した。

牛乳や乳製品を販売する森高牧場の直売店に立つ森高裕子さん。ゴーダチーズのほか、ソフトクリームも人気

[釧路市]

「このマチならでは」応援

まちおこしグループ「クスろ」代表 **須藤か志こ**さん
フリーペーパー編集人 **清水達也**さん

釧路市内のゲストハウスで「クスろ」のメンバーと新商品開発の意見を交わす須藤か志こさん。アイデアは尽きない

「釧路でクスッと笑える楽しいことを」が、まちおこしグループ「クスろ」の名前の由来だ。２０１９年8月上旬、釧路市内のゲストハウスに代表の須藤か志こさん（23）ら女性メンバー３人の明るい声がにぎやかに響いた。「フレンチドッグはやっぱり見た目がかわいい。刺しゅう入りシャツを作れないかな」。釧路のご当地グルメを生かした新商品についてアイデアを出し合った。

グルメでグッズ

クスろは14年に発足。19年1月に須藤さんが2代目代表となり、20～30代の女性メンバー6人が釧路ならではの土産物づくりに知恵を絞る。「釧路は優れた食材が豊富な半面、地元ならではの料理が埋もれてしまっている」。こんな思いから19年春、砂糖がけフレンチドッグやクロレラを練り込んだ緑色の麺をごま油であえた「無量寿（むりょうじゅ）そば」といった釧路ならではのものをかたどった「ご当地キーホルダー」を完成させた。キーホルダー6種類のうち4種類は食が題材だ。

釧路市出身。釧路青年会議所に所属し、地元のイベントを企画していた自営業の父を見て育った。「父が楽しそうだったのが印象的で、自分もまちを盛り上げたいと思った」。中学時代から劇団を釧路に招く市民団体の活動などに参加し、まちおこしの仲間を探していたところ、15年に両親からクスろの存在を知らされた。ザリガニ料理作りに励む兄弟ら地元のユニークな人物をホームページで紹介するなど、まちの魅力を発掘して発信しようとする自由な発想に共感し、メンバーに加わった。

メンバー全員が釧路出身だが、進学や就職で地元を離れた経験がある。須藤さんも現在、公立はこだて未来大4年生。「住み続けるだけがまちを愛する方法じゃない。離れていても釧路とつながりを持ち続けるファンを増やしたい」と力を込める。

大学卒業後は釧路で仕事をする傍ら、クスろの活動を続けていく。モットーは「まじめにふざける」。「クスろのゆるさを入り口にして、釧路を応援するハードルを下げたい」。最もおいしいフレンチドッグの味付けを決める会、ご当地キーホルダーを取り入れた着こなしの提案…。アイデアは尽きない。

＊「個人店」に注目

釧路湿原を間近に見渡せるカフェ、アイヌ料理が食べられる店、種まきから収穫、製粉まで手作りのおそば屋さん。釧路ならではの食材や風景を生かした飲食店が、Ｂ５判フルカラー36ページのフリーペーパー「フィールドノート」のページを飾る。テーマは「このマチにしかないものを」。編集人の清水達也さん（37）が年3回ほど発行し、飲食店を中心に毎号30店舗以上、写真付きで掲載する。取材や執筆、写真撮影、広告営業を一人でこなす。

釧路管内厚岸町生まれの釧路市育ち。20代の2年間、東京で出稼ぎをした後、バイクで釧路へ戻る途中に感じたことが心から離れなかった。「どこも似たようなチェーン店ばかりで、その土地ならではの店が隠れている。釧路も同じだな」

地元に戻りいくつかの職を経て介護用品の営業職に。転機は14年春。高レベル放射性廃棄物の最終処分場受け入れに反対する市民グループの創設に加わった。３カ月で署名約1万7千筆を集め、地域の力を目の当たりにした。「住民が地元の店に通うようになれば地域の結びつきは自然と強まるはず。そのためには店の魅力を紹介する媒体が必要」との思いが強くなった。

家族を説得して15年秋に脱サラ。16年1月にフィールドノートを創刊した。不動産業地元大手「ユタカコーポレーション」が賛同し、16年7月から同社社員として発行に携わる。発行部数は創刊時の3倍の6千部。釧路管内の飲食店など４００店以上に置かれ、新規開店などの情報をいち早く得るため、約３００店には自ら出向いて配る。

19年で創刊4年目。「これからも釧路ならではの個人店を掘り起こしていきたい」。今後は店主同士の結びつきを強めるための交流会も計画。釧路発の挑戦は続く。

フィールドノートに掲載する飲食店を自ら取材する清水達也さん。チェーン店ではなく個人店にスポットを当てる

第3章　道都・札幌で生きる

良質の牛乳や小麦、果物などスイーツの材料の宝庫・北海道。
その中心・札幌には人気菓子店がひしめく。
全国屈指のスイーツ激戦区とも評される札幌で、
理想のスイーツを追求する人々を追う。
（2018年6月8日～29日掲載）

札幌スイーツ物語

［札幌市］

父の背追う兄弟の挑戦

「パティスリーフレール」パティシエ　**古田浩真**さん
「ル・パティシエ・フルタ」パティシエ　**古田義和**さん
和菓子職人　**古田義浩**さん

コンペで優勝

道央圏の洋菓子店など140社や札幌市、札幌商工会議所が参画する「スイーツ王国さっぽろ推進協議会」主催の新作洋菓子コンテスト「さっぽろスイーツコンペティション」は2018年で13回目。応募70作からグランプリに輝いたのは「パティスリーフレール」（札幌市白石区本通16北）の古田浩真さん（40）だ。

店は札幌を中心に16店舗ある焼き肉チェーン「徳寿」の経営で、徳寿で出すデザートの製造工場に併設。それだけに古田さんは「一般のお菓子屋に負けないケーキを作りたい」と7年前からコンペに挑み続けてきた。

受賞作は「さっぽろ抹茶チーズ～お豆とともに」。抹茶パウダーをまとった5センチ四方ほどの角形で、口の中で道産マスカルポーネチーズと生クリームの滑らかな生地がさっと溶ける。和三盆糖でまろやかな甘みに。小豆やウグイス豆など5色の道産豆を使い食感と彩りを添える。

事前に一般公募したアイデアをパティシエが自分流に練り上げるのが、このコンペのルールだ。古田さんが18年3月、受賞作発表会で初対面した発案者の札幌西岡南小6年、山本百椛（ももか）さんは、受賞作を二つも食べたが「実はケーキが苦手」と母親から聞き、驚いた。応募した絵は「苦手な自分でも食べられるものを」とイメージし描いたという。「まるで魔法のケーキね」。親子の会話と笑顔にパティシエを目指した原点がよみがえった。

学校の勉強に価値を見いだせず高校を1年で中退。「自分は何がしたいのか」。ふと頭に浮かんだのは、洋菓子店の勤務経験もある和菓子職人の父義浩さん（64）が幼い頃に作ってくれた誕生ケーキだ。「裕福じゃなかったが、ケーキだけはどこの家にも負けていなかった」。誕生会で招いた友達が2段重ねのケーキに大喜びした。ケーキが人を幸せにする――。そんな瞬間を何度も見てきた。

菓子製造販売道内大手「もりもと」（千歳）に入った。製菓学校を出てもいないし、製菓衛生師などの資格もないゼロからの出発。中卒で月給は手取り10万円ほど。「食べていくのもやっとだった」が、先輩の背中を見てがむしゃらに働き、腕を磨いた。

08年、スイーツ部門を立ち上げたばかりの徳寿に誘われた。今は「工場長」として7人の同僚と毎日約25種類600個ほどのケーキを作る。「パティシエに資格はいらない。心があればいい」。食べた人たちの笑顔が、その証しにほかならない。

名物の味改良

浩真さんの弟義和さん（36）も父の背中を追いパティシエの道を選んだ。高校卒業後、兄浩真さんが働くもりもとへ。そこで師匠と慕う先輩から「夢は逆算して描きなさい」と助言され、35歳で店を持つことを決意した。浩真さんと徳寿に移り、兄弟でケーキ作りに明け暮れた。

夢をかなえる第一歩に選んだのが国内最大の洋菓子コンテスト「ジャパン・ケーキショー」。13、14年と道内予選を連覇し、14年に「国産米粉を使った洋菓子部門」で金賞に輝いた。手応えをつかみ、35歳になった16年9月、生まれ育った東区に「ル・パティシエ・フルタ」（本町1の2）を開いた。

徳寿白石店に併設の工場で「その場で食べてもらえるので、おいしいかどうかじかに聞かせてもらえるんです」と語る古田浩真さん

市内の和菓子店に勤めていた義浩さんも、義和さんの店に移った。店内には父の和菓子と息子の洋菓子が所狭しと並ぶ。義和さんは「和菓子の季節感や配色、商品によってあんこの甘さや固さを微妙に変えるとか、勉強になります」と話す。

18年6月下旬には、初めて2人で共作したよもぎまんじゅうを発売する。15年に自己破産した室蘭の菓子製造販売「草太郎」（その後、別会社が「草太郎本舗」として事業を継承）の名物だった。「草太郎」に13年間勤め最後は工場長だった義浩さん。伝統の味は残しつつ新しい味を求め何度も試作して改良を重ねた。かつての草太郎よりもヨモギの量を増やし香りを出し、もっちりした食感に仕上げた。

ル・パティシエ・フルタの店内にはこんな張り紙がある。「いつか越えます、親父（おやじ）の背中。」。兄弟それぞれの場所で、挑戦が続く。

初めて2人で作ったよもぎまんじゅうを持つ古田義和さん（右）、義浩さん。配合や食感など細部までこだわった

届いたばかりの今年のメープルシロップ。樹液の採取が例年より遅れたが「味は最高」と語るマーク・ギャニオンさん

〔札幌市〕

素材の原点 少年時代に

メープルシロップ専門店主 **マーク・ギャニオン**さん
オーナーパティシエ **安孫子政之**さん

「本物広めたい」

素材へのこだわりの原点は故郷で過ごした少年時代にある。

見渡す限り広がるカエデ（メープル）の森に、新緑の春、濃緑の夏、燃えるような紅葉の秋、白一色の冬が巡っていく。

カエデの樹液を煮詰めて作るメープルシロップの専門店「ギャニオン・エ・フーブル・エ・カフェ」（札幌市中央区北12西16）を営むマーク・ギャニオンさん（50）の故郷の原風景だ。

カナダ東部ケベック州の人口約６００人の町。実家の裏山のカエデで祖父や父が毎年、家族のシロップを手作りしてくれた。自身も樹液集めや山の手入れを手伝った。家では母がそのシロップをたっぷり使って肉や豆の料理、ケーキなどのお菓子を作り、作業から帰った父や自分を温かく迎えてくれた。メープルが「自分を育ててくれた」。

２００３年、旅先のタイで出会った妻和香（わこう）さん（42）の地元札幌に移住。結婚式で父の手作りのシロップを振る舞うと、妻の家族や友人に「こんなにおいしいなんて」と喜ばれた。

逆に日本人が本物の味を知らないことを痛感。「第二の故郷札幌で本物を広めたい」と輸入販売を決意し07年に西区に1号店、17年に中央区にカフェ併設店を開いた。毎年、樹液を採る春先にケベックのメープル農場を訪れ、色や香りなどから厳選し自社ブランドとして輸入。「産地や作り手によって味が全く違う。私の仕事はいわば『メープルソムリエ』かな」と笑う。

当初は日本語も不自由だったが、品質の良さと明るい人柄で販路を開拓。今では１００以上の洋菓子店で使われている。

日本ではパンケーキにかけるだけの印象が強いが、ケベックでは幅広い調味料として欠かせない。「日本人の誰もが知るオリーブオイルのように受け入れてもらえたら」と夢は広がる。

道産小麦生かす

道産小麦にこだわる洋菓子店「ドルチェヴィータ」(札幌市清田区美しが丘2の2)のオーナーパティシエ、安孫子政之さん(43)にも原風景がある。実家は江別の老舗製粉所「江別製粉」。子供の頃、運搬中に道にこぼれた小麦粉の山を雪に見立て、ミニカーを走らせて遊んだ。

10代の頃、社長だった父建雄さん(74)=現会長=が、道産小麦のブランド確立に奮闘していた姿も目に焼き付いている。

同社は、輸入品に質が劣るとされ業界で見向きもされなかった道産小麦にいち早く着目。1990年にハルユタカを使ったパン向けの強力粉を発売し、豊かな風味と地場産の安心感から評判を呼んだ。ところがハルユタカは病気に弱く作付面積は減る一方。父は「何とか育てていこう」と農家を説得して回り、道産小麦の代名詞に育て上げた。「父の強い思いを感じた」

3人きょうだいの末っ子。高校卒業後、「小麦を生かした仕事がしたい」とパティシエを志した。道産小麦を扱う神戸や三重の洋菓子店で修業し、99年に24歳で独立して店を開いた。

小麦粉は全て実家から仕入れた道産100%。取材などでよく、道産にこだわる理由を聞かれるが「自分には当たり前のこと。考えたこともなかった」。卵や牛乳、果物など、その他の素材もできるだけ道産を選ぶ。

渡島管内七飯町のリンゴを使ったサクサクのミルフィーユは、2017年の新作洋菓子コンテスト「さっぽろスイーツコンペティション2017」で応募57点からグランプリを獲得した。

「北海道の豊かな自然の恵みを最大限に生かしたい」。そんな思いは、地域振興にも広がる。13年から清田区内の菓子店や区役所と「きよたスイーツ」と銘打ったキャンペーンを開始。各店が区特産のホウレンソウなどを使った菓子をそれぞれ考案して販売したり、菓子店を巡るスタンプラリーを企画したりと、「スイーツの街」として地域を盛り上げている。

店は19年で20周年。店舗の空きスペースを地元の人に貸し地域活動に役立てたり、北海道の食の魅力を発信したりするなど、新たな試みができないか考えを巡らせているという。「次の20年、もう一度、独立するような新たな気持ちでやっていきたい」

小麦粉を丁寧にふるいにかける安孫子政之さん

【札幌市】

女性の発想 老舗に新風

「池田食品」副社長 **池田靖子**さん
和菓子職人 **石塚亜美**さん

会話から新商品

「おっ、食感がいいね」「若い人に手に取ってもらうには、どうしたらいいかな」「これじゃ『懐かしい』で終わってしまう。もう一工夫、必要」――。

試作した菓子を机に並べ、社員同士がわいわいと会話を弾ませる〝井戸端会議〟から、新商品のアイデアが生まれる。

中心にいるのは池田靖子さん（37）。緑色の衣をまとった大豆にビート糖をまぶした「うぐいす豆」で知られる創業70年の豆菓子製造老舗「池田食品」（札幌市白石区中央1の3）に新風を吹き込む若き副社長だ。

大学卒業後の2004年秋、海外で働こうと模索していたとき、社長の父光司さん（69）から「人手が足りない」と頼まれ会社を手伝い始めた。店頭販売員や工場の製造担当、営業までこなしながらも、いつかは辞めるつもりだった。しかし、2年後に営業先から言われたある一言が人生の転機となった。

「味が落ちてもいいから、もっと安くできないか」

祖父の代から守り続けた伝統の味を否定されたようで「ショックだった」。その日の晩、家に帰るなり父に「私に会社をやらせてほしい」と直訴した。

手始めに、当時売り上げの半分を占めた相手先ブランドによる生産（OE

新商品について、社員と自由に意見を出し合って考える池田靖子さん（中央）。商品開発部はあえて置いていない

見た目にも美しい和菓子を持つ石塚亜美さん（右）。「先生」と呼ぶ三上さん（中央）と同僚の浜村さん（左）との共同作業で生まれる

M）をやめ、自社ブランドに切り替えた。「作り手の思いを伝えられる商品」を合言葉に、豆や砂糖、でんぷん、卵など道産素材にこだわった菓子づくりに立ち返った。

12年に副社長に就任。女性が働きやすい職場への改革にも取り組んだ。力仕事が必要だった工場を機械化するなどし、8対2だった従業員の男女比率は女性が過半数に。「少しずつお菓子をつまみたい」という女性心理にも着目し、商品を小分けにし袋に保存用のチャックをつけるなど女性社員が増えたことで「商品開発の幅が広がった」。

社員の中には、女性が後を継ぐことに抵抗感もあったという。菓子業界も男社会の風土が残り、「営業先で『女は来るな！』と追い返されたこともあった」。それでも「北海道に必要とされる企業になりたい」との思いはぶれなかった。

かりんとうやたまごボーロなどのロングセラーの味を守りつつ、年に20種類程度のペースで新商品も発売。中国を中心に海外輸出も好調で、ここ2年で輸出額は2倍になった。「将来はニューヨークに路面店を出して『MAMEGASHI』を世界に発信したい」。甘い甘い小さな豆菓子に、大きな夢を託す。

和菓子にひかれ

水色の練り切りで表現した水面に、緑色のようかんで作った葉を飾る。仕上げに葉のそばにそっと金粉をのせると、水辺に蛍が舞った――。和菓子職人石塚亜美さん（35）の技だ。「和菓子処（どころ）三恵堂」（札幌市西区二十四軒3の2）では華やかな上生菓子が人気。職人歴70年の創業者三上寿恵雄（すえお）さん（85）の下、石塚さんと同僚の職人浜村菜央さん（32）がデザインを考える。

店には毎月違う12種類の上生菓子が並ぶ。7月は蛍のほか、青楓（かえで）や日々草（にちにちそう）、露草など。2人から「先生」と呼ばれる三上さんは「色使いや形が私の時とは随分違うね。発想が豊かだなぁと感心します」と目を細める。

石塚さんは札幌出身。洋菓子が好きでパティシエ志望で製菓専門学校に入り、講師を務めていた三上さんに出会って初めて和菓子を口にした。「こんなにおいしいんだ」と驚いた。

卒業後、デザインの勉強のため美術学校に1年間通い、22歳で三恵堂に入った。学べば学ぶほど、和菓子の奥深さにひかれていった。うるち米を使った粉を一つとっても、粒の細かさで新粉、上新粉、上用粉などに分かれる。全く同じ原料を使ってもその配合を変えるだけで、団子と素甘（すあま）といった別の菓子ができる。「原料の面白さが魅力。学んでも学びきれない」

17年から、専門学校で教壇に立つようになった。最近、担当した学生が「和菓子をやりたい」と話しているのを聞いた。うれしかった。「和菓子に興味を持つきっかけを作ってあげられたら」。新たな夢が芽生えている。

［札幌市］

食文化発信　新しいうねり

「みれい菓」社長　**松木靖**さん
アートディレクター　**小林仁志**さん

カギ握る「試食」

「冷たいプリンのアイスです。良かったらお味見などしてみませんか」——。2018年5月中旬、そごう千葉店(千葉市)で開かれた「初夏の北海道物産展」。みれい菓（札幌市西区）の社長兼営業部長の松木靖さん（41）が買い物客に試食を勧めていた。

手には看板商品「札幌カタラーナ」。凍らせたカスタードプリンを半解凍でアイスクリーム感覚で食べる。香ばしく焦がしたカラメルをスプーンでパリッと割りひとすくい口に運ぶと、クリーミーで濃厚な味わいが広がる。道産生クリームをふんだんに使い、口溶けは滑らかだ。

全国の百貨店などの物産展に引っ張りだこで、出店依頼は年間100カ所以上。六花亭（帯広）やルタオ（小樽）など道内の有名菓子店がひしめく物産展会場でどうやって客を呼ぶか——。勝負のカギは「試食」だ。

色鮮やかな商品写真を並べて客の足を止め、流れるように試食を勧める。一人足を止めると、また次の客が足を止め、人だかりができる。試食待ちの客にも「次行きますよ」と常に目配せし、逃がさない。全国の物産展を渡り歩き、培った技だ。「食べてもらえば、必ずおいしさをわかってもらえる」

江別出身。短大卒業後、札幌の食品卸問屋に勤務。誰かが作った商品を仕入れ、小売店に売る。製造現場も消費者も見えない仕事にどこか物足りなさを感じた。11年、求人誌で創業間もないみれい菓の募集を見て「新しいことに挑戦できるかもしれない」と転職を決めた。

3年間経理を担当後、営業に。「従業員が目の前で作る商品が目の前で売れていく。こんな楽しい仕事はない」。18年1月の社長就任後も、催事や卸業者への営業で全国を飛び回る。

発売7年目で累計出荷本数は100万本を超えた。それでも「お菓子は嗜好（しこう）品。いつかは飽きられることもある」と冷静だ。だから

年10カ所以上、物産展で販売に立つ松木靖さん。いかに試食につなげるかがカギだ

平日でも混み合うシメパフェ専門店「佐藤」の店内に立つ小林仁志さん。女性客のみならず男性客の姿も多い

こそ新商品の開発やアジア圏への輸出など「常に新しいことに挑戦していきたい」。

酒の後にパフェ

平日の午後9時すぎ、狸小路の路地裏にあるカフェバー「佐藤」の前に10人ほどの行列。客のお目当ては「パフェ」だ。

一番人気は「塩キャラメルとピスタチオ」。ほろ苦い塩キャラメルと濃厚なピスタチオのアイス、甘酸っぱいカシスのムース、爽やかなリンゴのジュレの組み合わせが、甘すぎず、お酒に合う。札幌では今、お酒を飲んだ後のシメのラーメンならぬ「シメパフェ」が夜の定番だ。

仕掛け人は札幌のアートディレクター小林仁志さん(48)。大学時代、アルバイト先の飲食店でメニューや広告作りを任されデザインに興味を持った。デザイン会社勤務後、28歳で独立。企業や商品のブランド化も手掛ける。プロデュースを頼まれた飲食店で看板メニューにとパフェを考案し「どうせならみんなで盛り上げよう」とススキノ周辺の7店舗で15年、「札幌パフェ推進委員会」をつくった。

ススキノにはもともと、深夜までパフェやアイスクリームを出す店があり、下地はあった。東京の友人に「こんな夜中に甘い物を食べるの?」と驚かれ、「札幌ならではの習慣で面白いなぁ」と思っていたという。

メディアへのPRを戦略的に仕掛け、テレビや雑誌で取り上げられるようになると、瞬く間に市民や観光客の人気を呼んだ。「若い人のお酒離れが進む中、飲む人も飲まない人も楽しめる2軒目の選択肢としてマッチしたのでは」とみる。

現在、深夜営業の専門店が増えるなど加盟店は25店舗まで拡大。自身も16年に「佐藤」、18年1月に姉妹店「佐々木」をオープンさせた。人気は道外にも広がり始めている。全国の百貨店から物産展への出店依頼が相次ぎ、静岡市では17年夏、札幌の推進委と提携した「静岡シメパフェひろめ隊」が誕生した。

東京発で流行したパンケーキやワッフルなど、海外から日本に持ってきたスイーツは一過性になりがちだ。「ブームで終わらせず、ラーメンやスープカレーに続く札幌の『食文化』として広めたい」と語る。

札幌・ラグビーに懸ける

五輪やサッカーワールドカップ（W杯）とともに世界三大スポーツイベントに位置づけられるラグビーW杯日本大会が２０１９年９月20日～11月２日、札幌市豊平区の札幌ドームを含む全国12会場で開かれる。W杯を契機にラグビーを盛り上げたいと、札幌で奮闘する人々に迫った。

（２０１９年１月12日～26日掲載）

［札幌市］

W杯成功 愚直に「前へ」

北海道ラグビーフットボール協会W杯準備委員長 **丹羽政彦**さん
札幌市ラグビーワールドカップ担当課長 **山崎高徳**さん

「ラグビーには太った人も小さい人にもそれぞれの特徴を生かした役割があり、人間社会に似ている」。北海道ラグビーフットボール協会W杯準備委員会委員長の丹羽政彦さん（50）は19年1月5日、STVラジオ番組で語った。

18年3月まで5年間、清水建設（東京）から出向する形で、名門明治大学ラグビー部の監督を務めた後、同社北海道支店（札幌）に復帰。道協会理事に就任し、W杯の盛り上げを担う。

イベントに奔走

「W杯を通じて北海道の素晴らしさを世界に売り込みたい」。現役の時、ウイングだったフットワークを生かして奔走する。商店街などを巻き込んだ関連イベント、小学生向けのタグラグビー大会を企画。札幌ドームで19年6月、W杯の前哨戦として国内トップチームの試合がある。

留萌管内苫前町出身で羽幌高でラグビーを始めた。高校2年の時、北見市で合宿中だった明大と試合する機会に恵まれた。１９９６年に亡くなるまで明大を67年率いた名将北島忠治監督との出会い。「北島先生の前でタックルが決まり、試合後に『明治にこないか』と誘われた」

4年生だった91年1月の大学選手権決勝。日本代表で活躍していた吉田義人さんと左右のウイングで出場し、16—13で早大を破り優勝した。東京・国立競技場は6万人の観客。丹羽さんは「あのころは冬のスポーツと言えばラグビーだった」と懐かしむ。

近年は競技人口の減少が続く。高校の大会ではメンバーが集まらず、複数校による合同チームも増えている。世界最高峰のW杯はかつての人気を取り戻し、「若きラガーマンが夢を持つ二度とないチャンス」だ。

「与えられた役割を真面目にやれば、どんな壁でも乗り越えられる。北島先生の教え『前へ』が今も僕の心の中で生き続けているんでしょうね」。W杯成功に向け、愚直に進む。

「何だってやる」

丹羽さんとスクラムを組むのが山崎高徳さん（57）。２０１８年4月、札幌市が新設したラグビーワールドカップ担当課、通称「ラグビーチーム」の課長になった。北海道協会理事も務め、市と協会の調整役を自認。関係者は「W杯で分からないことは山崎課長のところで、すべてが解決する」と口をそろえる。

福祉関係の部署が長いが「ラグビーに人生の楽しみや苦しみを教えてもらった。ラグビーのためなら何だってする」と使命感に燃える。

砂川南高（現砂川高）出身で1980年、当時の国鉄に入り、道内社会人の強豪、札幌鉄道管理局ラグビー部に所属。最前列でスクラムを組むフロントローでキックやパスも得意な器用さが売りだった。国鉄の民営化に伴い、ラグビー部は廃部。88年に札幌市役所に入り、仲間とともにクラブチームをつくり、現役を続けた。国体にも北海道選抜として通算10度出場した。

担当課長として初めて携わったイベントは2018年4月、札幌ドームでの明治大と帝京大の一戦。ドーム初のラグビーの試合に約1万4500人が集まった。手応えを感じた一方、「北海道でラグビーはまだマイナースポーツだ」と危機感を隠さない。

軽妙な語り口でラグビーの魅力やルールを伝える丹羽政彦さん。千歳市の新千歳空港で2018年11月に開かれたラグビーW杯のPRイベントで

札幌ドームではオーストラリア―フィジー戦など好カードが組まれている。チケットの売れ行きは好調だが、市全体の盛り上がりが課題と考える。試合前後には大通公園で開催中の食の祭典「さっぽろオータムフェスト」の会場内に「ファンゾーン」を開設。大型画面で試合を観戦したり、道産グルメを堪能したりと、市民とファンが交流する場とする。「開催都市として市民を巻き込み世界のファンを満足させることができるか。多くの市民にラグビーの素晴らしさを知ってもらいたい」

オーストラリアやイングランドなどの強豪国が熱戦を繰り広げる様子を思い浮かべる山崎高徳さん。ラグビーW杯の会場の一つとなる札幌ドームで

［札幌市］

全力プレー支える裏方

造園工事業会社社長 **阪内和也**さん
整形外科医 **島本則道**さん

北海道ラグビーフットボール協会の幹部が「魔法使い」と呼ぶ芝職人がいる。造園工事業「北日本ターフマネジメント」（千歳）社長の阪内和也さん（59）。「どんなに傷んだグラウンドの天然芝も2カ月あれば、よみがえらせる」。こう言い切るのは、２０１９年ラグビーワールドカップ（W杯）日本大会の会場の一つとなる札幌ドーム（札幌市豊平区）が開業した際、空気圧で浮上させてドーム内外を移動させるグラウンドの芝を根付かせた経験があるからだ。

2カ月で芝定着

札幌ドーム開業前年の00年、芝を張る作業の開始が工事の遅れで8月にずれ込んだ。01年6月の開業に向け、降雪前に芝を根付かせなければならない。だが、高温多湿の時期は枯れやすく、根付きに半年以上かかる。

水まきは1回の量を減らして間隔を短くし、シートをかぶせ日陰を作るなど工夫を凝らし、2カ月で根付かせた。「どんなに厳しい状況でも手をかけ、芝の力を引き出せればどうにかなる。大きな自信になった」

砂川出身で20代の時、北広島市内の建設会社に入った。バブル時代にゴルフ場の造成に携わり、芝の維持管理を学んだ。当時、芝にはお金がかかるイメージがあった。「もっと安く、身近

札幌市南区の北海道バーバリアンズの屋内練習場で芝を触る阪内和也さん。
温度や湿度が管理され、冬でも天然芝の上で練習することができる

に。多くの人が芝に親しんでほしい」。1999年、芝を専門とする企業を立ち上げた。

スポーツ施設や幼稚園などで、芝の張り替えから維持管理まで行う。W杯でトンガの公認キャンプ地となった札幌市南区の北海道バーバリアンズ定山渓グラウンドやオーストラリアの公認キャンプ地、江別市の道立野幌総合運動公園が青々とした芝で覆われているのも「阪内さんのおかげ」（道協会）という。

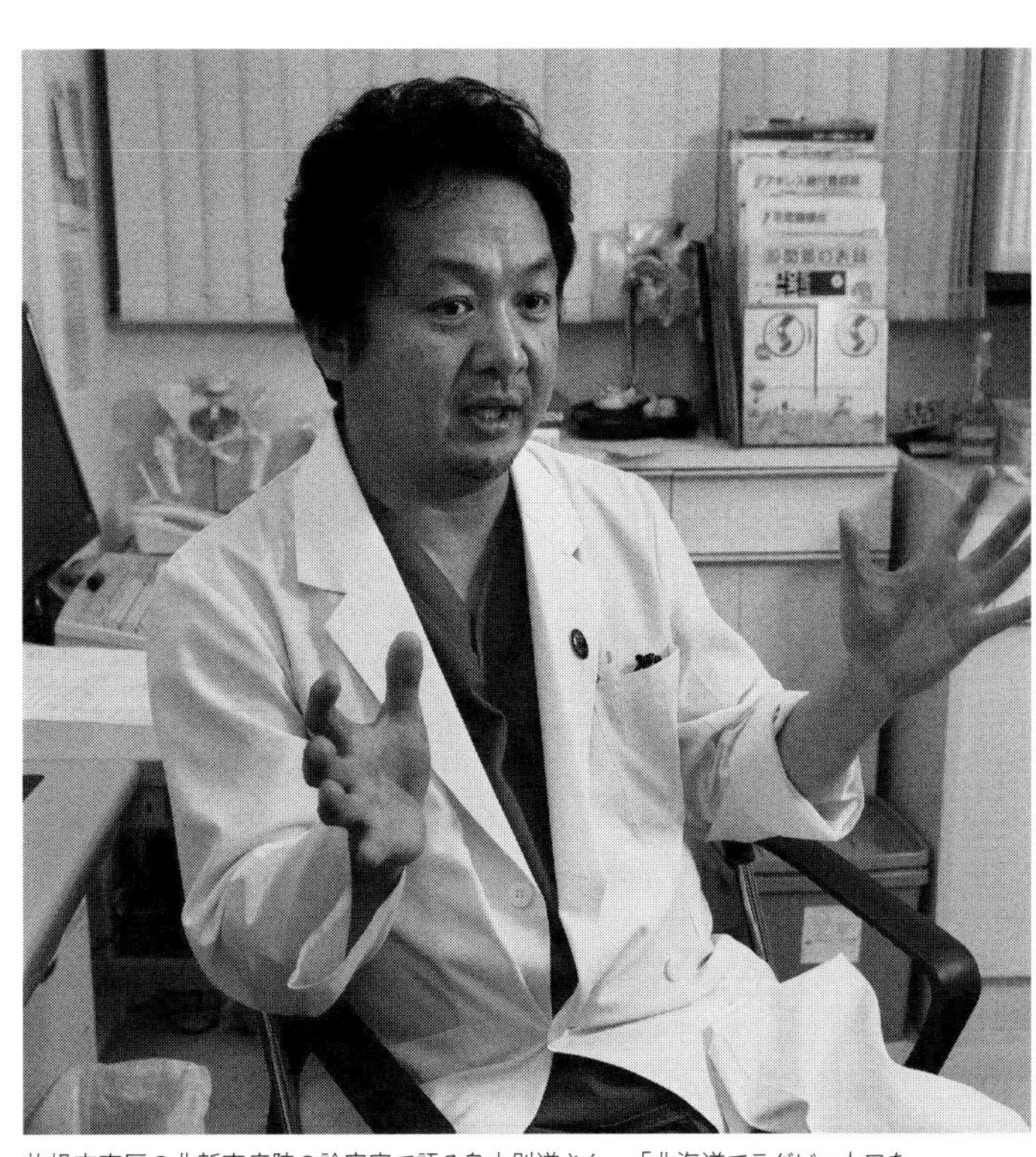
札幌市東区の北新東病院の診察室で語る島本則道さん。「北海道でラグビー人口を拡大するために試合中のけがを減らしたい」

道内のグラウンドでは芝の傷みを防ぐため、利用期間を限定する例が多い。「芝は使えば傷むが、使わなければ意味がない。傷んでも植物の力でいくらでも再生できる」。W杯を機に道内で天然芝の練習場が増えることを願う。「子どもたちが芝の上で思いっきり練習できる環境が整えば、ラグビーの裾野の拡大にもつながる」

けがに常に備え

ふかふかの芝の上でも、ラグビーは体がぶつかり合う競技のため、けがの可能性がある。頼りは専門の医師だ。「けがをした時、早急に適切な処置をする必要がある。そのためには現場にドクターがいなければならない」。札幌市東区の北新東病院の整形外科医、島本則道さん（49）はラグビーの試合会場に立つ。2018年は高校や大学、社会人など70試合の会場で選手を見守った。

東京生まれで、十勝管内新得町で育った。北大医学部卒業。学生時代にプレーしていた縁で、男子アイスホッケー日本代表のチームドクターとして世界選手権に十数回帯同した。6年前、長男が始めたラグビーにのめり込んだ。「子供の頃から憧れていたが、関わるきっかけがなかった。チームで支え合う精神性にひかれた」。応援で試合会場を訪れるうち、医師がいないことに問題意識を感じ、各地の試合に通うようになった。

試合開始の4時間前には会場に入る。自前のキャリーバッグには、傷口の縫合セットや酸素吸入器、血流センサーなどさまざまな道具がそろう。試合前には道具の点検のほか、スタッフらに担架の運び出し方や搬送経路の指導などを必ず行う。「後悔したくないから、あらゆることを想定して準備する」

最も神経を使うのが、頭部の外傷。選手は試合を続行したがるが、脳振とうを起こした場合は後遺症が残り、死に至るようなケースもある。選手の様子を冷静に確認し、適切に判断しなければならない。

18年3月には国際統括団体のワールドラグビー（WR）が定める救命救急資格の最上位「レベル3」を取得した。レベル3取得は道内で唯一。W杯では札幌ドームの2試合で「マッチドクター」としてピッチに立つ。

「選手の安全を守ることが一番。W杯を通じ、ラグビーに関わるドクターのネットワークをより強固にしていかなければならない」

［札幌市］

目指せ、育て 世界狙う選手

ラグビー7人制女子選手 **小笹知美**さん
札幌山の手高ラグビー部員 **シンクル寛造**さん
屯田中央中教諭 **今井翔太**さん

ラグビー7人制（セブンズ）女子の小笹知美さん（27）の2019年は、グアム島での日本代表合宿で動き始めた。20年東京五輪は男女とも開催国枠で出場するセブンズ。19年9月開幕で15人制のワールドカップ（W杯）日本大会を弾みにラグビー全体が盛り上がることを願う。「来年の五輪に向け、重要な年になる」とトレーニングを重ねる。

女性もプレーを

鳥取県出身。高校でサッカーを始め、岡山県にある女子サッカーの強豪・吉備国際大でサイドバックとして活躍した。運命が変わったのは大学4年の時。大学のトレーナーから、ラグビーのトライアウト（適性試験）へ参加しないか、と誘われた。

「ラグビーに興味がなく、ルールも全く知らなかった」。だが、172センチの身長や身体能力の高さが評価された。大学卒業後の14年、ブラジルでの学生大会に日本代表として出場した。

その後は足首のけがなどがあり、一度は引退を決意。しかし、仲間からの誘いで16年4月、北海道バーバリアンズディアナ（札幌）に入団。「札幌に来たおかげで、ラグビーの楽しさを知ることができた」。ラグビー王国・ニュージーランド出身のチームメートに戦術を学び、自分の強みを生かしたプレーを心掛けるようになった。

17年6月には日本代表に選ばれた。ウエートトレーニングに取り組み、体重は大学時代よりも10キロ増えた。W杯を機に「ラグビーをしたいと思う女性が増えてほしい」。

リーチさん目標

東京五輪の先になる23年のW杯出場を目指すのは、札幌市西区の札幌山の手高3年、シンクル寛造さん（19）だ。大阪府東大阪市の花園ラグビー場で18年末～19年始に開かれた全国高校大会。2回戦でシード校の中部大春日丘（愛知）に敗れた。「山の手の強みを出すことができなかった」と悔しさをあらわにする。

高校日本代表候補で187センチ、111キロの恵まれた体格。19年4月には大学ラグビーの強豪・流通経済大（茨城）に進み、プロップとしての活躍が期待されている。

スクワットで下半身の強化に励む小笹知美さん。札幌市中央区のトレーニングジムで

相手選手をはじき飛ばしながら力強く前進するシンクル寛造さん。大阪府東大阪市の花園ラグビー場で開かれた全国高校大会の熊本西戦で

札幌出身で父はニュージーランド人、母は日本人。小学4年の時、札幌市内のスクールでラグビーを始めた。父の母国に留学し、ラグビーを続けた。一時は、オールブラックスの愛称で知られるニュージーランド代表を目指した。弟の高校1年、蓮（れん）さん（16）も札幌山の手高で花園に出場した。

目標は高校の先輩で日本代表主将リーチ・マイケルさん（30）。全国高校大会の直前、リーチさんから選手たちに贈られた名前入りのパーカは宝物だ。「チームを引っ張り、自分のプレーもしっかりできる。そういう選手に少しでも近づきたい」。23年W杯では、憧れの先輩と日本代表の「桜のジャージー」でピッチに立つことを夢見る。

児童チーム結成

寛造さんのような選手を北海道から輩出するには裾野の拡大が課題だ。札幌市北区の屯田中央中教諭、今井翔太さん（31）は17年、接触プレーのないタグラグビーの小学生チーム「屯田ウインドブレイクス」を結成した。タックルの代わりに腰に着けたタグ（ひも）を奪い合う。19年1月に北広島市で開かれた全道大会ではベスト4に進んだ。

札幌開成高でラグビーを始めた。今は社会人のクラブチームに所属する。「ラグビー部の顧問になるのが夢だった。中学に部活がなく、まずは取り組む小学生を増やそうと思った」。18年4月には自ら勧誘し、屯田中央中に道内6校目となる中学校のラグビー部ができた。

24歳の時に半年間、ニュージーランドに「ラグビー留学」し、地元チームに所属した。公園では楕円（だえん）形のボールで遊ぶ子どもの姿をよく見かけた。W杯日本大会をきっかけに、ラグビーがもっと子どもたちの身近なスポーツになればと期待する。

「ラグビーはコミュニケーション能力が重要。助け合ったり、個性を生かしたりと、とても教育的なスポーツだと思う。教育者として、ラグビーを通じて人間教育をしたい」

タグラグビーのミニゲームでレフェリーを務めながら指導する今井翔太さん。札幌市北区の屯田中央中体育館で

札幌・文化を担う

札幌だからできることがある――。近年、演劇や音楽などさまざまな芸術分野で、東京には移らず、地元から発信を続ける若い世代の活躍が目立つ。札幌圏の文化をけん引する担い手を紹介する。
（２０１９年３月２日～30日掲載）

［札幌市］

舞台芸術　根付く街に

ダンスユニット「ミセル」**櫻井ヒロ**さん、**河野千晶**さん
劇団「ｙｈｓ」主宰　**南参**さん

「脚の上にお子さんを乗せて、ゆらゆら揺らして」。そう言って手本を見せるのは札幌のダンスユニット「ｍｉｃｅｌｌｅ（ミセル）」の櫻井ヒロさん（36）＝札幌出身＝と、河野千晶さん（35）＝同＝。２０１９年２月20日、札幌市内で開かれた０～３歳児と保護者を対象にしたワークショップの一こまだ。２人はそれぞれ家庭があり、子供を連れて参加。「育児中の親は孤独になりがち。体をくっつけると優しい気持ちになるし、ダンスで気分転換になれば」と河野さん。

ダンスで元気に

イタリアなどで舞踏家として活動していた櫻井さんと、ヒップホップやジャズダンスを専門とする河野さんが「ミセル」を結成したのは14年。複数の踊り手が体を接触させながら即興で踊るダンス「コンタクト・インプロビゼーション（ＣＩ）」を専門にするユニットは札幌では彼らだけだ。「体を使って、相手の意図をくみ取り、コミュニケーションできるのがＣＩの魅力」と櫻井さんは話す。

２人は「体が動くようになると、心も元気になってその人が輝き出す」（河野さん）、「ダンスを通じて対話するＣＩの技法を使うことで、他者との協調が生まれる」（櫻井さん）と語る。「ミセル」はそうした特性を多くの人に活用してほしいと、結成以来、毎年50回ものワークショップを開いてきた。場所も小中学校、高齢者グループホーム、学童保育所、特別支援学校とさまざま。「劇場に足を運べる人は、比較的恵まれた状態にある。劇場に来ることができない人こそ、心も体もダンスの効果を必要としている」（櫻井さん）との思いからだ。

ワークショップの合間を縫い「ミセル」で、そして個人で公演を続ける２人。結成から５周年を迎え、さらに先を見据える。目標の一つは若手の振付家やダンサーの育成に力を入れること。「ダンスをもっと身近なものにするために裾野を広げたい」（河野さん）。もう一つは国境を超えた連携。「言葉を必要としないダンスは、世界中の人とつながる手段。札幌で国際コンタクト・インプロビゼーション祭を開きたい。世界から一線の踊り手を集め、札幌をダンスの街にしたい」（櫻井さん）。

質の高い演劇を

「演劇作品は東京一極集中が進んでいるが、札幌にいても面白いものはできる」。そう言い切るのは札幌を拠点とする劇団「ｙｈｓ」を主宰する南参（な

んざん）さん（41）＝札幌出身＝。札幌学院大在学中に立ち上げた。以来ほとんどの作品の作・演出を手がけ、ときには役者として出演する。17年、20周年を迎えたが「団員との衝突や、先行きの不透明さにやめようと思うこともあった」と明かす。それでも続けてきたのは「東京の劇団には、絶対に負けない。そのために質の高い作品を発信し続ける」という意地があったからだ。

乳幼児と親とのワークショップで、暮らしに取り入れられるダンスを伝える「ミセル」の櫻井ヒロさん（右）、河野千晶さん

20周年を記念した「白浪っ！」は、盗賊を主人公にした白浪物歌舞伎を大胆にリメーク。南参さんにとって新たな道を開く作品となった。江戸幕府が今も続くもう一つの21世紀の日本を舞台にした芝居は、エンターテインメント性の高さが評価され、TGR（シアター・ゴー・ラウンド）札幌劇場祭で大賞を受賞。18年10月の韓国・ソウル公演に続き、19年2月にも「札幌演劇シーズン」で再演され、完売が相次ぐなど人気を集めた。

これまで福岡、東京、大阪など道外公演を重ねてきたが、海外公演は初めてとあって「どんな反応があるのか怖かった」と言う。しかし、ソウルの2公演は満席で、観客から拍手が鳴りやまなかった。「ソウルでの熱い反応に、言葉や文化が違っても、作品が通用すると自信になった」と手応えを語る。

劇団結成30周年までに実現したい夢がある。演劇を続けていくことができる仕組みづくりだ。「経済的な理由や家庭の事情でやめていった仲間の存在がつらかった」という思いがある。「芝居を無理なく続けられる仕組みを築き、『札幌ケース』としてほかの地方の劇団と共有したい。地方の演劇シーンを元気にしたいんです」

札幌演劇シーズンに向けた「白浪っ！」のリハーサルで、役者やスタッフに指示を繰り出す南参さん

［札幌市］

本、言葉の魅力　地方から

出版社「寿郎社」社員　**下郷沙季**さん、**文平由美**さん
歌人　**山田航**さん

寿郎社の書籍に囲まれ、出版業界の将来を語る下郷沙季さん（左）、文平由美さん

深刻な出版不況が続く中、地方の小規模出版社で奮闘する2人の若手出版人がいる。札幌の出版社「寿郎（じゅろう）社」の社員、下郷（しもごう）沙季さん（28）と文平（ふみひら）由美さん（24）。学生アルバイトとして同社で働き始め、そのまま社員となった2人は「多くの人が手に取ってくれる本を作りたい」と意気込んでいる。

寿郎社は土肥寿郎社長（54）が2000年に設立した。社長と社員2人の小所帯だが、ノンフィクションを中心に社会問題に切り込んだ書籍も多く、全国的に注目されている。

未来語る会合も

愛知県半田市出身の下郷さんは地元の高校を卒業後、北大に入学。北大大学院に進んだ15年、知人から紹介され、同社に勤め始めた。当時は土肥社長しかおらず、編集や校正、営業など多くの仕事を任された。

学生のアルバイト問題に取り組む「学生ユニオン」やホームレス支援団体といった社会的弱者に目を向ける活動に携わってきた。「理不尽なことに納得がいかない」という性格で、初めて自分で企画した本も、大学などで教官が理由もなく学生の論文を通さないなどの嫌がらせを扱った書籍「アカデミック・ハラスメントの解決」だった。

休学を挟んでいるため、実は現役の大学院生でもある。19年春修了の予定だ。「出版界も東京が中心。情報や人的つながりなど地方からも発信、受信できる出版社にしたい」

文平さんは長野県須坂市出身。14年、北大に入学し札幌に移り住んだ。3年の夏から寿郎社でアルバイトを始め、大学卒業後の18年春から社員として働く。

「もともと、そんなに本が好きだったわけではない」と素直に打ち明けるが、仕事をするうち、その魅力に引き込まれた。現在は主に営業で書店回りを担当、本が売れない現状を肌で感じている。

「やっぱり本は本屋で売れるのが大切」との思いから、18年夏、道内の書店員やライター、編集者を集めた会合「本の会」を企画。情報収集や人脈づくりの場としてこれまでに3回開催し、書店、出版の未来を語り合ってきた。「寿郎社は売れなさそうだけど良質な本をつくる会社。だからこそ、良い本の面白さや魅力を多くの人に伝えたい」

歌人で稼ぐ生活

〈再会を祈っているよななかまど踏んで雪道赤く染めてた〉

地方都市に住む文学者、芸術家、特に若手作家の多くは、その道だけで生計を立てるのは難しく、教諭や講師など本職を別に持ちながら活動する。そんな中、歌人山田航（わたる）さん（35）は、札幌に住みながら全国区で活躍する〝プロの歌人〟だ。

札幌で生まれ育ち、京都の立命館大へ進学。卒業後、金沢で会社勤めをしたが、多忙のため体調を崩し、1年ほどで退職し、札幌に戻った。札幌出身の歌人穂村弘さんが好きだったこともあり、「つらい気持ちをはき出したかった」と、短歌を始めた。会員制交流サイト（SNS）やブログで作品を発表したり、歌人集団「かばん」に参加したり。「図書館にある短歌の本を『あ行』から順番に読んだこともある」と振り返る。

当初はアルバイトしながらの創作活動だった。09年に歌人の登竜門、角川短歌賞と現代短歌評論賞を受賞して注目される。12年、第1歌集「さよならバグ・チルドレン」で北海道新聞短歌賞を受賞。翌年から道新地域面の連載「モノローグ紀行」が始まったのを機にバイトをやめ、〝歌人〟〝物書き〟で稼ぐ生活となった。

全国的に知られる存在となったが、それでも札幌にこだわる。「人が多い大都市は、かえって一つの文芸に固まってしまう。地方のほうが分野を超えた文芸活動ができる」と断言する。新聞連載のほか、雑誌の寄稿、選者、短歌教室の講師。さらには札幌の歴史を紹介するムック本の編集人を務めたり、俳句グループに参加したりと、活動の幅はさらに広がる。「例えば刑務所などで文芸に接する機会の少ない人にも短歌を教えてみたい。言葉による表現は幅広い。その魅力を広く伝えていく」と前を見据える。

札幌の街が似合う歌人の山田航さん。 世代を問わず全国的にファンは多い

［札幌市］

音楽の可能性求め続け

津軽三味線奏者　**新田昌弘**さん

オペラ歌手　**今野博之**さん

児童を前に津軽三味線を披露する新田昌弘さん。全国での学校公演は年間70校にも及ぶ

3本の弦を左手で繊細に操り、右手のばちで時に強く、時に優しくたたく。2019年3月上旬、札幌市東区の札苗小での学校公演。同市在住の新田昌弘さん（35）が津軽三味線で富山県の民謡「こきりこ節」をかき鳴らすと、明るい音色が響いた。

民謡ポップ調に

軽快なリズムに合わせ拍手する子供たち。新田さんがばちの材料を問うと、「カメ」と大きな声で児童から答えが返ってきた。「正解。大切な命をありがたく使わせていただいています」。新田さんは笑顔を見せた。

プロの津軽三味線奏者として国内外で活動する傍ら、伝統音楽の普及に努める。この日は、和太鼓奏者しんたさん（33）と組むユニット「和心ブラザーズ」として出演し、児童ら400人に、「津軽じょんがら節」など民謡の定番から「トルコ行進曲」まで幅広い曲を披露した。

全国大会優勝の実績を持つ父弘志さんの影響を受け、14歳から津軽三味線を始めた。自身も4度、全国大会で優勝する実力者に。高校卒業後に上京し、全国各地で公演を重ねた。転機が訪れたのは25歳。「演奏に追われて、終わりが見えないというか、足元を見る余裕がなくなっていた」。東京では津軽三味線奏者が増えつつあった。道内でも普及を、と地元に帰った。

「津軽三味線の歴史はまだ150年ほど。進化の過程にある」。和心ブラザーズのほか、女性民謡歌手らを交え「和ポップバンド」と位置づける「Ezo'n（エゾン）」を結成。民謡を軽快なポップ調にアレンジするなどして、伝統音楽の可能性を広げようとしている。

海外への普及にも熱心だ。これまで

米国やロシアなど約20カ国でコンサートやワークショップを開いた。11年には外国人に三味線を紹介するインターネットサイト開設に携わり、会員は2500人に。「(右手はばちで)たたいて演奏するのに、こっち(左手)は弦楽器。ギターにはない特別感があって、みんな集中しちゃう。3本の弦で奥深い音を奏でる三味線の魅力が受け入れられた」

19年4月26日に札幌市教育文化会館で、自身を含む津軽三味線、尺八奏者など総勢約30人が出演する「札幌和楽器フェスティバル」を開く。「北海道は民謡の宝庫。道内から伝統文化を積極的に発信したい」と意気込む。

歌で地域元気に

張りのあるバリトンがホールに響く。石狩市在住のオペラ歌手、今野博之さん(42)が名作「カルメン」のアリア「闘牛士の歌」を歌い出すと、会場の雰囲気はオペラハウスさながらになった。19年2月に開かれた「いしかり市民カレッジ」開校10周年記念祝賀会。同市厚田区地域おこし協力隊員でもある今野さんは、地域に伝わる「厚田音頭」も歌い、盛んな拍手を受けた。

17年春に同隊員として着任。以来、得意の歌で故郷・石狩を元気づけてきた。夏祭りや文化祭など市内の催しで歌声を披露し、小中学校では歌唱を指導する。オペラ歌手としては同年秋、札幌市時計台ホールを会場に歌謡曲やJポップも取り込んだ演奏会シリーズ「挑む!」を音楽仲間らと開始。19年3月下旬には第9回を数える。

そんな今野さんも一度、「オペラ歌手を退職した」ことがある。道教大札幌校を卒業後、札幌を中心に活動したが、オペラの舞台に立てるのは年に数回。イベントで歌ったり、音楽教室で教えたりしても生活はギリギリだった。長男の誕生を機に15年、帯広市の病院職員として就職し、単身赴任。仕事で歌うことはほとんど無くなった。

故郷で家族と暮らしたい――との思いから協力隊員に。「音楽を封印する覚悟」だったが、自分の歌を喜んでくれる住民の姿が後押しになった。敬老祝賀会で歌った時は「歌手人生で一番かというほどの喝采を受け、僕の方が元気をもらった」。

隊員の任期は最長3年のため、20年春には退任する。しかし、歌手としての自分を再生してくれた地域のために今後も活動するつもりだ。手本にするのは、瀬戸内海の複数の島にまたがりアートを展示する「瀬戸内国際芸術祭」。「音楽や美術を問わず、アーティストが身近にいることで地域は元気になる」

石狩市内のイベントで、鍛え抜いたバリトンを響かせる今野博之さん。オペラのアリアから「厚田音頭」までと多彩な曲目も魅力だ

【札幌市】

笑いや歌で地域を発信

お笑い芸人　**きーぽん**さん
「ＨＡＭＢＵＲＧＥＲ　ＢＯＹＳ」ボーカル　**山田雄太**さん

麗しい声で AIR-G' のDJをこなすきーぽんさん。「スタバに行くと、『ラジオを聴いています』と話しかけてくれるファンが増えた」と喜ぶ

スタバママ

髪は緑色、顔も服も全身真っ白な女性がにっこりほほえむ。キャラクター「スタバママ」。コーヒーチェーン大手のスターバックスのロゴマークを模したシュールな姿は、思わず二度見（にどみ）してしまうインパクトがある。

スタバママ演じ

札幌在住の女性お笑い芸人・きーぽんさん（42）は２０１７年から、「スタバママ」に扮（ふん）し、全国のスタバを訪れる。その写真を載せる会員制交流サイト（ＳＮＳ）のインスタグラムは9千人以上のフォロワーがいる。

栃木県出身。大学卒業後、東京都内のホテルに就職すると、客に「声がきれい」とほめられた。「話す仕事をしよう」と一念発起しアナウンサー養成学校で学び、ラジオ番組のアシスタントを始めた。やがてＤＪに扮した芸は受けるかも――と思い立ち、27歳で芸人デビューした。

東京を拠点にテレビのお笑い番組、ラジオのＤＪ、イベントの司会をして35歳で結婚。長男が生まれた16年、会社員の夫の転勤で名古屋へ引っ越した。名古屋での暮らしは「保育所が満杯で子どもを預けられず、ライブができなかった。友人は少なく、フラストレーションがたまった」。翌17年、スタバママを思いつき、その姿で自宅近くの店をママ友と訪ねた。

「１回限りの息抜きのつもり」だったが、写真をＳＮＳに上げると、驚くほど反響があった。これを機にスタバママとして愛知や栃木などを回った。18年4月、夫の転勤で札幌に移った後は道内の店や観光地も巡る。

「スタバママ　コーヒー」と英語表記した直径約１２０センチの円形マークを持参する。これを両手で持った場面や、店のスタッフやきーぽんさんのファンたちとの記念写真などを撮り、店を訪れた様子をつづった文章とともにＳＮＳに載せている。

18年5月、米国のスタバ本社に手紙

を書き、スタバママとしての活動と、最高経営責任者（CEO）への面会希望を伝えた。会うことはできなかったが、同社から「あなたは大切な顧客で偉大な日本のコメディアン」と記したメールが届いた。

18年10月からAIR-G'でDJを務め、道内民放のテレビ番組にも出演。英語の「keep on」（継続する）に由来する芸名通り、「いろんな活動を続け、北海道のローカルスターに」と夢を膨らませる。

名産をノリ良く

「おいしい水」（後志管内京極町）、「カキ食べたい」（釧路管内厚岸町）、「のど越し良いソバ」（十勝管内新得町）…。地域の名産や名所を歌詞に盛り込んだポップソング。体を揺らしたくなるノリの良い曲に北海道への深い愛があふれる。

札幌を拠点に活動する男性3人組「HAMBURGER BOYS（ハンバーガーボーイズ）」が手がけた道内各市町村のテーマソングだ。作詞作曲を手がけるボーカル山田雄太さん（36）は「大好きな北海道を盛りあげる歌を作るのが楽しい」。

札幌出身。市内の専門学校に在学中の2002年、アカペラグループ「NORTH（ノース）」を結成し、全国放送のテレビ番組に出演した。07年、7人組バンド「MEN☆SOUL（メンソウル）」でメジャーデビュー（現在は活動休止）。12年、友人の田村次郎さん（37）＝札幌出身＝、金田ヒデミさん（41）＝オホーツク管内斜里町出身＝と「HAMBURGER―」として活動をスタートした。

道内各地のマチの歌「179市町村シリーズ」は14年から手がける。道内のテレビ番組で紹介されると、「うちの歌も作って」と依頼が相次いだ。「おいしい食べ物や人々という地域の財産に出会える。それを歌にして各地の魅力を伝えています」。地域の催しにも積極的に参加し、マチの歌を披露している。

FMノースウェーブでは「ヤマタ」としてDJを務め、UHBの深夜番組「#○○女子」では司会も。これまでの音楽活動で重ねた経験が司会やDJとしての活動に生かされている。「気の合う仲間と好きな曲を作って歌える今は幸せ。北海道を拠点に長く活動したい」

札幌市北区にあるなじみの喫茶店で。「バンドのみんなでいろんな場所を訪れ、おいしいものを食べるのが楽しみ」と話す山田雄太さん

［札幌市］

アートに独自の存在感

画家 **宇野嘉祐**さん
金属工芸作家 **佐藤あゆみ**さん

ダリアの花の絵のタイトルは「ISOLATION（孤立）」。「集団の中にも孤独はあるというイメージを描きました」と語る宇野嘉祐さん

深紅のダリアが、みずみずしく立体的に浮き上がる。大きな口のように開いた花弁は、人間をのみ込まんばかりの迫力だ。2018～19年冬、札幌の道立三岸好太郎美術館の一室で、札幌市出身の画家宇野嘉祐（よしすけ）さん（35）が初の個展を開いた。「あらためて自分の絵を眺めると、手直ししたくなりますね」

会場に並ぶ作品のモチーフ（題材）はイソギンチャク、クラゲ、ヒトデ…。写実技法を生かしつつ、画面の中で拡大したり、光を反射させたり。独特の存在感や生命感を表現する。

題材にこだわり

モチーフには強くこだわる。「描き始めたら1年間付き合う相手なので、時間を惜しまず探します」。ダリアは、花の構造的な面白さにひかれた。研究者を訪ねて多くの品種を吟味したが、最終的に選んだのは札幌の自宅庭に咲いていた500円玉大の小ぶりの花。それを画面の中で大化けさせた。

札幌市出身。北海道芸術デザイン専門学校（札幌）で絵画を専攻し、09年、道展で最高賞の北海道美術協会賞に輝いた。以降、挑戦の場を全国公募展へ移した。13年に小磯良平大賞展新人賞、15、16年は美術新人賞デビュー展に連続して入選。道内美術界から「ブレークまであと一息」と期待を集める。

母子家庭で育ち、これまで絵に関する出費はすべて自分の稼ぎでまかなってきた。スーパーの生鮮食品売り場で肉を切り、倉庫で荷受けをし、塗装や引っ越し作業でも生活の糧を得た。現在は後志管内岩内町で警備員として働いている。あくまで絵画制作が中心。目指すのは、絵だけで食べていける画家だ。

すでに多くの試練を乗り越えてきた。専門学校の研究生時代は、校舎の火災で自作の大半を焼失。リーマン・ショック後は長らく職場が見つからなかった。東京の美術界の人脈の少なさから、苦汁をなめたこともある。

「美大を卒業して絵をやめる人がいるなんて、もったいない。僕は専門学校からのチャレンジですが、諦めません。しぶとさだけは負けません」

黙々と無邪気に

2月のシバレで冷え切った札幌市内の共同アトリエ。火花が散る音が響く。バーナーで鉄を溶接していくのは金属工芸作家佐藤あゆみさん（33）。危険物取扱者の資格を持ち、現場では引火しやすいガスや材料を扱う。室温は氷点下だが、暖房機具を一切使わない。「厚着をしているし、始めたら寒さは感じません」

　制作するのは、「芽」と「根」で構成するヤドリギを思わせる植物モチーフ。12年から取り組み始め、13年に北海道美術協会賞を受賞して以来、シリーズ化した。鉄板を切り、金床の上でたたいて芽に成形し、バーナーで針金の根につないでいく。黙々と作業するように見えるが、内面では遊んだり、ふざけたり。無邪気な自分を解き放つ。

　針金の線をドローイング（線画）のように際立たせた作品は、厚い雪の下で植物の根が爆発的なエネルギーを蓄えているかのようだ。「装飾性が豊かで軽やかなのに存在感がある」（道内美術関係者）と高く評価される。

夕闇迫る氷点下の共同アトリエで制作する佐藤あゆみさん。「作業は手が勝手に動くまでになりました。いつもはゴーグルを装着します」

　札幌市生まれ。建築家の父を持つ3人姉妹の末っ子だ。幼い頃から父と一緒にスケッチへ出かけていた影響などから道教大札幌校の美術教育コースへ。当初は木工芸を学んだが、作品のイメージが変化し、大学院では金属工芸に取り組んだ。

　大学院修了後、札幌のデザイン会社に就職。公募で選ばれた市民のイラストを基に旭川市のシンボルキャラクターを完成させるなど、多くのゆるキャラ制作を任された。やりがいもあったが、時間に追われて体調を崩したため、独学で保育士資格を取得。18年春、札幌の保育所に転職した。

「子どもたちは何でもすぐに覚えて賢い。正直で、楽しくないことに見向きもしないのもすごい」。子どもたちの反応に創作のヒントをもらうこともある。道外での展示にも取り組むつもりだ。「しばらくこの植物シリーズで、さまざまなイメージを形にしてみたい」。自然体での創作は続く。

札幌・異国に根ざして

道都・札幌には２０１９年４月現在、約１万３４００人の外国人が住む。故郷を離れ、異国の地・札幌に根ざして頑張る外国人を紹介する。

（２０１９年5月11日～6月1日掲載）

［札幌市］

仲間後押し　経験を糧に

「北海道アフリカンスピリッツ」代表　**マルコ・テコブ**さん

歌手・バー経営者　**高橋エスミー**さん

「元気かい。困りごとがあったら相談して」――。19年4月末、札幌市北区民センターで開かれたアフリカ人留学生の歓迎パーティー。アフリカ中西部カメルーン出身のマルコ・テコブさん（44）は約30人の出席者一人一人と握手し、言葉をかけた。主催した「北海道アフリカンスピリッツ（ＨＡＳ）」代表だ。「北海道はアフリカとは気候も文化も違って戸惑うことも多い。私もそうだった」。異国に来た留学生の不安な気持ちが分かるからこそ、気配りを忘れない。

カメルーンで電気技師をしつつ、災害を調査する非政府組織（ＮＧＯ）の一員だった05年、神戸で開かれた阪神大震災10年の関連シンポジウムに参加するため初来日。震災から着実に復興を進める姿に驚かされた。新幹線に乗り、整然としたきれいな街並みにひかれた。自国に「災害復興や街づくりのノウハウを伝えなければ」と痛感。「日本を詳しく知りたくなった」

同年中に再来日し、関東で自動車関連の輸出業者に勤務後、先に来日し札幌に住んでいた親戚を訪問。北国の美しさに打たれ、見たこともない雪の中での暮らしに憧れて移住を決めた。

留学生に気遣い

札幌で自動車輸出業を営む傍ら、14年にアフリカ人仲間らでＨＡＳを発足。留学生の生活相談を受け、バーベキューや旅行などを企画し友人をつくる機会を提供した。また、イベントで太鼓などアフリカの伝統楽器を紹介し、故郷の鉱業や農業、都市の姿などを見せるポスターを作って展示するなどしている。

来日当初、部屋を借りる方法も家具を買う場所も分からなかった。自治体の外国人支援窓口は知っていたが「海外から来ると利用方法もよく分からず、自然と足が遠のく」。自身の経験が留学生支援につながった。

日本人に根強い「アフリカは未発達」という偏見も変えたい。「日本のテレビに映るアフリカはいつもサバンナ。野生動物ばかりだと思われても仕方ないが、僕が初めてゾウとライオンを見たのは上野動物園。アフリカにも道路もあれば都会もある。ＨＡＳの活動で日本でのアフリカのイメージを変えたい」

署名集めが形に

「なかなか頑張ったんだよ。けっこう大変だったんだから」――。北海道フィリピン人協会の元会長で、夫と札幌市中央区でバー「ソングバード」を経営するフィリピン出身の歌手・高橋エスミーさんはにっこり笑う。東京のフィリピン大使館は、領事が年1回来道し、道内のフィリピン人のパスポート変更手続きや法律相談に乗る取り組みを08年ごろ始めた。大使館に掛け合い、これを実現に導いたのがエスミーさんたちだ。

　かつてはパスポートを紛失したり、婚姻などで記載内容を変えたりする際、東京の大使館まで行って手続きが必要。仕事を休まなくてはならず旅費もかかった。「経済的に必ずしも恵まれていないフィリピン人にとって負担が重かった。タイが領事を札幌に出張させていたので、まねできないかなと」。07年に北海道フィリピン人協会を結成した仲間と署名活動を始めた。

　当時は会員制交流サイト（ＳＮＳ）の普及前。全道の同胞に電話やメールで地道に呼び掛けた。署名は続々と郵便で届き数百筆に。熱い願いを受け大使館は、領事が現地に出向く仕組みを作った。「私でも手続きで分からないことがある。この仕組みができ、大変便利になった」

　高橋さんは１９８５年に来札。歌手のかたわら、英会話学校講師や、企業で英文メール翻訳などをして働いた。人生の半分超の30年以上暮らし、子どもも育て上げた札幌への思いが深い分、地域の若者たちへの期待が大きい。「少子化や人口減、政治のことなど自分の国や地域の状況を勉強し、世の中をより良くできる方法を考えてほしい」

　自身もかつて活動の成果が形になり満足感を覚えた。「私は外国人だけど、ここに長年住んで愛着がある。札幌も昔に比べ元気がなくなったのでは。日本の若者に地域のことをちゃんと考えてほしい」

歓迎パーティーで留学生らと交流するマルコ・テコブさん。暮らしぶりなどを気遣った

経営するバーで、在日本フィリピン大使館員が毎年来道する仕組み作りに尽力した当時を振り返る高橋エスミーさん

［札幌市］

リズムとノリで盛り上げ

ドラム奏者 **ジェラルド・イルング**さん
司会、DJ **アルハジ・マーシャル**さん

喫茶店「珈琲滝リファインド」で、リズミカルなドラムと歌声を披露したジェラルド・イルングさん

2019年4月下旬の夜、札幌市白石区の喫茶店「珈琲滝（こーひーえん）リファインド」は男女30人ほどの客でいっぱいで、まだ肌寒い店の外とは対照的な熱気に包まれていた。

伝統音楽伝える

「ジャンボ！　ジャンボ！　ブアナ！（こんにちは　こんにちは　皆さん）」――。東アフリカのケニア出身で札幌在住のドラム奏者ジェラルド・イルングさん（41）率いるケニア人やセネガル人ら5人組のアフリカンドラムユニット「パーカッションユナイツ」のライブ。アフリカ先住民族マサイ人の鮮やかな衣装を着たイルングさんらが、ケニアの「ブンブンブン」、セネガルの「サバール」などの伝統楽器の太鼓をリズミカルに演奏、ケニアで有名な歌謡曲「ジャンボ・ブアナ」を歌い始めると、拍手と歓声が起こった。

この日はアフリカ民謡「マライカ」など計8曲を披露。太鼓のリズムが激しくなるにつれ客席は盛り上がり、立ち上がって踊りの輪に加わる客が増えた。

イルングさんはケニアの首都ナイロビ出身。7歳で地元プロバンドのドラム奏者になった後、仲間とドラム主体のアフリカ伝統音楽のバンド「バクルトゥアフリカ」を結成。欧州やアジア各国でも演奏した。ケニアの語学学校でスワヒリ語を学んでいた札幌出身の妻、唯子さん（43）と出会い、結婚後の03年、2人で札幌に移住した。

「日本でも音楽を続けたい。母国の仲間にも刺激になるはず」と考えたが、来日後1年ほどは空調設備や道路の工事現場などで働き、家族を支えた。音

楽仲間を集めることや練習時間の確保にも苦労し、一時は「ホームシックになり、バンドの活動をギブアップしていた」。

　しかし、その後は唯子さんの親族の教育や福祉の関係者が、道内の小学校や病院に声掛けしてくれたことなどで、演奏機会が徐々に増え、収入が安定していった。今は妻と長男（13）、長女（11）と4人暮らしだ。

　「（本国では）生活苦などで若者の伝統文化への関心が薄れつつある」と嘆くが、最近はフェイスブックでイルングさんらの北海道での活躍を知ったケニアの若者が、伝統音楽を継承していこうと新たにバンドを結成する動きもみられるという。

　19年5月27日から道内の学校や幼稚園など約30カ所を巡る恒例の「アフリカンツアー」が始まる。「バンド名『unites（結束する）』のように音楽で日本とアフリカを結びつけたい」

方言交え司会も

「お客さんを楽しませたい」との思いは、中米カリブ海の島国ジャマイカ出身で札幌在住18年目のアルハジ・マーシャルさん（47）も同じだ。流ちょうな日本語を操り、結婚式の司会をメインに、DJやバルーンアーティストとしても活躍する多彩なエンターテイナーだ。これまでに2千組以上の結婚式に携わり、専属契約する創和プロジェクト（札幌市）の同僚や友人から「シャバ」のニックネームで親しまれる。

　結婚式の盛り上げは、お手の物だ。令和が幕開けした19年5月4日夜、約60人が出席し札幌市中央区の結婚式場「ピエトラ・セレーナ」で行われた式では、マイクを持ったマーシャルさんが「テツジさん、かっこいいね」「カナコちゃん、『なまら』かわいい」と北海道弁を交えて新郎新婦を紹介。ビデオ中継で隣接会場の料理を紹介し、ラテン系の陽気な曲のDJプレイで盛り上げた。パーティー前には子どもたちが飽きないよう、ガラス窓にカラーペンで魚の絵を描いて一緒に遊ぶなど大活躍だった。

　ジャマイカでは警察官やボディーガードをしていた。西北部の観光リゾート地「モンテゴ・ベイ」のホテル主催のダンス大会で優勝し、声を掛けられて現地のホテルに就職。イベントの調整を担当し、DJプレイやマイクパフォーマンスはこの時、覚えた。カリブ海に面したビーチで出会った室蘭出身の妻、柳子さん（49）と結婚し、02年に札幌に住み始めた。

　現在、妻と長男（17）、次男（9）と家族4人で住む札幌への思いは深い。多くの人とつながった今だからこそ、こんな気持ちを募らせている。「札幌の人はせっかくあるイベントを生かして、もっとたくさんの外国人と友達になってほしい」。そのための橋渡しの労は、惜しまないつもりだ。

結婚式場「ピエトラ・セレーナ」で、マイクパフォーマンスやDJプレイで会場を盛り上げたアルハジ・マーシャルさん

［札幌市］

母国との縁 地道につむぐ

「北海道イスラミック・ソサエティ」会長 **モハッマド・トウフィック・アラム**さん
国際交流コンサルタント **ユハ・トゥイスク**さん

札幌市東区民センターで開いたラマダンの食事会で、大勢の日本人の参加を喜ぶモハッマド・トウフィック・アラムさん

断食学ぶ食事会

イスラム教徒（ムスリム）が連日、夜明けから日没まで飲食を絶つ断食月（ラマダン）にあたる2019年5月中旬のある日。断食明けの食事会が日没後、札幌市東区民センターで開かれた。日本人約200人が参加し、アジアや中東のムスリム約200人と交流。豚肉と酒が禁忌のムスリムが食べられる「ハラル弁当」に入った羊肉などの料理を楽しみながら断食について学んだ。

「日本人とムスリムは文化の違いが大きいように思われがちですが、平和を重んじる点で相性は良いのです」。食事会を主催した、道内在住のムスリム約400人でつくる団体「北海道イスラミック・ソサエティ」の会長を16年から務めている、南アジア・バングラデシュ出身のモハッマド・トウフィック・アラムさん（38）は、満席となった会場を眺め、多くの日本人の参加を喜んだ。

母国で歯科医として働き、上司が北大に留学していた縁で、07年から文部科学省の奨学金を受け北大歯学部に留学。博士号を取り、今は北大の学術研究員として口腔（こうくう）病理学を研究する。

北海道に来て感じるのは、イスラムに否定的な日本人がまだ多いこと。イスラムの大義を掲げ無実の人を殺害する過激派組織「イスラム国」（IS）など、「教義とかけ離れた残虐な人たちと一緒にされたくない」。

一方、最近のうれしい変化は「日本人からもムスリムに歩み寄る動きが出てきたこと」だ。道内でもムスリムの外国人観光客が増加したため、礼拝所を備えた商業施設などが増えた。

とはいえ、日本人の理解は十分ではない。たとえば、ムスリムが食べられるハラルフードは、禁忌の豚肉以外でも、食肉加工の際に豚に使った道具を用いてはならないなど、教義に従って処理される必要がある。

しかし、「豚でなければ大丈夫だと

考え、正しく処理していない鶏などの肉を『ハラル』とうたって出す飲食店もある」。誤解を解くため、19年9月には日本人を招いたハラルフードの学習会・試食会も開催する予定だ。

人手不足の日本で今後、ムスリムの労働者も増えるのは間違いない。「日本人の将来の隣人となるムスリムの理解促進を手伝い、共存を目指したい」

公認サンタ派遣

「たくさん助けてもらって感謝でいっぱいです」——。そんなお礼のメッセージが19年5月中旬、札幌に住む北欧・フィンランド出身のユハ・トゥイスクさん(35)のスマートフォンに届いた。18年、胆振管内壮瞥町の中学から同国の高校に進んだ女子生徒からだった。「フィンランドと北海道の懸け橋になる人材が育成できてうれしい」と語る。

トゥイスクさんは、同国との国際交流やビジネスをサポートするコンサルタントだ。壮瞥町は同国のケミヤルビ市と友好都市関係にあり、毎年、中学生の派遣事業を行っている。トゥイスクさんは、この事業に通訳や調整などでかかわってきた。

メッセージをくれたのは、かつて派遣事業に参加し、同国の教育に魅力を感じた生徒。「強い思いに胸を打たれた」というトゥイスクさんが、入国などの手続きを手助けした。

サンタクロースの故郷として知られる人口約6万人のロバニエミ市の出身。日本人観光客が多かったため日本に親近感を持った。09~10年に北大の短期留学プログラムに参加後、東京で文化交流などに取り組むフィンランドセンターなどに在籍。14年度から19年3月までは、北大内に設置されていたフィンランド北部にある大学の合同事務所代表を務め、同国と日本の相互の留学生を支援してきた。

北海道に毎年、ロバニエミ市から市公認のサンタクロースが来てくれるのも、受け入れの調整をしているトゥイスクさんの役割が大きい。18年には、胆振東部地震で被害が大きかった札幌市清田区や、フィンランド福音ルーテル教会が開設した札幌市中央区の幼稚園にサンタを派遣。公認サンタの登場に、多くの子供たちが歓声を上げた。

北海道に来て19年で10年。同年12月にはフィンランド航空が首都ヘルシンキと新千歳空港を結ぶ路線に就航し、関係が一気に深まる。「北海道の人と母国とを結び付けて、その人の人生がより良いものになれば、それが私の存在価値です」

北大のキャンパスで、北海道とフィンランドの交流促進について熱っぽく語るユハ・トゥイスクさん

［札幌市］

環境の価値　行動し伝える

「八剣山エコケータリング」代表　**ビアンカ・フュルスト**さん
札幌国際大講師　**ジョン・トーマス**さん

晴れ渡った2019年5月の日中、札幌市南区の八剣山の麓で、高校の野外授業が行われていた。日差しを浴びて銀色に光る円形の調理用具に、生徒の視線は集中した。「いい匂い！」

電気やガスではなく太陽熱を使う「ソーラークッカー」。講師役でドイツ出身のビアンカ・フュルストさん（53）は、これで調理中のリンゴジャムを見せ「（鮮度が落ちて）捨てられる果実を使うのでフードロスを減らせ、自然エネルギーで作るからエコ（環境に良い）。冷蔵庫を使わず保存できて、非常食にもなる」と笑顔で説明した。

NPO法人「八剣山エコケータリング」代表。日本人の夫が営む八剣山果樹園をフィールドに、体験型の環境教育に力を入れる。この日は札幌新陽高の2年生35人が地元産リンゴを使った保存食を作り、園内で採った山菜を天ぷらにして味わった。

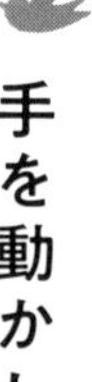

手を動かし学ぶ

キーワードは「楽しく学ぶ」。授業冒頭で、自然環境保護などを掲げる国連の「持続可能な開発目標（SDGs）」に触れた後は、大半を作業に費やした。『言葉だけで説明しても、頭で『分かった』と思って終わってしまう。楽しく体験してもらった方が『私にもできる』と心や手まで動かせるでしょう」

1996年に国際交流員として札幌市に赴任。環境先進地のドイツの取り組みを基に、都市生活を便利にする視点も重視し、自転車道などの整備やリサイクルなどのごみ減量施策に関し提

八剣山果樹園で、ソーラークッカーを使った体験型の環境教育を通して「エコ」の楽しさを伝えるビアンカ・フュルストさん

言を行った。2000年にドイツで再生可能エネルギー法が施行されたのを機に自然エネルギーに着目。太陽熱温水器などを生活に取り入れ、その魅力を発信し始めた。エコのために生活を変えるのではなく「自分の生活や地域経済を良くするのが目的。エコはおまけについてくるもの」と考える。

環境教育の受講者は未就学児から社会人まで幅広い。参加者同士の交流も重視し、共同作業を積極的に取り入れている。『普段は話さないクラスメートと話せた』と感想をつづる生徒もいる。コミュニケーション力の向上にも貢献できたら幸せね」とほほ笑んだ。

札幌国際大で、窓の外に広がる札幌の街を眺めながら自然保護への思いを語るジョン・トーマスさん

自然は国の文化

「初めて札幌に来た時、美しい自然に囲まれた街に来られてとてもラッキーだと感じた」。札幌国際大講師のジョン・トーマスさん（40）も自然や環境保護に特別な思いを重ねる。「自然や文化はその国のアイデンティティー」だと考えるからだ。

故郷はカナダのフォートエリー。ナイアガラ川が流れ、五大湖の一つエリー湖畔にある。対岸は米国で、幼少期から両国を行き来して生活。日本とのつながりができたのは大学時代だ。自ら「奥手」と言う性格で人間関係に悩んでいた時、日本人留学生に声を掛けられ仲良くなり、日本文化に親近感を抱いた。

北海道出身の友人に「自然が好きなら」と勧められ、08年に札幌へ。英会話を教える傍ら「地域社会とつながりたい」と、13年に外国人と日本人で街づくりイベントに取り組む団体「Sapporo NAGARE（流れ）」を発足させた。

活動の中で心に残るのは、札幌市中央区の円山公園の清掃ボランティア。ニュースで、花見の後にごみが散乱しているのを見て衝撃を受け、17年に初めて企画した。ごみを拾いながら、池がごみで汚れ、カラスがごみ集積所を荒らす様子も目にした。改善策はまだ模索中だが「まずは気付くことが必要。自然を守る活動をして、初めて本当の地域支援ができたと感じた」。

「アイデンティティーを理解し、大切にする」という原点を教えてくれたのは叔母だった。ジョンさんはネイティブ・アメリカン。西洋風の生活を送る中で「自分の文化を学ぶ機会は少なかった。叔母は、その言葉や生活の仕方を教えてくれた」。母国ではかつて政府が先住民に同化教育を強制した歴史もあり、アイヌ民族と北海道の歴史に重なる部分も感じる。

多くの外国人が暮らし、観光にも来る北海道は「スペシャルな島」。ここを愛するからこそ「（道民は）環境や自然を含めた文化の大切さを忘れないでほしい。思っているだけでは何も変わらないから、活動を続けるよ」と誓った。

札幌・若き起業家たち

若い世代が求める「働くことの価値観」が変化しつつある。自分らしさを志の糧とし、斬新な発想で事業を起こして道を切り開く若者たち。何が彼らを突き動かすのか。札幌の若手起業家を紹介する。
（２０１９年7月6日～27日掲載）

［札幌市］

「楽しいこと」を仕事に

合同会社「ステイリンク」共同代表 **河嶋峻**さん
合同会社「トムソーヤ」代表社員 **森下智**さん

「この3人で何かできたら、絶対、面白いと思った」。札幌市内でゲストハウスを営む合同会社「ステイリンク」の共同代表河嶋峻さん（27）は、今も言い切る。国際基督教大（東京）の3年生だった冬、高校時代の同級生の柴田涼平さん（27）と大学の同級生の木村高志さん（28）の3人で起業を決意した。

ゲストハウスの壁には、3人も写ったオープン前の写真を飾る。築約40年のアパートを自分たちで改築した。手作りの温かい雰囲気のリビングでは、スタッフや宿泊する外国人観光客がくつろぐ。仲間、絆、人との関わり――。「お金になりそうだから、という入り方じゃなかったから続けてこられたんだと思う」

交流できる場を

根室管内別海町出身。就職活動には違和感があった。個性豊かだった同級生がみんな同じ黒っぽいスーツに身を包み始める。土日の休みを楽しみに、なんとなく日々を過ごす社会人生活は嫌だった。「一生の大半の時間は働いている。人生と仕事の価値観はリンクしていないと」

最初は壁にぶつかり続けた。就職活動を一切やめ、ＩＴでの起業を模索したが、うまくいかない。公務員の両親も猛反対した。心がなえ、企業に就職を志望するエントリーシートを書いて送信ボタンを押す直前までいった。だが、周りから「起業なんて無理」「とりあえず3年働いてから」と言われると、かえって反骨精神がわき上がった。「自分たちでもできることは何だろう」。故郷の別海町と東京の若者の交流イベントを同町で成功させ「みんなが交われる場が楽しい」と気づいた。東南アジアを旅した時、現地の若者が運営する格安の宿に泊まり、交流したことを思い出した。「これだ」。事業資金は、卒業まで必死にアルバイトをし、3人で計３００万円をためた。

最初のゲストハウス「ｗａｙａ（わや）」（札幌市豊平区）を開業したのは卒業半年後の２０１４年10月。折しも道内への外国人観光客の急増と重なった。事業は拡大し、今は小樽や札幌で5施設（宿泊定員１１０人）を運営。施設内での学童保育も始めた。客は外国人と日本人が半々で異文化交流の場としても人気だ。学童保育では外国人客が講師として英語の宿題を手伝うことも。

「好きな人たちと、やりたいことをしたい。満足せず、挑戦し続けたい」。ギラギラ感はなく、あくまで自然体で語る。

アイデアで勝負

「なんだ、これ」。イベントを企画、運営する合同会社「トムソーヤ」の代表社員森下智さん（32）が、起業するきっかけは、そんな驚きからだった。

制限時間内に密室から出る「脱出ゲーム」。首都圏で流行していたが、札幌市東区のモエレ沼公園でも開かれると知り、友人らと参加した。殺風景な会議室。スタッフは私服。ルールが書かれた紙を手渡され、初対面の6人が一組になって、謎を解きながら進む。初めは会話に困るくらいだったのに、どんどん夢中になり、最後は一緒に写真を撮るぐらい仲良くなった。

自分でも企画できるんじゃないか――。知人を招き、小さなレンタルスペースで何度か脱出イベントを主催した。反響があり「自分が面白いと感じたことを、だれもが楽しんでくれるのはうれしい」と思った。本格的に起業しようと、大学卒業後、1年半勤めた会社を退職。元はイベントの客だった友人を含む3人で、13年に会社を設立した。

旭川市出身。先のことを考え込むより、まずはやってみるタイプだ。すべてはアイデア勝負、というのも性に合う。18年は脱出イベントを道内10カ所以上で行った。参加者は計約4万人。焼尻島（留萌管内羽幌町）のPRをかねた宝探しイベントなど、まちおこしにもつなげる。

孤立、独居、引きこもり…。他人との距離が測りにくい時代だ。ゲームの小宇宙ではあるが、「チームができあがっていく楽しさを実感してほしい」。

行き詰まったら、とにかく歩く。ふと、アイデアが浮かぶのは、そんな時だ。

自社のゲストハウス「雪結（ゆゆ）」で。「これからも人との関わりを大事に仕事をしたい」と語る河嶋峻さん

トムソーヤの事務所で。「すべてはアイデア勝負。何でも工夫一つで面白くなる」と話す森下智さん

［札幌市］

学生の発想で夢を追求

天使人4年でケータリング事業　**斉藤紗輝**さん
卓球教室「Ping　T　Studio」　**木村亘宏**さん、**吉川睦美**さん

良い「食」を提供

札幌市北区のビル内の調理場に香ばしい匂いが漂う。酒かすを使った鶏の照り焼き、タマネギのバルサミコ酢ソテー…。手際良く調理する斉藤紗輝さん（21）は市内の天使大で栄養学を学ぶ4年生。2019年5月にパーティー会場などに料理を出すケータリング事業「is　better（イズベター）」を始めた。

主催者との打ち合わせ、30～80人分ほどのメニュー作り、調理、盛りつけ、配送まで1人でこなす。コロッケやおにぎりをかわいい丸形にし花を添えるなど見た目にもこだわる。口コミで広まり既に十数件手がけた。

最もこだわるのはオーガニック食材と無添加調味料。その原点は故郷旭川にあった。旭川東高1年の時、家庭科教師から衝撃的な資料映像を見せられた。鶏舎にすし詰めのニワトリが、給餌から産卵まで機械でコントロールされていた。アレルギーや皮膚病など多様な害を起こす食品添加物の種類の多さも教わった。「信じていたものが崩れていくような思い」だった。

「『食』をとことん学び、大切さを伝えたい」。強い思いに駆られた。旭川市内の青果店や有機食材のレストランに飛び込み取材し知識を深めた。大学では健康的な食の大切さを伝える学生団体を設立。食のイベントや映画の自主上映会を開いた。

19年3月に知人の紹介で、札幌でのビジネスコンテストに出場し、調理を通じた企業向け社員研修の事業化を提案。その時、はたと立ち止まった。「今まで『伝えたい』との思いだけで動い

彩りあふれる料理を完成させ、笑顔を見せる斉藤紗輝さん。
メニューも盛りつけもオーダーメード。「見た目も味も楽しんでほしい」

札幌市白石区の教室で。自動的に球が出る最新マシンを置くなど工夫を重ねる木村亘宏さん（右）、吉川睦美さん。事業経営も指導も、息ぴったりだ

てきたけど、収益もなくて長く続けられるだろうか」。自分が費やす時間や労力に対価を求めても良い。新たなビジネスの視点を与えられた気がした。

同じ頃、起業家の集まるイベントに料理の提供を頼まれた。「有機食材を使えば、その価値を伝えられる。事業化に挑戦してみよう」。心が決まった。

「頭でっかちでいつも迷ってばかり」と言う。学生団体を運営した時、「活動が世の中のためになっているか」と思い詰め、自分を見つめ直すため淡路島を1週間、一人旅した。ノートを持ち歩き、自問自答のたび「気付き」をつづる。「自分のことを自分より知る『自分ノート』」は、もう15冊目になった。

自分は常に「発展途上」と思う。事業をどう進めるか、これからたっぷり悩むつもりだ。でも高校時代からの「食」を追求する思いは不変だ。より良い「食」、より良い「暮らし」を「次世代につなげる。それが私の目標」と自分ノートに記した。

卓球界の新風に

試行錯誤を繰り返したのは木村亘宏（のぶひろ）さん（24）、吉川睦美さん（22）の2人も同じだ。19年4月に札幌市白石区に卓球教室「Ping T Studio（ピングティースタジオ）」を開いた。丁寧な個別指導が人気で4歳から60歳代までが通う。

苫小牧出身の木村さんは北海道工業大（現北海道科学大）在学中の13年にシングル、14年にダブルスで全道の学生チャンピオンになった。後志管内京極町出身で北海学園大4年の吉川さんは、インカレで全国大会出場経験を持つ。3年前、選手同士の2人は知り合った。

その後、木村さんは卒業し東京のIT企業に就職。激務が続き「一生続けられるだろうか」と疑問を抱くようになった。一方、実家が農家の吉川さんは前から「就職だけが仕事ではないと感じていた」。張本智和選手の活躍などで卓球界が活気づく中、「道内でも盛り上げたい」「卓球で新しい仕事をつくりたい」と2人の思いが一致した。

卓球場を探すスマホアプリ開発や出張レッスンサービス…。次々とアイデアを練るも、既に先行する人がいるなど「悔しい思いをした」（吉川さん）。教室の開設は「道内には、まずは自由に卓球を楽しめる場所が必要」と感じたからだ。インターネットで資金を集めるクラウドファンディングにも挑戦。木村さんは仕事を辞め道内に戻った。

「卓球界の新しい風になること」が2人の目標だ。「格好良いユニホームを作り、若者プレーヤーを増やす」などアイデアは尽きない。人脈づくりや業界についての勉強など、やることは山積み。それでも、2人は目を輝かせる。「小さなグループが挑戦し続ける。目指すは卓球界の『下町ロケット』です」

【札幌市】

ママのニーズ集め実現

「MamaLady」社長 **明石奈々**さん
「Pegaris」代表 **大塚紗弓**さん

札幌のホテルで開かれた「ママ会」。参加した母親や子供たちに囲まれて記念撮影する明石奈々さん

「ママだから諦めたり、『こうしなくちゃ』と思うことはありませんか。もっと自由にママになってからの人生を楽しみましょう」

淡いブルーのドレスを着た明石（あかいし）奈々さん(30)が語りかけると、普段より少しおしゃれな装いの母親たちは、柔和な表情で相づちを打った。

明石さんは、イベント企画の「MamaLady（ママレディ）」＝札幌＝社長だ。2019年7月初めに札幌のホテルで開いたパーティー「第18回ママ会」には親子40組が参加。ピアノの生演奏を聴きながらコース料理を味わい、テーブル対抗のクイズ大会に興じた。食後は、プロカメラマンが撮る「親子撮影会」が人気を集めた。

ほしい「非日常」

ママ会を始めたのは16年。当初は貸しスペースで茶話会を開いていたが、参加者は5～7組。ところが披露宴会場でコース料理を味わう豪華路線に転じ、会員制交流サイト（SNS）で発信すると一気に50組に増えた。「母親たちの日常は、家とスーパーと銀行の往復。たまには非日常を味わいたい。ハレの日があるから日常が輝く」

札幌で生まれ育ち、中高生のころは、父親が営む飲食店の倒産や両親の離婚などで苦労もしたが、逆境も「通過点でしかない。つらいことは、ずっと続かない」と前向きに捉える。24歳で結婚し、26歳で男児を出産した。妊娠中、心身の変化や日常生活を「かなり詳細に」書いたブログが人気を呼び、アクセス数が最高で月18万に。「明石さんに会いたいから『ママ会』を開いて」という閲覧者からのコメントに応え、開催を始めた。

今、準備中の事業は、提携店舗で会員カードを提示すると割引が受けられる母親向けサービス。提携店舗はホームページに載せ、「離乳食を置いている」などママが知りたい情報を掲載予定だ。「新しい事業やビジネスが生まれるときは、みんなの困りごとがきっかけのことが多い。母親や企業などからいろんな困りごとを聞くので、これからも形にできれば」。新たなビジネスの種をきょうも探す。

札幌市中心部のコミュニティースペース「コバル計画」で19年6月26日から1週間、無添加の離乳食を紹介する催しが開かれた。道産野菜が原料でフレーク状の「baby potage（ベビーポタージュ）」が展示販売され、計40袋を完売した。

「安心安全な離乳食の需要を実感できたので、第2弾を開きたい」と主催者からうれしい報告を受け、大塚紗弓さん（33）は「販売だけでなく、子育て相談会を開くのもいいかもしれない」と提案。息子の暦（こよみ）君（1）を見てほほ笑んだ。

大塚さんが代表の「Pegaris（ペガリス）」＝札幌＝の主力事業は、「Hokkaido Products（北海道プロダクツ）」＝札幌、鹿毛（かげ）伊織社長＝が企画開発したベビーポタージュの委託販売。18年10月に発売し、野菜本来の甘みやうまみを手軽に味わえると支持され、全国の百貨店や保育所などに販路が拡大している。

この商品との関わりは18年4月から。鹿毛社長から「安心安全なベビーフードを作りたい。企画開発や販売で協力してほしい」と打診され即決した。暦君の離乳食を探していた時期で「国産原料を使わず、添加物が入った商品が多い。乳幼児に安全なのか」と疑問を抱いていた。

息子の暦君と一緒にコミュニティースペースを訪問する大塚紗弓さん。主催者と今後のイベント企画を打ち合わせした

つながれる場を

現在は離乳食のPRイベントなどでベビーポタージュを紹介するほか、ママが集まり情報交換する「サロン事業」を企画運営している。子育て関連の商品やサービスが次々と現れるなど、子育て環境の変化は激しくなった。「今は、3年前の子育て情報は役に立たない。ママ同士がつながれる場を提供したい」

札幌へは父親の転勤で、小学5年のときに引っ越してきた。大学時代に国家資格の言語聴覚士を取得し、日高管内新冠町の福祉施設などで、発話に障害のある子供たちと関わってきた。30歳を過ぎたころ「結婚はいつでもいいが子供はほしい」と考え、未婚のママを選んだ。

「次は子育て相談に挑戦したい。深刻な悩みを話せる場が求められている」。言語聴覚士の専門性を生かし、さまざまなママを支援するのが次の目標だ。

［札幌市］

防災、見守り　安心届けて

「フフジカン」事業主　**水口綾香**さん
合同会社「Gugenka」代表　**丸山和良**さん

「3・11」経験契機

2011年3月、1歳8カ月の息子を抱いて食料を探し回った。東日本大震災発生当時、自宅は液状化被害が大きかった千葉県習志野市にあり、物資が滞って、スーパーの行列に並んでも食べ物は何一つ買えなかった。水口綾香さん（37）は「普段の備えが大切」と痛感した。

3年前に家族で夫の故郷札幌に移り、小学生になった息子から少し手が離れた18年4月、防災知識を広める事業体「フフジカン」を立ち上げた。夫が「やってみたら」と背中を押してくれた。防災士と防災備蓄収納マスタープランナーの資格を取り、主婦から一転、事業主になった。

「防災の先生」になってわずか5カ月後の18年9月に最大震度7の胆振東部地震が発生。以後、講習会の申し込みや問い合わせが相次ぐ。札幌市内の町内会や市職員向けには、災害時の共助の大切さと連携を生むための日頃のつながりの作り方を説く。個人向けには、非常食のストックの方法やハザードマップの読み方などを伝えている。

生まれは愛知県豊田市。「雪の結晶を見たい」と雪の研究が有名な富山大理学部へ進み、気象学や地層学を学べば学ぶほど、防災への興味が高まった。就職先に選んだ民間気象会社ウェザーニューズでは、営業職として役所や鉄道会社を回り、気象や防災に関する情報提供を提案した。この経験が今の原点だ。

「フフジカン」。どんなときでも「ふふ」と笑える時間と余裕を持とう、という意味を込めた。東日本大震災のと

パンの缶詰や折りたためるヘルメットなどイチ押しの防災グッズを広げ、防災の大切さを語る水口綾香さん

きには、大勢が亡くなった悲しさや物が買えない疲れで余裕を失った。幼い息子にも家の中で笑うことまで控えさせた。「笑おっか」。ストレスで爆発寸前になった息子に、そう声を掛けた。

10平方メートルの小さな会社でITを使った見守りサービスの開発に取り組む丸山和良さん

2人で思い切り笑ってみると、スーッと自分の緊張も和らいだ。「笑うためには、物も心も備えが必要。笑えれば、頑張れる」

フフジカンに参加したいという仲間も現れ、採算も取れるようになってきた。北海道の住みやすさと道民の優しさに触れて3年が過ぎ、一生ここで生きていくつもりだ。目標は「北海道仕様」の防災の確立。寒さや積雪に対応するにはどんな備えが必要か——。答えを探っている。

弱者支援ＩＴで

札幌市白石区の産業振興センターの一角にある約10平方メートルの小部屋が、18年4月設立の合同会社「Ｇｕｇｅｎｋａ（グゲンカ）」の拠点。代表を務める丸山和良さん（40）の「城」だ。社員は丸山さん1人。日々、ＩＴを使った高齢者の見守りサービスの開発、商品の販売、営業に奮闘中だ。

販売しているのは、玄関やトイレのドアにセンサーを設置して、長時間、人の気配を察知しないと家族にメールで知らせる見守りサービス。独り暮らしの高齢者が体調を崩して倒れても、ドアの開け閉めなどがないことで異常を感知し、通知する仕組みだ。「誰もが安心して暮らせる社会にしたいんです」

山形市出身。山形大人文学部に入学後、縁あってプログラミングを学び、「面白い」と夢中になった。卒業後は県内のＩＴ企業に就職しエンジニアに。十勝出身の妻が「北海道に戻りたい」と言い出したのをきっかけに5年前、札幌に移住し、当初はやはりＩＴ企業に勤めた。

「ＩＴを使って、弱い立場の人の力になる仕事をしたい」。エンジニアとして働きながらも、ずっと温めてきた夢を実現したくなった。「起業したいんだけど」。思い切って告げると、妻は「いいんじゃない」と言ってくれた。心が決まった。

記憶にあるのは山形で知り合った役所の職員の一言。「連絡が取れないお年寄りが住む市営住宅の一室を訪ねたら、独りで死んでいたんだ」

ＩＴの技術はどんどん進化しているのに、弱い立場の人に役立てられていないのでは——。そんな思いから始めたサービス。道内に知り合いはおらず、人脈もツテもなく、1人で企業や催事を回って営業もしている。「口べたなので、営業は得意ではないんです」

それでも自分の夢が「具現化」できたやりがいは大きい。目指すのはＩＴ長者じゃない。年を取っても、安心して暮らせる北海道に。そんな思いで駆け回っている。

第4章 地域を愛して

小樽に集う風と土

海の玄関口である小樽港を起点に発展した小樽・北後志地方は、古くから人や物が集まり、さまざまな地域と交わりながら歴史を刻んできた。故郷のために伝統の継承や地域の課題解決に取り組む「土の人」と、自分らしい生き方や理想の地を求めてやってきた「風の人」を訪ねて歩いた。（２０１８年４月６日～27日掲載）

［小樽市］

伝統継ぎ、切り開く誇り

「丸イ伊藤染舗」6代目 **伊藤晴竹**さん
かまぼこ店「オーカンバル」店主 **奥村比呂美**さん

手染め、色に深み

スースースー。生地の上を滑るはけが一定のリズムを奏でる。赤や青の鮮やかな色が踊る大漁旗を、伊藤晴竹さん（34）が一人、黙々と染めていく。

小樽運河に近い堺町にある老舗染め物工房「丸イ伊藤染舗（せんぽ）（通称・旗イトウ製作所）」の6代目。「にじみや、色にむらが出ないよう集中し、一気に仕上げる。色を入れない白い縁が大漁旗の表情を決めるんです」

工房は２０１９年、創業１５０年を迎える。４人きょうだいの次男で小さい頃から絵や工作が好きだった。愛知県内の短大で染色を学び、さらに大漁旗や相撲の興行のぼりを手がける岐阜の老舗旗店で修業した。全国から来た染め物工房の後継者たちと4年間、切磋琢磨（せっさたくま）し腕を磨いた。

08年春に小樽に戻ると修業で得た自信は打ち砕かれた。岐阜と小樽では温度や湿度が異なり、思い通りに染まらない。「岐阜で身に付けたやり方は通用しない。染料の調合からやり直した」。5代目の父の一郎さんとも、仕事のやり方を巡ってけんかが絶えなかった。

苦しみのピークは、小樽に戻って5年後の13年5月。一郎さんが半年間の闘病の末、71歳で亡くなった。当時、職人は一郎さんと晴竹さんの２人で、慣れない会社経営も受注した仕事も一人でこなした。そんな時、頭に浮かんだのが岐阜での修業時代だ。「睡眠時間も短くつらかったけれど、大変な修業をやりきったことが心の支えになった」と振り返る。

会社経営が少しずつ軌道に乗り、18年3月には小樽のデザイナーと共同で、土産用の手拭いを発売した。機械化に押され、手染め職人は全国でも数少ない。それでも工房には今、職人を目指す若者が2人いる。「手染めは印刷と比べて色が深く、色持ちも全然違う。伝統の強みを生かしたい」。自分の歩むべき道が、見えてきた。

工夫し商品開発

ぐわんぐわんと不思議な音が毎朝、開店前の新南樽市場（小樽市築港）に響く。音の出どころは、揚げかまぼこ店内の直径約80センチの大きな石臼だ。電動のきねで、かまぼこの原料となるスケソウダラのすり身を練る音が、長い日は2時間以上続く。

「冷たい石臼は練っても熱がこもらず鮮度を保てる。時間も手間もかかるけど、昔ながらの石臼が一番いいの」と店主の奥村比呂美さん（66）は言う。その日の気温やスケソウダラの脂ののりで練る時間を変える。時計をにらみながら、揚げ油を準備したり、商品札を並べたりと忙しく立ち回る。17年末で店は開店10周年を迎えた。奥村さんの職人歴も同じく10年だ。

小樽で生まれ、18歳で結婚、2人の娘に恵まれた。子育てが一段落するとパートに出るように。40代後半で新南樽市場の精肉店に勤め、向かいにあったのが揚げかまぼこ店だった。

8年後、女性店主が高齢で店を閉めると聞き、周囲の勧めもあって店を継いだ。かまぼこ作りは未経験。不安より先に「何でもやってみたいという気持ちがあった。今より10歳も若かったからね」と愉快そうに笑う。

一気に染め上げた大漁旗の前に立つ伊藤晴竹さん。還暦や結婚祝いにオリジナルの大漁旗を注文する人も多い

店と一緒に石臼も引き継いだ。「長く食べ続けてほしい」と試行錯誤し、無添加で塩や砂糖を控えめにした今の味にたどりつく。イカメンチや、4種類の野菜が入った一口サイズのつまみなど、オリジナルメニューが多い。酒のつまみやお総菜にと、地元客の支持を得る。市外の観光客からも「もう一度食べたい」と発送依頼が絶えない。

客が多い土日は午前5時半から店で仕込みをする。揚げ油が跳ね、腕や顔にはやけどの痕。立ち続けで腰が痛むことも。「続けられるのは市場が好きだから。朝早くても、誰かが同じように仕事をしている。1日の半分以上は店にいるから、市場のみんなは家族のようなもの」

娘2人も店で働き、土日は夫の勇さん（68）も加わって一家4人で店を切り盛りする。伝統あるかまぼこ製法を受け継いだことで、10年前には想像もしなかった日常が紡がれていく。

店名「オーカンバル」は自分でつけた。意味は「おかん、がんばる」。腕をまくって今日も店に立つ。

石臼でスケソウダラのすり身を練る奥村比呂美さん。ぷりっとした弾力の揚げかまぼこを目当てに観光客も訪れる

宿の共同リビングでくつろぐ山岡大さん（右）。妻麻希さん（左）が寄り添い、長男の楽ちゃん（中央）を抱く

［小樽市］

マチの未来図　若者描く

「小樽山小家バックパッカーズ」宿主　**山岡大**さん
「オタル若者ビレッジ」代表　**峰尾光人**さん

旅人をつなぐ宿

旅人がくつろぐ宿の共用リビングで、生後4カ月の楽（らく）ちゃんがすやすやと眠る。父親で宿主の山岡大（ひろし）さん（35）は「赤ん坊は居るだけで部屋の雰囲気を柔らかくする。不思議ですね」と顔をほころばせた。傍らには妻麻希（まき）さん（40）が寄り添う。

2014年9月、故郷の小樽で空き家を改装し、素泊まり宿「小樽山小家（やまごや）バックパッカーズ」を開いた。定員10人の小さな宿は1泊3千円。2泊目から2千円で泊まれる。「小樽は市場や商店街、地元グルメなどマチ歩きが楽しめる。連泊で面白さを味わってほしい」との思いを、格安の宿代に込めた。

小樽工業高（現小樽未来創造高）を卒業した18歳の春、就職や進学には目もくれなかった。「とにかく外国で暮らしたい」。目指したのは海の向こうだ。目標は「世界一周」。国内外を旅しては働いて稼ぎ、地球を一回りする資金をためていた。

30歳を過ぎたある日、オーストラリアでサーフィン中、パスポートを盗まれる。再発行のため小樽へ戻ると、高校時代の同級生や先輩がそれぞれ20代で積んだ経験を生かし、街中で飲食店を始めていた。その姿に触発された。「旅で出会った人たちに、古里の小樽へ来てほしい」。宿の経営が頭に浮かんだ。

ＪＲ小樽駅から徒歩約10分。長期滞在歓迎の宿は、口コミで評判が広がった。連泊客の中から「小樽で働いて暮らしたい」という旅人も現れ、かつての旅する自分の姿と重なり合った。

小樽は、観光客が多い繁忙期に人手が不足する。飲食店を営む知人に旅人を紹介すると、双方から喜ばれた。「店を手伝ってくれる旅人いない？」とあちこちから声をかけられ、数カ月の短期を含め、福岡や新潟など道外の６人が小樽へ移住した。

山岡さんは「一人旅ができる人は行

動力があり、可能性を秘めている。人口が減っていく小樽を、移住者や若者の目線で変えてくれる。ゆるーく、人と人をつなげていきたい」と語る。「世界一周」は長い人生の楽しみに残して、今は小樽のマチの未来を描く旅の途上にいる。

楽しくヨリアイ

時に真面目に、時におどけた会話のキャッチボールが続く。小樽の10～20代でつくる「オタル若者ビレッジ」のメンバーがヨリアイ（寄り合い）と呼ぶ集まりはいつもにぎやか。代表の峰尾光人（こうと）さん（25）が目指すのは「若者の居場所づくり」だ。

ビレッジは16年11月に若者の交流場として設立し、約20人が参加する。これまで居酒屋で全メニューを制覇する会や、打ち合わせもなく持ち寄った食材だけで作る鍋パーティーなどを企画した。「くだらないことばかりだけど、小樽には若者が集まれる場所が少ない。まずは楽しむことが大事」と話す。

小樽で生まれ育ち、小樽運河の清掃活動や、キャンドルの明かりでマチを彩る「小樽雪あかりの路（みち）」のボランティアに携わり、まちづくりに興味を持った。北大大学院の在学中に休学し、市民主体で地域活性化に取り組む京都のNPO法人に7カ月間、スタッフとして参加した。

そこで気付いたのが、人が集うスポットをデザインする「場づくり」の大切さ。「人間関係が複雑な世の中で、まちづくりにトップダウンは通用しない」。個々の違いを尊重し、知恵を生かし合える「器」が必要だと実感した。

小樽―札幌間はJRの快速列車で32分と近く、小樽の若者は札幌で遊ぶことが多い。だが、ヨリアイを重ねるうち、メンバーから「週末が充実した」「地元で遊ぶ面白さが分かってきた」という声が上がり始めた。

最近、今後の活動が話題になった。「地元の人だけが知る桜の名所を紹介したい」「小樽で見つけた色を命名する小樽色図鑑を作りたい」。足元に埋もれた魅力に気づき、外へ発信する動きが生まれつつある。

峰尾さんは18年春、小樽市役所に就職した。「義務感や使命感ではまちづくりは続かない。自分のペースで仕事と両立させたい」と意気込む。大丈夫。迷った時は、「居場所」がきっと支えてくれる。

ヨリアイに集うオタル若者ビレッジのメンバーと語り合う峰尾光人さん（中央）

[小樽市・余市町]

移住者がマチを変える

「ゆるり庵」店主 **小林恵里子**さん
起業家 **宮嶋瞬**さん

旧知の家に遊びに来たような雰囲気の「おばちゃん食堂」。
小林恵里子さん（右から2人目）の笑顔につられ、笑いの輪が広がる

人の役に立とう

築100年の古民家を改修した玄米自然食レストラン「ゆるり庵（あん）」（小樽市花園5）を訪れる人は、肩の力が抜け、和やかな気持ちになれる。ここで月1回開かれるのが「おばちゃん食堂」。70代中心の自称「おばちゃん」たちが、ボランティアで切り盛りする。

魚の煮付けに酢の物など、家庭料理がふんだんに並ぶお膳は、採算度外視の1食600円。客層は乳幼児連れの若い母親からお年寄りまで幅広い。限定40食は予約で埋まり、相席の食卓はあちこちで会話が弾む。

おばちゃん食堂を発案したゆるり庵の小林恵里子さん（61）は「食材の野菜を家庭菜園で育てたり、釣り好きの人から新鮮な魚を手に入れたり。おばちゃんたちの行動力には驚かされる」と目を細める。

札幌出身の小林さんは元水泳インストラクター。札幌から障害者の水泳指導で通った小樽は高齢化が進み、坂が多い。「いつまでも自分の足で歩ける暮らし」を根付かせたいと思い、2011年9月に合同会社「健康応援社」を設立した。高齢者向け運動教室を身近な銭湯などで開き、お年寄りの身体能力に合わせたストレッチや体の動かし方を教えた。

参加者が体力に自信をつけると、次の段階へと進んだ。「元気になった体で人の役に立とう」。12年11月に最高齢83歳を含む23人を率い、東日本大震災で津波被害を受けた宮城県女川町を訪問。仮設住宅で足湯マッサージのボランティア活動に取り組んだ。女川町で出会った人たちとの交流は今も続く。

前へ前へと走るエネルギーの源は祖母の生きざまだ。1934年（昭和9年）の函館大火に遭い、38歳で左半身不随になっても、道具に工夫を重ねて右手だけで料理や裁縫をこなした。『誰にでも人のためにできることがある』という祖母の言葉が染みついちゃって。いつも自分の役割を考えて

いる」

２０１４年６月に古民家を購入し、小樽へ移住。玄米自然食の提供や健康教室の開催で、空き家はみんなが集う空間へと生まれ変わった。「人が喜ぶこと、楽しいことを考えて動けば良い方向へ転がる」と小林さん。「来月の食堂は何にしよう」。顔を寄せて相談するおばちゃんたちの笑顔が、その証しだ。

サポーター役に

「どローカルメディアで地域を僕らの手に取り戻したい」。18年３月下旬に後志管内真狩村で開かれた「地域クラウド交流会」。ニット帽姿の宮嶋瞬さん（33）は思いの丈を熱く語った。

地域クラウド交流会で参加者と意見交換する宮嶋瞬さん。赤いニット帽がトレードマークだ

交流会は起業家が事業計画を発表し、来場者の投票数に応じて支援金を得るイベント。宮嶋さんも、17年４月に移住者を支援する一般社団法人「ホームタウン総合デザインセンター（ホムデ）」を創設した起業家で、夏までに地域情報を発信するスマートフォンアプリの開発を目指す。

渡島管内木古内町生まれ。大学進学を機に東京へ出て就職。「世の中の仕組みを知りたい」と不動産の営業マン、２００円カレーの店長、雑誌編集者など幅広い業種で働いた。

15年10月に地域おこし協力隊の道内版「北海道地域づくりサポート隊」の後志管内の隊員として北海道へUターン。同管内仁木町の空き家に住み、自治体への移住施策の提案や空き家見学ツアーの運営などに関わった。ホムデの事務所を構えた同管内余市町を拠点に、活動域を広げている。

道産子と移住者の両方の立場で暮らすと「近所の祭りなど、地元情報が入ってこない」ことに気づく。同じように感じている移住者は多く、地域に溶け込む機会を失っている。「スマートフォンのニュースアプリには世界中のニュースが届くのに、肝心の地元情報はない。まずは余市、仁木町のイベントや道路の通行止めなどの生活情報をリアルタイムで発信していく」

理想の地域づくりを、サッカーでの地元開催試合を指す「ホーム」に例える。「外から来た人、地元で頑張ってきた人、Uターンした人。みんなが力を合わせて『ホームタウン』をつくる。３者をつなぐサポーター役になりたい」

［仁木町・小樽市］

小さな契機 人生変えた

果樹園園主 喜井敬介さん、裕子さん
イラストレーター 堀井仁さん

「農で起業する」

小さなきっかけが人生を大きく変えることがある。後志管内仁木町の喜井敬介さん（59）の場合は、通勤電車の中でひらいた1冊の本が、会社員から果樹園園主へ転身する扉となった。

本の題名は「農で起業する！」。会社員の著者が脱サラし、農業を始める体験記だ。大阪出身の敬介さんは北大理学部を卒業後、大阪の民間企業に就職。スマートフォンの画面に応用される「導電性高分子」の研究などに携わってきた。当時49歳。仕事は面白いが、滋賀県の自宅から往復2時間半の通勤に嫌気がさし「家族でできる個人事業をしたい」と考えていた。

農家をやろう――。決めてからは早かった。妻裕子さん（60）と、新規就農を受け入れている全国の土地を探した。「もうすぐ50歳で農業研修は受けたくない、というわがままな素人に、最も親切に対応してくれたのが仁木町でした」

本を手にして1年足らずの2010年2月、28年の会社員生活にピリオドを打ち、サクランボやプルーンを栽培してきた後継者不在の果樹園（仁木町南町、計2ヘクタール）を引き継いだ。

就農してしばらくは近隣の果樹農家が見守り、指導してくれた。初めてのハウスのビニールかけに夫婦で手間取っていた時もそう。裕子さんは「強い風が吹いてビニールが飛ばされる、と思ったら、いつの間にか近所の人がそばにいてつかんでくれた。魔法のよ

2～3月に枝切りを終え、芽吹き始めたサクランボの木々。日々成長する姿に思わず笑みをこぼす喜井敬介さん（左）、裕子さん

小樽運河で作品を販売しながら絵を描く堀井仁さん。冬の日も夏の日も、毎日訪れる

うだった」と愉快そうに笑う。「作り手と買い手の顔が互いに見える関係に」と、果実は消費者へ直接販売する。会社員時代に年賀状をやりとりした知人、友人から顧客の輪は広がっていく。裕子さんの発案で、18年秋には菓子工房付きの自宅を建て、果物を用いた焼き菓子を製造、販売するプランもある。

2人は計画的に果樹の苗木を植え替えながら、75歳まで営農を続ける覚悟だ。未来の後継者に最も良い状態で果樹園を譲るのが責任と感じている。

果樹園を始めて9年目の春。「何度も実験できた研究職と違い、農家のチャンスは一年に1回だけ。今年はこうしてみよう、これもしなくちゃと、今から浮足だっている」と敬介さん。サクランボの木の芽が、ほほ笑むようにほころび始めている。

「絵描きになる」

「絵描きになりたいという夢を、小樽運河がかなえてくれた」。イラストレーター堀井仁さん（44）は毎日、運河に足を運びペンを走らせる。

富山県に生まれ、子どもの頃から、絵を描く仕事にひそかに憧れていた。函館大学商学部に進学するも、「会社勤めは合わない」と就職活動はせず、富山の実家へ戻り、警備員などアルバイトをして気楽な日々を送っていた。

気付いたら30歳になり、「さすがにまずい」と焦った。絵描き志望と言いながら、具体的なことは何もしていない。「自分を追い込まないと」。優しい母ら家族のいる富山を離れ、北海道に新天地を求めた。

手始めに、観光客が集まる小樽運河で、動物を描いたペン画を並べてみたが、ほとんど売れない。せっかく目の前にあるからと毎日のように運河を描くうちに、絵がうまくなっているのを感じた。軽自動車に寝泊まりし、ガスコンロで白炊する日々も「キャンプみたい」と苦にならなかった。

「線一本　本を丁寧に描いていたら、いつの間にか、自分の想像を超えるラインや色遣いが生まれていた。ずっと小樽運河だけを描き続けたのが良かった」。今では天狗山やカトリック富岡教会など、オリジナル作品は１２０種類を超えた。

少しずつ絵が売れるようになり、部屋を借り、3年前には小樽で出会った女性と結婚した。運河の絵は小樽市内の水産加工会社4社が販売する統一ブランド商品「にしん小樽漬」のパッケージに抜てきされた。

「小樽の街並みは、描いても描いても、描き足りない」。先人たちが築き上げた港町小樽の風景は、堀井さんの目にはいつも輝いて映っている。

女たちの道南

かつて北前船や青函連絡船が津軽海峡を往来し、今は新幹線が青函トンネルを駆ける。函館・道南は、人とモノ、文化が行き交う本州との接点であり続けてきた。この地でたくましく、しなやかに生きる女たちの姿を追った。
（2018年5月11日〜6月1日掲載）

［松前町・江差町・青森県大間町］

元気吹き込む「マグ女」

「津軽海峡マグロ女子会」北海道側代表
杉本夏子さん、**中島晶子**さん
青森側代表　**島康子**さん

海峡はさみ連携

「マグ女（じょ）」と呼ばれる女たちがいる。正式名称は「津軽海峡マグロ女子会」。会員は道南と青森県計18市町村の約80人。津軽海峡を挟む青函圏を活気づけようと、海峡のマグロさながらに、タフに地域を泳ぎ回る。

北海道側代表の杉本夏子さん（45）＝渡島管内松前町＝と、青森側代表の島康子さん（52）＝青森県大間町＝の「運命の出会い」は2009年。東京で開かれたまちづくりのシンポジウムだった。「同じ危機感を抱いていた。目指すゴールも一緒」。そう感じた2人。深刻な人口減と高齢化に直面する故郷をいかにして次代に残すか、という課題と向き合っていた。

杉本さんは、祖母が松前町で開いた「温泉旅館矢野」の若おかみ。中学から札幌に移り北海道東海大（当時）を卒業後、北洋銀行で8年間働き、30歳で帰郷。20年で人口4割減という過疎の現実を目の当たりにした。

「来たい」と思われるには何が必要か。着目したのは、脈々と受け継がれる地域の食文化の豊かさだ。藩政時代から親しまれる「くじら汁」、あん入り白玉粉をだし汁に落とした「けいらん」。住民に教えを受け、これらを宿の食事に採り入れた。

地域にあるものに光を当て、地域の個性を際立たせる。

杉本さんが目指したこの道を、「本州最北端のマグロ一本釣りの町」に元気を吹き込もうとしていた島さんも歩んでいた。

青森市の高校から慶大へ進み、情報・人材大手リクルートに9年間勤務した。大間へUターンして製材会社を継ぎ、00年に仲間と「あおぞら組」を結成。「まちおこしゲリラ」と称して、高級食材の「大間マグロ」を地元で味わえる解体ショーを開き、函館・五稜郭タワーに「マグロのぼり」を掲げた。

ただ16年3月の北海道新幹線開業を控え、2人とも自分らの活動が「点」であることの限界を感じていた。「青函で頑張る女性たちの『点』を結んで『面』にしよう」。14年3月、2人を中心にマグ女を旗揚げした。

その使命は三つ。第一に「人をつなげて道をつくる」。第二に「足元に光を当てる」。第三に「津軽海峡圏の元気づくりのけん引役になる」。会員はカフェのマダム、会社経営者、観光コンシェルジュと多種多彩だ。着眼点も視点も違うからこそ、アイデアが生まれる。

地域色丸出しで

16年に始めた「マグ女のセイカン♥博覧会」は観光閑散期の9〜11月、青

函各地で体験観光プログラムを用意し周遊を促すキャンペーンだ。松前で「藩主料理と松前歴史裏の裏物語」、大間で「バグダンマグ女とめぐる爆笑！浜まちあるき」など、ひねりのきいた30種余りの体験を17年は計280回実施した。

17年のセイカン博で、檜山管内江差町の中島晶子さん（44）が担当したのは「着物で歴まち散策」。北前船の寄港で栄えた歴史的町並みを再生した「江差いにしえ街道」を着物姿で散策し、江戸期の土蔵を活用したカフェでランチした。

渡島管内木古内町の道の駅「みそぎの郷　きこない」で、仲間とマグロの尾びれを模したマグ女の「キメ」のポーズを取る杉本夏子さん（手前左）、中島晶子さん（同右）

中島さんは埼玉県出身の1級建築士。工学院大を卒業後、母親の故郷・江差で歴史的町並みの整備に携わり、現在は札幌のコンサルタント会社の江差駐在員。土蔵カフェの開店を任され、「地域資源を上手に生かして、楽しみながら息長くまちづくりを続けている」（中島さん）という住民の輪の中にいる。

多士済々のマグ女たちの活動の持ち味は「地域色丸出し」。青森の肉料理と道南の魚料理をマグ女流にアレンジした駅弁「津軽海峡にぐ・さがな弁当」を監修するなど、「津軽海峡圏に新たなにぎわいと豊かさをつくりだした」として17年度の観光庁長官表彰を受けた。

松前町は人口約7400人、大間町約5400人、江差町約7800人。どの町も、新幹線という太い血管が走る地域のその先にある。そこに毛細血管を張り巡らせ、客という「血」を巡らせたい――。そう願う魚影の群れから目が離せない。

大間町の大間崎にあるマグロの像の前でポーズを取る島康子さん。手拭いほっかむりに前掛けは街歩きを案内する際の定番衣装だ

土、海とのつながり宝物

ワイナリー「農楽蔵」経営 **佐々木佳津子**さん
鹿部漁協女性部長 **平井悦子**さん

地元の建築家らが協力し、改築された「農楽蔵」でワインを手にする佐々木佳津子さん。瓶のラベルは絵本作家の姉とその夫がデザイン

こだわりを醸す

「生命力あふれるブドウと、その土地にいる微生物が調和し共感しあう環境を整えること」

　函館山の麓の函館市元町で2012年から、ワイナリー「農楽蔵（のらくら）」を営む佐々木佳津子さん（42）のワイン造りとは、そのような仕事だ。本場フランスで学び、同国の国家認定醸造技師の資格を取った経験に裏打ちされた哲学である。

　実家は埼玉県幸手（さって）市でコメを作る兼業農家。東京農大の醸造学科へ進み、酒を醸す微生物の力の不思議、醸造の奥深さを知った。1998年に卒業して神戸市のワインメーカーに入り、ワイン醸造を担当した。

　そこで壁に突き当たる。何をどうすれば「おいしいワイン」ができるか、自信をもって語れない。技術も理論も足りない。思いが募り、駐日フランス大使館に電話した。「フランスでワイン造りを学びたいんです」

　大使館がくれた大学のリストを手がかりに休職して2004年に渡仏し、ブルゴーニュ大へ入学。ワイン醸造とブドウ栽培を学問として厳しく教えられ、同様に同大などで醸造、栽培を学んでいた室蘭生まれ、千葉育ちの夫賢さん（39）と出会う。

　08年、一緒に帰国し、復職。3年後に結婚し、独立した。足場を定めたのは、フランス系の高級品種のブドウの栽培に適する可能性があり、賢さんの両親の故郷である道南だった。

　賢さんが主に栽培を担当し、函館の隣の北斗市で借りた農地3ヘクタールで白ワイン用のシャルドネと赤ワイン用のピノ・ノワールなどを有機栽培。醸造は佳津子さん中心で、印刷会社社屋を改築した農楽蔵から「ピュアな味」と評されるワインを年1万2千本、道内外に出荷する。

　2人にとってワインとは「地域の『つながり』があって生まれるもの」だ。原料は健康に育ったブドウと、畑や醸造所にいる野生の酵母。ろ過をせず、酸化防止剤は使わない。リスクに挑む姿勢に共鳴する地元の酒販店や料飲店と関係を深め、地元限定のワインも造り始めた。

夫妻は、函館進出を17年に表明した仏老舗ワイナリー「ドメーヌ・ド・モンティーユ社」をサポートしたり、ワイン造りを志す若者からの問い合わせに応じたりもしている。「調和」と「共感」のワイン造りへの思いが、ワインを愛する人びとを道南に引き寄せている。

食堂で笑顔広げ

佐々木さん夫妻が、道南の「土と人」を大切に思うように、渡島管内鹿部町の道の駅しかべ間歇泉(かんけつせん)公園で「浜のかあさん食堂」を切り盛りする鹿部漁協女性部長、平井悦子さん(68)にとっても、鹿部の「海と人」は宝だ。

漁協女性部員らで設立した一般社団法人が運営する食堂は全30席。北海道新幹線と同じ16年3月に開業し、年30万人が訪れる道の駅の目玉施設だ。カレイ、甘エビ、タコにタラコ。鹿部の海の幸を生かす「かあさん」たちの料理の腕と温かな接客を売り物に、通年営業で年1千万円以上を売り上げる。

開業前、町から食堂運営を打診された平井さんらには「やれるだろうか」との迷いもあった。「土日だけ」と引き受けたが、飯を炊き忘れたり、魚が足りなくなったり。でも「おいしい」と喜ぶ客の笑顔に「毎日やろう」と心が決まった。繁忙期も「私やるから」とカバーしあって、十数人ずつ調理場に立つ。

「団結力が出て、すごい女性部になった」と目を細める平井さんは、同管内砂原町(現森町)の漁家に生まれ、中卒後、水産加工場などで働いた。鹿部町で漁業を営んでいた夫正義さん(73)と20歳で結婚し、コンブ漁などを営みながら娘3人を育てた。夫は3年前に漁から退いたが、5年前から女性部長を務める自身は今も「現役」だ。

食堂の傍ら、女性部が道の駅で行う「浜のかあさん地元料理体験」は、国内外から年300人以上が参加する人気プログラム。18年3月にはポーランド人親子と海鮮ちらしずしを作った。「いろんな人が来て、鹿部のものをおいしいと言ってくれる。笑顔が何よりの喜びなの」

「浜のかあさん食堂」の調理場に立つ平井悦子さん。仲間との語らい、客の笑顔が力の源だ

［函館市］

情熱注ぎ歴史受け継ぐ

函館ハリストス正教会
パイプオルガン奏者　**山崎ひとみ**さん
石崎理さん

函館ハリストス正教会の聖堂に立つ山崎ひとみさん。
聖ニコライの聖像が掲げられた静かな空間が祈りの場だ

原点の地の重み

函館市西部地区の元町に建つ函館ハリストス正教会の鐘楼で、礼拝の時を告げる鐘が鳴る。きん、からん、ごぉんと重なり合う大小六つの鐘の響きが、山崎ひとみさん（58）の祈りへの思いを高めていく。

２００８年に教会の司祭に着任した夫ニコライ・ドミートリエフ神父（58）を、補佐役として支える。行事の切り盛り、来訪者の応対、信徒らの聖歌隊の指導、国指定重要文化財の聖堂の営繕――。この10年、「一日として同じ日はない」という。

函館は「ロシア正教の日本第一歩の地」。教会のある場所には箱館（現函館）開港翌年の１８６０年(万延元年)、初代聖堂が置かれた。２０１６年で建立１世紀を迎えた現聖堂には、正教会の総主教も足を運ぶ。山崎さんはそこで働く「重み」と、「歴史の中で熱意をもって務めを果たしてきた人間たちのエネルギー」の大きさを感じる。

たとえば１８６１年にロシアから箱館に赴任し、各地を伝道に歩いて日本での正教会の礎を築いた「聖ニコライ」（ニコライ・カサートキン神父、１８３６〜１９１２年）。日本の巡査がロシア皇太子を襲撃した大津事件では日ロ両国の仲介役となり、日露戦争下でも日本にとどまって正教の教えを貫いた。

山崎さんは、聖ニコライ来日１５０年の２０１１年に出された「函館ハリストス正教会史」（同正教会発行）の執筆を担当。聖ニコライの足跡の大きさをかみしめ、自らも神父の妻として一信徒として、務めを果たそうと思いを新たにした。

ロシア正教の洗礼を受けたのは、故郷の長野県松本市を離れ、東京の上智大でロシア語を学んでいたころだ。１９８５年から旧ソ連レニングラード（現サンクトペテルブルク）の神学校の聖歌指揮科に留学して、神学生だった夫と出会った。旧ソ連崩壊後の92年に夫と帰国。東京、松本などを経て函館に来た。

夫妻のライフワークがある。明治政府によって北千島から北方領土・色丹島への移住を強制され、道内に引き揚げて困難の中で没したアイヌ民族の信徒たちの慰霊だ。苦難の歴史を忘れまいと、道東まで出向いて墓前で祈る。

「歴史と向き合い、人びとが歴史と向き合う場をつくっていく。それが私の仕事です」

鐘の鳴る町守る

函館ハリストス正教会の鐘の音が響く元町、末広町は、開港以来の歴史を伝える「伝統的建造物（略称・伝建（でんけん））」群の保存地区だ。その一つ、1922年（大正11年）建築の和風の古民家を借りて、パイプオルガン奏者の石崎理（みち）さん（51）はオーストラリア出身で大学教員の夫と住んでいる。内部は現代風の広々した洋室に改築され、外観とのギャップが楽しい。

元町で生まれ育ち、ピアノ教師の母について3歳から鍵盤をたたいた。武蔵野音楽大の大学院から、93年にドイツ中部ビュルツブルクにある音楽大の大学院へ留学。世界遺産に登録された18世紀の「司教館」をはじめ、中・近世から大切に守られてきた古い建物に囲まれて暮らす「豊かさ」を感じた。

「修理しながら何世紀も使うのは建物もオルガンも同じ。負ってきた歴史や、人の思いが表れているように感じられて」

98年に帰国。音楽活動の傍ら地域FM局で番組を持ち、クラシック音楽や欧州の歴史、社会について語ってきた。

自身の住まいのように、古い建物も手を入れれば快適に暮らせる。ただ費用と手間がかかる。西部地区では持ち主の高齢化や他界で消えてゆく物件が後を絶たず、伝建の所有者らでつくる「函館市伝統的建造物群保存会」は危機感から、毎秋、カトリック元町教会で「でんけんコンサート」を開き、芸術と融和する建物の魅力を伝えている。

保存会の副会長を務める石崎さんは、15年前の第1回コンサートからコーディネーターを務め、町並みを守ろうと訴えてきた。「音楽も建物も、残そうとする人がいないと失われてしまう。函館の町並みを、市民の手で受け継ぎたい」

伝統的建造物が立ち並ぶ函館市元町を歩く石崎理さん。
港を見下ろす坂道に教会の鐘の音が響く

［函館市・北斗市］

わが道追求　この町拠点に

女子競輪選手　**寺井えりか**さん
イラストレーター　**ひづめみか〜る**さん

燃焼できるもの

「やっとたどり着いた。次の一歩を踏み出せるところまで」

函館市の寺井えりかさん（26）は、手探りで歩いて来た道に差す光を感じている。日本競輪学校（静岡県伊豆市）で11カ月間、訓練漬けの日々に耐え抜き、2018年3月の選手資格検定に合格。同5月、日本競輪選手会道支部に登録する女子競輪の選手となった。

思ってもみなかった道だ。故郷の紋別市で3歳からスキーを始め、全国中学大会のアルペン大回転で3位に入賞。スキーでの五輪出場を夢見て11年、青森県の名門・柴田女子高から東海大札幌へ進んだ。

ただ、中高生時代に左右の膝の前十字靱帯（じんたい）を切るけがをした経験もあり、目標の遠さも感じていた。大学卒業直前の宮様スキー大会国際競技会で女子大回転、回転を制したのを最後に、競技から離れた。教員免許を取るための講義を受けながら勤め口を探す中、浮かんだのが「女子競輪」という選択肢だった。

大学4年の夏、知人の誘いで競輪の合宿に加わり、初めて市営函館競輪場のバンクを走った。カーブを曲がる感覚はスキーに近い。スピードも怖くない。「私走れるんだ」。燃焼できるものを見つけた気がした。

15年の競輪学校の試験で不合格になり、「甘かった」と振り返る寺井さんを鍛えたのが、「ホワイト・ガールズ・プロジェクト」。女子だけで走る「ガールズケイリン」で市営競輪を盛り上げようと、函館市や同支部などが16年度に始めた女子選手の育成事業だ。

1期生は3人。8カ月間走り込んで脚力を磨き、寺井さんら2人が競輪学校を経て18年春プロになった。一時途絶えていた女子競輪が12年に復活後、同支部登録の女子選手は初めてだ。

寺井さんが競輪学校で学んだのは、「お客さんのお金が肩に乗る重み」と「稼ぎたい」という思いの大切さ。女子でもトップクラスは2千万円以上

市営函館競輪場で自転車に乗る寺井えりかさん。
太もも回りは60センチ前後。競輪学校でのハードトレーニングで以前より2、3センチ太くなった

稼ぐが、客が賭けなければレースは成り立たない。「お客さんが見たいと思えるレースを見せられる選手になりたい。歓声もため息も、自分の力にできるような選手に」。デビュー戦は18年7月3日、函館である。

「影響受けてる」

こうと決めたら突き進む。1990年代以降、「カワイイ」もの好きの女性に絶大な人気を誇った雑貨ブランド「スイマー」の商品をデザインした北斗市のイラストレーター、ひづめみか～る（本名・樋詰美賀）さん（44）も自らの手でこの道をつかんだ。

函館で生まれ育ち、大正期に創立された実家の和洋裁女学校を継ぐよう期待されて、東京の女子美術短大服飾科へ進んだ。でも、工程の多い洋服作りになじめない。デザイン画を描くときだけイライラしなかった。子どものころから教科書は落書きのマンガだらけだった。

そして雑貨企画販売「白鳳（はくほう）」（愛知県尾張旭市）が87年から展開する「スイマー」の商品に出合う。安くてポップでおしゃれ。つてもなしに同社に電話した。「デザイナーになりたいんです」。選考のためにすしを握る角刈りの板前のイラストを提出したら、「あなたは変わった子だから、ウチぐらいしか採らないよ」。採用になった。

95年の入社から約22年間、15人ほどいるデザイナーの一人として、3千点を超す商品を手がけた。ポーチ、時計、Tシャツにスニーカー。単にかわいいだけじゃない、皮肉や毒を含んだ「ちょっとヘンなもの」だ。「こんなのほしいな」という自分の感覚を大切にしながら、「売れるデザイン」を追求し続けた。

スイマーは「価格競争の激化で満足できる商品を提供できなくなった」（白鳳）として製品製造を終え、2018年1月、全国の直営店を閉じた。ひづめさんは16年12月に退社して帰郷したが、強く感じたことがある。「函館って、なんてかわいい町。建物の色使いも、星マーク（五稜郭）が町の真ん中にあるのも。私、絶対この影響受けてる」

今は地元や札幌、東京などで個展を開きながら、雑貨などのデザインの注文に応じる。「都会からは遠いけど、この町にいることは大きなハンディキャップじゃない。ここから海外にも発信したい」

デザインしたスイマーの商品に囲まれるひづめみか～るさん。膝の上のランチョンマットは道南へ戻ってからの作品で、函館の地図に赤レンガ倉庫や五稜郭などをちりばめた

伸びゆくまちで

北海道の「空の玄関口」として成長してきた千歳市と、札幌のベッドタウンとして発展してきた恵庭市、北広島市。新千歳空港の活況や活発な企業立地を背景に千歳、恵庭は人口が増え続け、北広島はプロ野球北海道日本ハムのボールパーク構想の建設候補地に選ばれ活気づいている。伸びゆくこの地域でまちの魅力を伝え、新たな風を起こそうと挑む人たちを紹介する。

（2018年8月3日～31日掲載）

［千歳市・恵庭市］

自然と共に　農に生きる

養鶏家・農家　**三浦賢悟**さん
吉田農場4代目　**吉田紗**さん

卵に宿る命の力

人口約9万7千人の千歳には「空港のまち」とは違う「顔」がある。採卵鶏の飼育数が約169万羽（2015年）と、市町村別で道内一の「卵のまち」なのだ。火山灰土で農作物が育ちにくく、農業者が養鶏に活路を求めた――などの説がある。

鶏卵を生産する事業所は現在五つと多くはない。飼育数の大半は大規模養鶏の企業2社で占める。だが、こだわりの飼育法を貫く小規模な養鶏家もいる。

市内東丘で約1700羽を飼う三浦賢悟さん（51）。千歳で唯一、鶏舎で親鳥を地面に放して運動させる「平飼い」の養鶏家・農家だ。「手間をかけてでもおいしく、体にいいものを」と循環型農法の「はるか農園」を始めて19年になる。

朝6時。三浦さんは妻順子さん（45）とともに産みたての卵を集め始める。「お疲れさん」「ありがとう」。ニワトリへの感謝の言葉を口にし、広さ20ヘクタールの畑で自ら育てたレタスやケールの残りを食べさせる。配合飼料や抗菌剤は使わない。

帯広市出身、北大法学部卒。東京の警備会社に就職したが、「やりたいこととは違う」と20代後半で辞めた。転機は、32歳の時に見たドキュメンタリー映画「地球交響曲第二番」。水深100メートルを素潜りするダイバーらの語りを通して、自然と調和する生き方に感銘を受けた。自然の力を頂いて営む農業に強く引かれた。

自然と共生する「生命農法」を掲げる栃木県の農家や、千歳市内の農家で研修後、今の農園を開いた。三浦さんの卵は身がぷるんと盛り上がり、ほんのり甘い。値段は市販の3倍するが、アトピーの子を持つ親や、健康食品店などが常連となった。鶏ふんから作った肥料は畑に入れ、ジャガイモやキャベツなどを育てて出荷する。

これまでに平飼い養鶏を志す若者2人がここで修業し、独立した。彼らに伝えたことは「農業とは、命や体の仕組みを学ぶためのもの」。航空機が行き交う空の下、健やかに走り回るニワトリが産んだ卵を、多くの人に味わってほしいと願う。

畑の味伝えたい

「行き来する人の多い恵まれた立地で、農業ができるのは本当に幸せ」。新千歳空港と札幌のほぼ中間に位置する恵庭市穂栄（ほえい）。恵庭岳を望む広大な農村地帯にある「吉田農場」の4代目、吉田紗（さおり）さん（35）は、畑仕事に汗しながら笑顔を見せる。

鶏たちが走り回る鶏舎に立つ三浦賢悟さん。鶏舎にはもみ殻などがまかれ、鶏ふんと混じって畑に入れる肥料となる

人口約6万9千人の恵庭は、土壌や水源に恵まれた農業のまちでもある。大消費地に近い地の利を生かして、農産物の直売も盛ん。その中で、吉田農場は35種類もの作物を育て、収穫体験事業を通じた消費者との交流を大切にする個性的な存在だ。

福井県から道内へ入植した初代から数えて3代目の父俊二さん（69）は1991年、トウキビの収穫体験事業を始めた。「地元の野菜に触れて、採って、食べて、農業を理解してほしい」との思いからだ。03年には農家民宿「ファームイン」が加わった。

14年に後を継いだ紗さんも、地元や各地から訪れる人との交流が何よりの喜びだ。「お客さんの反応を見れば丹精して作った物の評価が分かる。やる気がすごく出る」。料理が好きで美唄南高（現美唄尚栄高）で食品製造を学んだ。会社勤めなどを経て21歳で実家を手伝い始めた。

収穫体験は麦以外なら可能だ。年約2千人が訪れ、空港が近いこともあって1割は外国人。有機物をふんだんに入れた土壌で育つトウキビは糖度が18～19度あり、「メロンより甘い」。それを朝採りするおいしさを味わってほしいと、午前5時から体験を受け付ける。

「こんな野菜、食べてみたい」という常連客の要望に応え、作物の種類を増やし、直売所へも出荷する。黄色いニンジン、オクラ、ゴーヤー…。育て方は異なり、作業は煩雑になる。でも、取れたての味と農業の楽しさを知ってもらえることに手応えを感じる。「うち以上のものはないと思ってもらえるよう、努力を続けたい」と力を込めた。

トマトを育てるハウスで笑顔を浮かべる吉田紗さん。直売所への出荷も担当し、欠品が出ないよう細やかに気を配る

［千歳市支笏湖畔・恵庭市］

人交わる「拠点」づくり

ダイビング店「オーシャンデイズ」社長　**板谷貴文**さん
喫茶店「アグラクロック」店主　**水野莉穂**さん

支笏湖でダイビング体験客を指導する板谷貴文さん。 真夏でも表層の水温は20度前後。丁寧に潜り方を指導してから沖に向かう

「海より青い」湖

浅瀬の透明な湖水が、湖底へと深さを増すごとに青みを加え、水色から青、そして群青へ――。千歳市・支笏湖畔で唯一のダイビング店「オーシャンデイズ」（千歳市支笏湖温泉）社長の板谷貴文さん（40）がこの地を選んだ理由は、「支笏湖ブルー」と表現される水の色だ。

釧路市で生まれた。北星学園余市高（後志管内余市町）を卒業後、札幌でトラック運転手をしていた20代の初め、友人と参加したダイビングの体験教室で面白さに目覚めた。生来、「冒険好きな性分」。本場・沖縄へ飛び、ダイビング店で働いた。

米ハワイでダイビングのインストラクターの資格を取り、札幌で２００５年に店を開いた。12年に旅行会社の依頼で潜った支笏湖で衝撃を受けた。「支笏湖は海より青い」

支笏湖は環境省の水質測定で10年連続日本一のカルデラ湖。最深３６０メートルの湖底に太陽光が届くまでに青以外の光の成分が吸収され、青が際立つ。湖水の真の美しさを伝えたいと翌13年、拠点を現在地に移した。

今は支笏湖と積丹半島が活動の場。支笏湖ではダイビングやシュノーケリングで年約１５０の個人・団体をガイドする。倒木、沈木の奇妙な造形。悠然と群れ泳ぐアメマス、ヒメマスの銀りん――。ポイントは客の技術を見て5カ所を使い分ける。白い小花を咲かせる水草チトセバイカモの群落は見どころだ。

とはいえ、出合うのは美しい光景ばかりではない。湖底にはゴルフボールや釣り具、空き缶も沈んでいる。湖畔の観光事業者らに呼びかけ、湖底のごみ拾いを3度行った。ダイビングツアー中に拾うこともある。

湖畔を訪れる観光客は年90万人に上る。「この店に来る客や事業者が『なぜこれだけ湖がきれいか』を考えることで、保全活動の輪が広がれば。僕らの仕事は自然あってこそですから」。

力を込めて語る板谷さんの店は、湖の環境を守り、魅力を発信する拠点となりつつある。

夢中なこと共有

人が集い、語り合い、何かを生み出す場。恵庭市の水野莉穂（りほ）さん（24）がちょうど1年前の17年8月、JR恵庭駅に近い同市黄金中央2に開いた紅茶専門の喫茶店「アグラクロック」も、地域のそんな「拠点」だ。

約9坪の店内は15人も入ればいっぱいになる。皆、靴を脱いで上がり込む。「みんなでゲストハウスやりたいね」「わくわくするね」。「ずーちゃん」こと水野さんが、客と肩肘張らない会話を交わす。客層は高校生から80代まで幅広い。同市の会社員板谷幸平さん（23）は「実家みたいな落ち着く空間。ここで100人以上に出会い、世代を超えて仲間ができました」。

「あぐらをかくような雰囲気で、地元の人と旅人が同じ時間を過ごしてほしい」。店名は、水野さんのそんな思いから。それぞれが「いま夢中なこと」を共有して交流しようと、客のアイデアを生かして多彩な催しを企画する。チーズを食べる会、編み物を教える会、インスタントカレーの食べ比べ——。

水野さんは恵庭で生まれ育ち、札幌の北海学園大へ進んでラクロス部の活動に打ち込んだ。講義、部活、アルバイトを繰り返す日々。「もっと自分に意味のある時間の使い方をしたい。旅人になりたい」。3年生になる直前で部活を辞め、大学は夜間に変えた。

バイトでお金をため、ヒッチハイクで関西を旅したり、信州でゲストハウスを手伝ったり。やがて「『こんにちは』とどこかを訪ねるよりも、『お帰りなさい』と人を出迎える方が性に合っている」と気がついた。故郷で宿屋を開こうと心に決め、17年春、大学を卒業して現在の物件を見つけ、広さや設備を考えて喫茶店に切り替えた。

開店資金はバイトでためた約30万円。ソファやテーブルは頂き物でまかなった。この小さな店に、市の内外から人が集まることが喜びだ。「生まれ育った恵庭に自分が作った空間で、いろんな人が出会って、面白い化学反応が起きる場所になれば」

幅広い世代が集う店内で笑顔を見せる水野莉穂さん（手前中央）。客は寝転がったり楽器を弾いたり、自由に時を過ごす

［千歳市］

空の起点で学び、はばたく

日本航空専門学校新千歳空港キャンパス教員　**森野昌志**さん
ーTベンチャー「ツヨシオカ」社長　**吉岡毅**さん

キャンパス内で、授業で使う特殊車両を操作する森野昌志さん。
「生徒たちには『自分たちが飛行機を飛ばしている』という気概を持ってほしい」

俺たちが飛ばす

２０１８年7月で開港30年を迎えた新千歳空港には「縁の下の力持ち」がいる。カウンター業務や駐機場での発着作業など「地上支援業務（グランドハンドリング）」を航空会社から請け負う企業の従業員だ。就航路線や便数が増える中、役割は重みを増す。

その人材を育てる道内の拠点が、千歳市泉沢にある日本航空専門学校新千歳空港キャンパス。約６００人の生徒が航空整備など3学科で学んでいる。空港技術科の教員、森野昌志さん（35）はここの卒業生の一人だ。「自ら考えて行動する『真のハンドラー（地上支援の担い手）』を育てるのが自分の役割」と熱っぽく語る。

オホーツク管内斜里町で生まれ育った。小学3年生のころ、美容師を目指して上京する近所の若者を女満別空港で見送り、人の夢や希望を乗せる航空機に「かっこいい」と憧れた。高校時代に地上支援の仕事を知り、学校法人日本航空学園（山梨県）が運営する同校へ進んだ。

03年に卒業。ＡＩＲＤＯ（エア・ドゥ）などのスタッフとして新千歳、成田の両空港で11年間、駐機場での航空機のけん引や誘導、貨物の積み降ろしに従事した。母校の元担任に声をかけられ、「経験が役立つなら」と4年前から地上支援の技術と知識を教えている。

現場は、限られた時間の中での作業だ。多くの作業を同時並行で行うが、授業での実技指導では方向性を指し示すだけ。どうしたら速く正確にできるか、生徒自身に徹底的に考えさせる。

教え子は卒業後、国内各地の空港で働くことになる。近年は海外の航空会社の就航が増え、国内機とは違う作業手順の習得などハンドラーの負担は増す傾向だ。「変化に富み、伸びている業界だからこそ、どこでも通用するプロ集団を育てないと」

空港から航空機が離陸する姿を見ると、誇らしく思う。「俺たちが飛行機を飛ばしているんだ」。そのプライドは、「空港のまち」で学ぶ生徒たちに受け継がれていく。

ＩＴ起業に挑む

「空の道」で国内外と結ばれる千歳は、企業立地が盛んな工業都市だ。その地で先端産業を担う人材を育てようと、千歳市が中心となって千歳科学技術大を開学させ、18年でちょうど20年。吉岡毅さん（31）は09年3月に千歳科技大を卒業した。卒業生の多くが市外で就職する中、千歳で起業する道を選んだ。「インターネットで人がつながり、千歳で挑戦する人が増えればいいなって思って」

社長を務めるＩＴベンチャー「ツヨシオカ」を同年7月、市内で設立した。現在は従業員18人で、市内幸町3に千歳中心街オフィスを置く。主な収入源はウェブサイトの運営と広告代理業だ。18年6月期の売り上げは約1億5千万円。起業時と比べて7割増えた。運営するサイトは健康食品の比較など300を数え、「千歳のことを伝えたい」と観光スポットやイベント情報を発信する「千歳市まるわかりガイド」も立ち上げた。

札幌生まれ、釧路育ち。子供のころからネットに興味を持ち、高校時代はホームページの作成支援などのサイトを200以上も開設した。「ＩＴ関係で新しいことを学べそう」と05年、千歳科技大に進み、光ファイバーの技術を学んだ。

大学3年の秋、知人の勧めで若者の奉仕団体「千歳ローターアクトクラブ」に加入した。絵本の読み聞かせや盆踊り大会への参加を通じて地域に愛着を感じるようになり、「パソコンとネットさえあれば、どこでも仕事はできる」と千歳での起業を決意した。

ＩＴの世界は浮沈が激しく、アクセス数が減れば、サイトの維持も難しい。「まるわかりガイド」も更新停止中だ。だが、吉岡さんは「千歳は空港があって人口が増え、まだ伸びしろがある。起業する仲間が増えれば、もっといろんなことができる」。地元の経営者を紹介するサイト、副業の仕方を伝授する講座の開催…。次々と湧くアイデアを今後実現させて「千歳を活性化させたい」と前を向く。

千歳中心街オフィスで。インターネットでのやりとりや各地の取り組みをヒントに「千歳で行いたいアイデアを膨らませています」と語る吉岡毅さん

「地域に根ざし、愛されるイベントっていいですよね」と話す落合信也さん。
恵み野商店街で2018年7月に開かれた「晩めし市」で

［恵庭市・北広島市］

住み働き地域に根付く

恵み野商店会副会長　**落合信也**さん
竹内農園代表　**竹内巧**さん

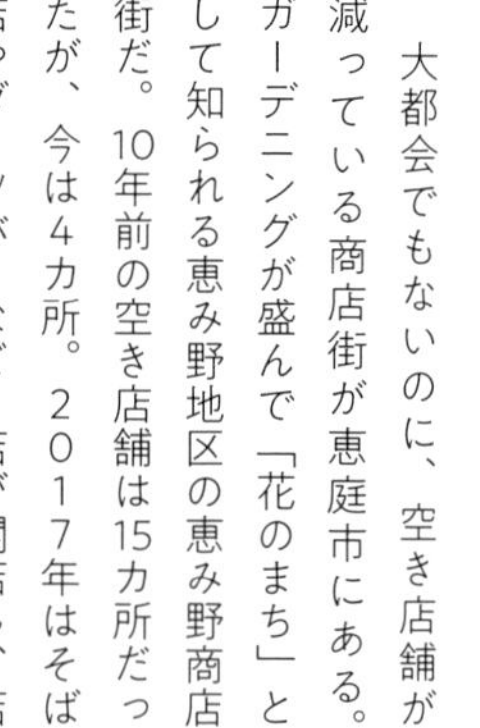

若手が新風呼ぶ

大都会でもないのに、空き店舗が減っている商店街が恵庭市にある。ガーデニングが盛んで「花のまち」として知られる恵み野地区の恵み野商店街だ。10年前の空き店舗は15カ所だったが、今は4カ所。２０１７年はそば店やダーツバーなど5店が開店し、店主らでつくる「恵み野商店会」の加入店は70店となった。

市内の人口は微増だが、少子高齢化は進む。商売にとってはプラス要因ばかりではない。なぜ、店が増えるのか。3年前から商店会副会長を務める落合信也さん（42）は言う。

「まちを盛り上げようとする若手商業者に共感し、ここで住みたい、開店したいと思う同年代が集まってきているのかも」

自らも日高管内新ひだか町出身の「よそ者」だ。静内高卒。同町で旅館と障害者の就労支援事業所を営む実家を手伝っていた。新天地を求めて「故郷から遠くなく、まちの印象が良い」からと恵み野を選んだ。「障害者が働ける場を」と6年前、就労支援事業所を開いた。

１９８０年代に宅地開発が本格化した恵み野は人口約1万3千人。商店街に変化が生じたのは２０１３年だった。商店会の年配の理事が高齢化や活動のマンネリ化を理由に退任した。「ならば自分たちの手で」と若手商業者が奮い立ったのだ。

現理事は11人中10人が30～40代。若い感覚で生み出したアイデアを実現させてきた。ゆるキャラ「めぐニャン」を制作して会員制交流サイト（ＳＮＳ）で使ったり、住民らが憩う庭園36カ所を歩道上に備えたり、飲食店に限らず商店街の店主が軒先で得意の料理を売る「晩めし市」を始めたり――。

それぞれの得意分野で「楽しみながらやる」のが会の方針。気負わずに自ら動く若手に年配の商業者も協力し、まちにあふれる活気が移住希望者を引きつける。「恵み野を選び、夢を持って出店する人がいる。それって、いいですよね」。そう言って笑う落合さんらの活動はまちの「磁力」となっている。

農業と福祉連携

地域が移住者を受け入れ、新たな取り組みが根付く事例は北広島市にもある。同市島松の竹内農園では18年7月末から、市内の福祉施設の知的障害や精神障害のある人たちがインゲンを手作業で収穫している。農業と福祉をつなぐ「農福連携」の現場だ。農園代表の竹内巧さん（38）は新規就農して5回目の夏を迎えている。「地元の障害者にやりがいを持ってもらえる。自分の天職だと思っています」

農園の社員は巧さんと妻の愛さん（35）の2人。約2・5ヘクタールの畑で15種類の野菜を育てている。野菜も手作業が多いものを選んでいる。肥料をまいたり、畑に苗を植えたり、重さを量ったり…。障害のある人たちが作業を手分けする。春から秋までの年約200日出荷している。

巧さんは網走生まれ、札幌育ち。小樽商科大を卒業後、静岡県の大手二輪車メーカーで働いた。転機はインド駐在で地元社員とインドに適した製品を開発したこと。「地域の人と働き、一つのものを作り出す」。故郷に戻って働くヒントを見つけたと感じた。

そこから問い続けた。「北海道の強みは」「地域に根ざし生活する人たちは」――。障害者を農業の担い手として迎える道にたどり着いた。インド駐在を終え、会社を辞めた。農作業を取り入れている社会福祉法人「札幌この実会」（札幌）を経て、新規就農支援に取り組む道央農業振興公社（恵庭）の研修生となり、恵庭の余湖農園で11年から経験を積んだ。14年春に今の土地を借りた。

竹内農園で働く人は変わることもあり、障害の程度もさまざまだ。2人が作業をせかすことはない。「足りない分は自分たちがやればいい」との思いからだ。札幌この実会の同僚だった愛さんは障害がある人に作業の仕方を助言する。巧さんは「夫婦でも農福連携」と言う。

18年8月3日に農園を視察した天皇、皇后両陛下からの質問に「将来は高齢者にも働いてもらいたい」と話した。19年は冬に袋詰めなどの作業ができるよう、花豆の作付けを増やす予定だ。

妻の愛さん（右）と花豆の花が咲く畑を歩く竹内巧さん。障害のある人やお年寄りとともに働く、地元に根ざした農業を目指している

［北広島市］

野球で笑顔に 高まる思い

北広島市企画財政部長 **川村裕樹**さん
北広島商工会青年部 **佐藤昌史**さん
「ウイン北広島」副主将 **小笠原大晃**さん

幸せになる場所

泥だらけで白球を追う日々――。北広島市企画財政部長の川村裕樹さん（48）は幼いころを思い出す。この情熱を今、北広島が建設候補地になったプロ野球北海道日本ハムの新球場を含むボールパーク（BP）構想の実現に注ぐ。「ただの野球場ではなく、みんなが幸せになる場所。新たなまちづくりの核にしたい」。市役所5階のテラスで候補地を眺めながら願う。

札幌出身で小学1年の時、父親がコーチだった札幌の野球少年団に入った。1988年夏、南北海道代表の札幌開成高の4番として甲子園に出場し、89年に当時の広島町役場に入った。これまでに役場の軟式野球チームの主将、野球少年団のコーチや監督を務めたことがあり、野球は身近な存在だ。

企画財政部次長だった2015年、市が財政難で08年に整備事業を凍結した「きたひろしま総合運動公園」予定地約36・7ヘクタールの活用に動いた。十余りの企業や団体を回った。その一つが日本ハム球団だった。

当初考えていたのは野球場の整備と日本ハム2軍戦の誘致。ところが、球団から聞いたのは新しいBP構想。上野正三市長に相談したところ、「前向きに情報収集を」と指示を受けた。18年3月に候補地となった。

球場は23年開業の見通しで、球団は事業計画を策定している。市にとっては民間の力を取り入れた大きな計画だ。18年8月1日まで市内5カ所で市が開いたBP構想の説明会で、BP推進室長でもある川村さんは説明役を務めた。市民からは歓迎の一方、道路の渋滞などへの懸念も寄せられた。「丁寧な説明を重ねるのは私たちの仕事」と話す。

仕事が壁にぶち当たった時、BPで笑顔になった家族連れが帰宅する場面を思い描き、気持ちを奮い立たせる。建設は年内に正式に決まる予定だ。全力を尽くし、その時を待つ。

地元から後押し

「BPのイメージを形にしてみよう」。北広島商工会青年部は18年7月下旬、こう呼びかけた紙を市内のイベント会場に置いた。子どもに絵を描いてもらうためだ。発案は札幌の音響会社で働く北広島在住の佐藤昌史さん（38）。「どんなBPがほしいのか。地元が考えるきっかけにしたかった」

北広島市役所5階のテラスで。建設候補地の「きたひろしま総合運動公園」予定地（左奥）を背に「野球が盛んな北広島はボールパークができる素地がある」と話す川村裕樹さん

十勝管内足寄町出身で足寄高では野球部。前に勤務した音響会社では札幌ドームでの野球中継に携わった。環境の良さにひかれ、12年に妻の実家がある北広島市に引っ越した。地域を盛り上げたいと青年部に入った。

青年部にはBPの関連商品をつくり、マチを活性化しようという機運が出てきたが、市民の関心はまだ低いと感じている。「市民にとっていいBPができるよう地元から後押ししたい」

北広島商工会前で立つ佐藤昌史さん。よりよいボールパークとするために何ができるのか。問い続けている

人々の熱意 力に

18年8月25日早朝、社会人野球チーム「ウイン北広島」副主将の遊撃手小笠原大晃さん（24）は市内の練習場でノックを受けていた。練習は毎週水、土曜日の午前4時半から2時間。その前に自主練習もする。「練習はうそをつかない」

市内の若葉小（現双葉小）で野球を始め広葉中に進んだ。札幌日大高主将だった12年夏の南北海道大会は準優勝で、夏の甲子園出場にあと一歩届かなかった。進学した日大野球部ではプロ入りした選手の控えだった。

「大学卒業後も野球を続けたい」。その思いで道内の企業チームの入団テストを受けたが、願いはかなわなかった。

「野球は諦めた方がいいのか」と悩んでいた時、ウイン北広島の中村薫監督と知り合い、入団を決めた。市内の社会福祉法人北ひろしま福祉会に就職した。

ウインで感じるのは北広島の人たちの野球への熱意だ。声をかけてくれる友人や知人。職場の理解を得ながら、練習や試合をしている。

18年は全日本クラブ野球選手権の道予選で7年ぶり6度目の優勝を果たし、全国大会に出場する。北広島が注目を集める中での舞台。「ウインの実力を示し、全国に『北広島は野球のマチ』と売り出したい」。チームの思いは一つだ。

札幌市北区での練習試合の後で。「副主将となり個人よりもチームを見渡せるようになった」と話す小笠原大晃さん

第5章　支え合い、共生する

道北の中心・旭川には、ハンディキャップのある人々と支え合い、笑顔で暮らす人たちがいる。難病の若者の1人暮らしを支援する仲間や、障害者スポーツに情熱を注ぐ指導者、障害を超えて一緒に働く方法を追求する専門家らを紹介する。
（２０１８年７月６日～27日掲載）

旭川で支え合う

［旭川市］

難病の昇兵　囲むチーム

下田昇兵さん、**芝山正広**さん、**藤田大**さん、**本間健司**さん、**五十嵐真幸**さん

２０１８年６月下旬の夕方、ＪＲ旭川駅から徒歩10分ほどの市営住宅の一室に、鍋の具材を手にした男たちが次々と集まってきた。「お、髪形変えたな」「名前の読みが同じイケメン俳優（三浦翔平）を意識したんだってさ」

弾む会話の中心には車いすに座ってほほ笑む若者。この部屋の主、下田昇兵さん（30）だ。13年前、徐々に運動機能が奪われる難病・脊髄小脳変性症と宣告された。歩けなくなり、立てなくなり、今は言葉も発せられない。それでも、自分らしい生き方を求め、１人暮らしを続ける。共に鍋を囲んだ4人をはじめとする支援者たちの力を借りて。

出会いは９年前

「本当にすばらしいチーム」。そう話すケアマネジャー藤田大さん（31）は旭川市障害者総合相談支援センター「あそーと」の相談支援専門員。１００人ほどの障害者から、さまざまな悩みの相談を受けつつ、下田さんらのケアプラン作成も行う。下田さん宅には毎日5回程度、ヘルパーや看護師が訪問。「できることを精いっぱい楽しめるよう、みんな力を合わせて考えてくれるんです」（藤田さん）

下田さんと出会ったのは9年前だ。当時は旭川福祉専門学校を卒業し、礼文島の高齢者施設で働いて3年目。自ら志した福祉の道だったが、行き詰まりを感じていた。「失敗ばかり。ちょっと目を離した時に入所者がつまずき、けがをさせてしまったり」。自信を失っていった。

旭川に帰省した時、骨形成不全症で車いす生活をしている友人の五十嵐真幸さん（32）に「おもしろいやつと知り合ったんだ」と下田さんのことを教えられた。五十嵐さんとは専門学校時代に参加したボランティアで出会って以来の仲間だ。当時、下田さんが暮らしていた上川管内当麻町の家を一緒に訪ねた。

下田さんは、まだ伝い歩きならでき、ゆっくりであれば話すこともできたが、「引きこもりがちでね」と五十嵐さん。徐々にむしばまれる自分の体を受け入れられずにいた下田さんを、旭川夏まつりに連れ出した。通常のみこしにタイヤ付きの土台を備えた「ユニバーサルみこし」を共に〝担ぐ〟ためだ。車いすの人、視覚障害者、知的障害者…。１００人余りがみこしを囲み、藤田さんも休みを取って加わった。「自然に、一緒に、楽しむ。これでいいんだ」。肩肘を張り、失敗を素直に認められない自らを恥じた。

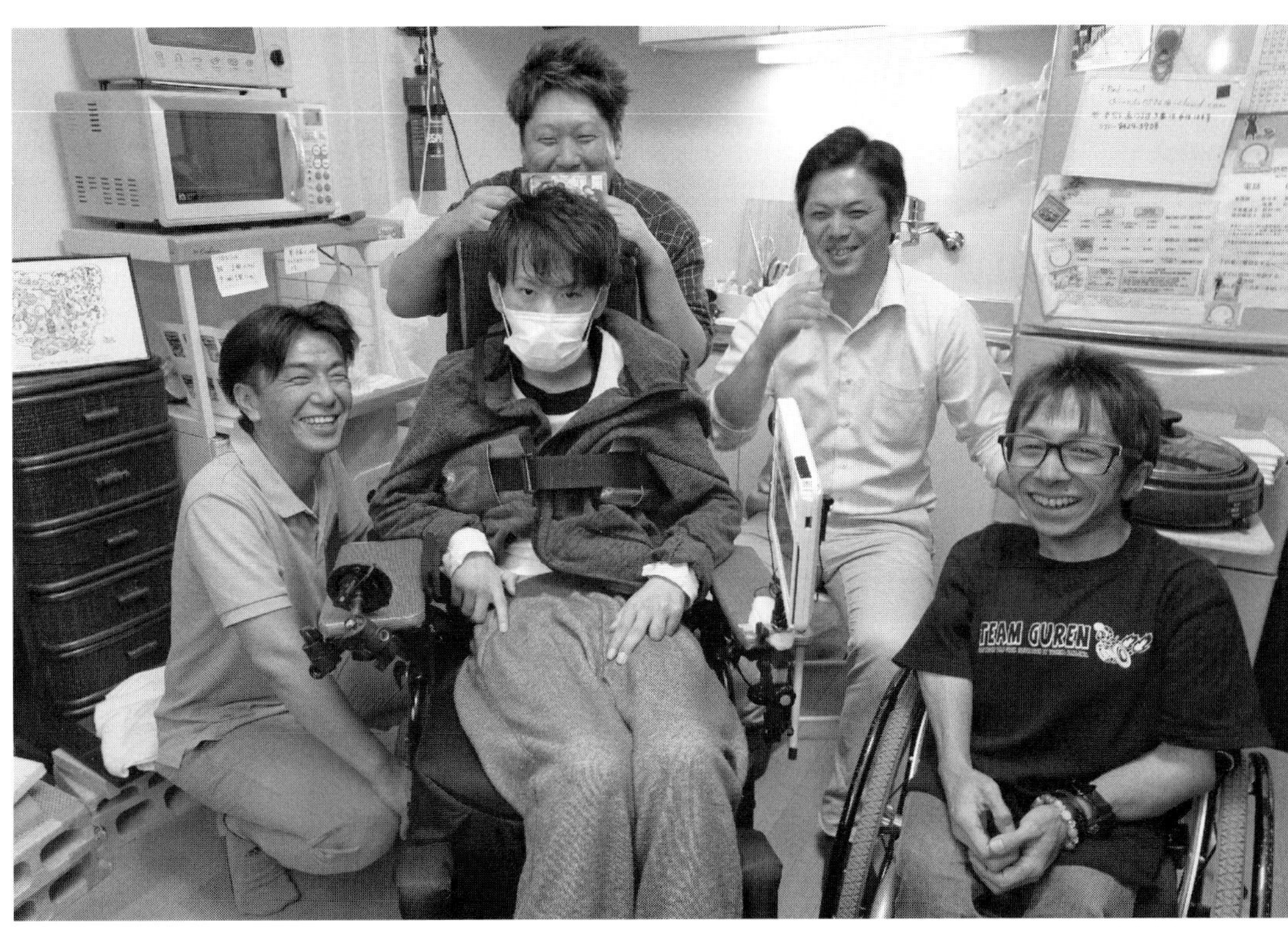

下田昇兵さん（前列左から2人目）の自宅に集まる支援者たち。左から芝山正広さん、藤田大さん、本間健司さん、五十嵐真幸さん

料理に情熱　今も

しばらくして下田さんは、五十嵐さんの誘いもあり旭川に引っ越した。間もなく支援を担当したのがヘルパーの芝山正広さん（43）。下田さんは最初、介助に対し遠慮がちだったが、芝山さんが、スプーンを逆手でしか持てず苦労する下田さんの手からスプーンを取って「この方が楽だよ」と食べ物を口に運んであげると、素直に口を開いた。

電子レンジと炊飯器で簡単にできる料理を集めた「UDレシピ本」

芝山さんは時々、料理も手伝った。下田さんにとって料理は欠かせない生活の一部。同じ病気に苦しんだ亡き母を助けようと6歳から台所に立ち、高校時代に居酒屋でアルバイトした時は途中から厨房（ちゅうぼう）を任された。

今も料理に情熱を注ぐ。火を使わず、電子レンジと炊飯器だけで「だれでも安全に作れるメニュー」の開発だ。わずかに動く右手で電子文字盤を操作して材料や作り方を記す。16年8月、大勢の支援を受け「UD（ユニバーサルデザイン）レシピ本」として出版。今は2冊目の出版を目指し準備中だ。

18年5月に仲間たちが開いてくれた誕生会で、下田さんは電子文字盤を操った。「ひとりでは　なにもできません　ありがと」

「それは僕も同じだよ」。ヘルパーの本間健司さん（30）が答えた。仙台の事業所で働いていたが、大学の先輩に誘われ16年、旭川の有料老人ホームを営む会社で訪問介護事業所を立ち上げた。17年春から下田さんのヘルパーに加わり、支え合う仲間たちと知り合うことができた。「このつながりをつくってくれたのは、下田さんだよ」。笑い声が部屋にこだました。

［旭川市］

パラ競技　市民巻き込む

「RBC000」副会長　**炭本麻美**さん
旭川パラスポーツ協議会代表　**今野征大**さん
「COM泉屋」の経営者　**泉谷昌洋**さん

長男が生き生き

Tシャツの女性が体育館の床を笑顔で指さし、子どもたちに呼び掛けた。「あそこに投げてみようよ。大丈夫、できるよ」

競技は「ボッチャ」。赤と青の球を白い目標球めがけて転がす重度障害者向け球技だ。リオパラリンピックの日本チームの活躍で知られるようになった。

炭本麻美さん（46）は、ボッチャを市民みんなで楽しむRBC000（レク・ボッチャクラブゼロゼロゼロ）の副会長。旭川市障害者福祉センターで月2回開かれる障害者スポーツ教室などで体験会を開く。車いすバスケットボールや視覚障害者の卓球・サウンドテーブルテニス、ウレタン製ボールの野球エコロベースなど、旭川はパラスポーツが盛んだ。「だからこそ、もっと市民が関わるようにしたい。ボッチャは人に優しい競技。子どもも高齢者もできる」

炭本さんがパラスポーツに携わる契機は4年前。自閉症と診断された小学生の長男が「安心して外に出て行ける場所」を探し、車いすラグビーチーム「神威」の練習を見学した。矢島勇作代表（51）に勧められるまま、長男は初めて競技用車いすに座り、「力あるなぁ」と褒められつつ、ゴールを決める機会ももらえた。炭本さんは「人との関わりが苦手な長男が、生き生きしていた。私も救われた」。

炭本さんに神威を紹介した知人の障害者スポーツ指導員田口忠臣さん（55）は2017年2月、障害の有無に関係なく参加できる初の「旭川レク・ボッチャ選手権」を仲間と主催。神威チームで参加した炭本さんに「広く知られるようになったボッチャを実際にプレーできる場をつくりたい」と呼び掛けた。2人は協力し同6月、田口さんを会長にRBC000を設立。炭本さんは副会長に就き、北海道ボッチャ協会の審判講習も受けた。

000の名は旭川を拠点とする他チームにならった。09年に高等特別支援学校卒業生らによるバスケットの社会人チーム「バスケ555」が発足。12年からはサッカーの「FC333」と陸上の「999AC」が各種大会へ参加している。

目標がプラスに

999AC監督で旭川パラスポーツ協議会代表の今野征大さん（47）は、空知管内雨竜町の雨竜高等養護学校の体育教師。555にも立ち上げ時から携わる。きっかけは、前任地・上川管

ボッチャの楽しさを伝える。車いすラグビーチーム「神威」の練習前の時間を使って子どもたちとプレーする炭本麻美さん

「1人で黙々と走るのはなかなか難しい。仲間がいるから、続けられる」と話す今野征大さん。旭川市の忠和公園で

内美深町の美深高等養護学校での体育の授業。バスケや陸上を指導した教え子から「卒業後もスポーツを続けたい」と相談を受けた。体を動かす喜びを知ってくれたことがうれしかった。

日体大卒。同管内鷹栖町の鷹栖養護学校時代は、クロスカントリースキーチームのスタッフとして長野パラリンピックに参加。スポーツが自信につながる指導を追求し、999ではランニングコースで平日夜と週末、自由参加の練習を続ける。「家と職場の往復では張り合いがない。『大会に出たい』『靴を新調したい』という目標が生活にプラスに働く」と持論を語る。

車いすに補助具

福祉用具製造販売のCOM泉屋を営む泉谷昌洋さん（42）は、車いす利用者が気軽に運動できるよう、高価なスポーツ用車いすに代わる補助具「快適RACREC」を開発した。普通の車いすに装着し車軸などを付け替えると、両輪がハの字形に傾き、高速で旋回しても転倒しにくいスポーツ用に変身する。

20年ほど前、道東海大芸術工学部旭川キャンパス（14年春に閉鎖）で、卒業研究として車いすでも使いやすいトレーニング機器の開発に取り組んだ。「本当は絵を用いたセラピストをしたかったが、介護士などの資格がないと職に就けないと分かった」。車いす製造会社を経て04年に独立。平昌パラリンピックのパラアイスホッケーに出た三沢英司選手（45）のスレッジ（そり）製作も担当した。

旭川や海外のパラリンピック会場に出没する謎の障害者スポーツ応援団長「ニッポンマン」のマネジャーも自称。ニッポンマンは青地に無数の日の丸が付いた全身タイツを着て、白いマントとサングラス姿。泉谷さんとは決して同時に現れないのが謎と言われるが、「パラスポーツをみんなで応援し、ファンを増やしたい」。

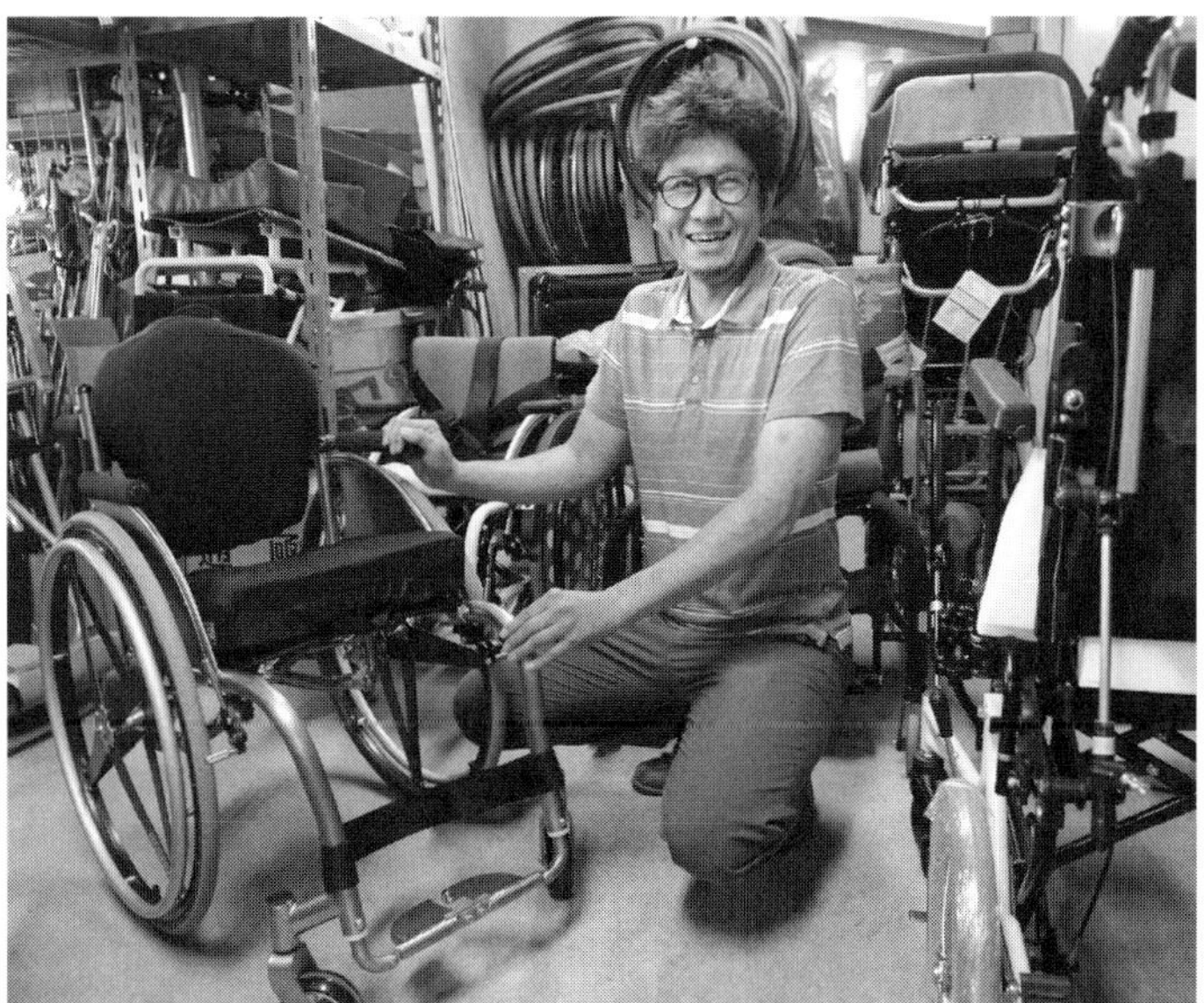

COM泉屋の作業場で。「障害のある人たちがどんどん外に出て行けるような製品をこれからも作っていきたい」と語る泉谷昌洋さん

［旭川市］

「見えない障害」寄り添う

福祉事業所「なつみかん」施設長　**宿村真奈美**さん
地域活動支援センター「きんかん」センター長　**沼田美恵子**さん

就労移行支援事業所「なつみかん」で訓練を見守る宿村真奈美さん。「戻ってきてもいい。一度は会社に就職することが、自信につながる」

番号札、指サック、クリップ――。多彩な品物が入った30段の引き出しが4列並ぶ。注文伝票を手にした男性が、その前に立ち引き出しの一つを開け、透明な使い捨て手袋を取り出した。注文された商品を、種類や数量を間違えずに取り出して仕分ける「ピッキング作業」の訓練だ。

旭川市の新旭川地区のビルの一角にある福祉事業所なつみかん。障害者が模擬会社「オレンジ商事」の社員として、こうした作業や、電卓を使った請求書のチェック、表計算ソフトの入力などを練習する。「会社で働き、お給料をもらって生活する。そんな生きがいを後押ししたいのです」。施設長の宿村真奈美さん（58）が力を込めた。

6年で60人卒業

高齢者の居宅介護を経て障害者施設に勤務。訓練を実施しながらも、現実の就労に結びつかないのが歯がゆかった。「自らやるしかない」。２０１２年、父親から２００万円を借りて就労移行支援事業所を開設した。

中でも力をいれるのが、高次脳機能障害への対応。交通事故による頭部の強打や脳卒中で、記憶や感情をつかさどる脳の一部が損傷したことによる障害だ。「見えない障害」とも呼ばれる。新しいことが覚えられなくなったり、ささいなことで怒り出したりするが「そう違和感なく話ができるので、障害自体に気がつきにくいのです」。

きっかけは、こうした人たちやその家族が集う脳外傷友の会「コロポックル道北」の例会を訪ねたことだった。札幌で家族会を立ち上げた中野匡子さん（79）、篠原節さん（79）の呼びかけで01年に発足。旭川市ときわ市民ホールに毎月集まり、悩みを語り合ってきた。

発足当時から参加する旭川市の主婦（65）は20年前、当時20代後半だった長男が、オートバイで通勤中、交差点で右折車に衝突され昏睡（こんすい）状態となった。目立ったけがはなく、

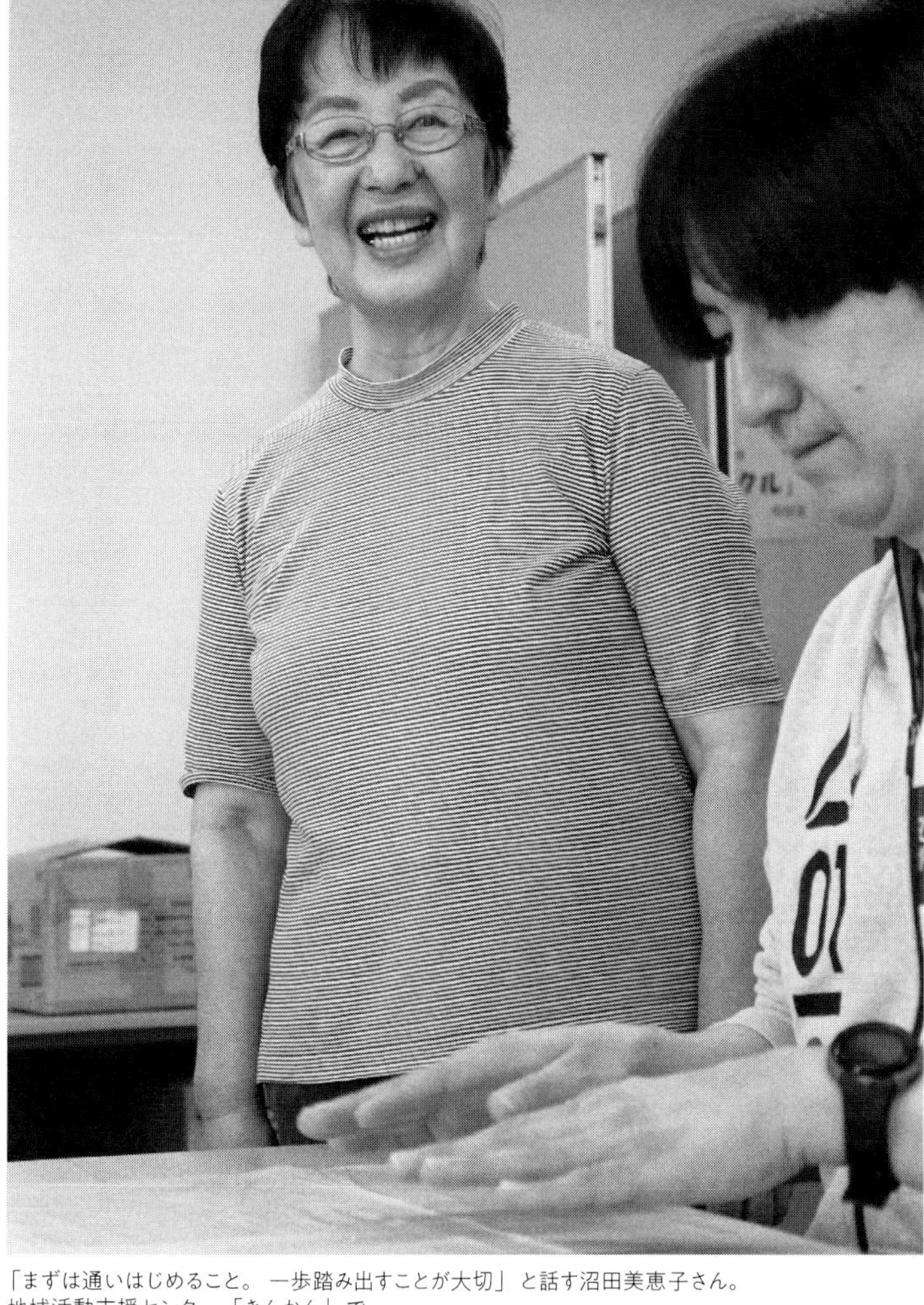

「まずは通いはじめること。一歩踏み出すことが大切」と話す沼田美恵子さん。地域活動支援センター「きんかん」で

半月余りで意識は戻ったが、「穏やかだった性格が、すっかり変わってしまった」。教員を目指して試験を何度も受けたが、記憶力の低下などから、結局は諦めざるを得なかったという。

宿村さんは15年、高次脳機能障害に対応したプログラムをスタートさせた。記憶を埋めるためメモを取る「メモリーノート」を活用したり、ピッキングのような作業を何度も繰り返すことで、紙に書かれた指示を認識する力などを養う。以前は弁当店で働いていた男性は、薄紙を丸めた「米」や布製の「卵焼き」を弁当箱に詰める練習を半年間続け、職場復帰を果たした。

他の障害者も含め、6年間で60人が〝卒業〟した。中には戻ってくる人もいる。会社の理解を得て就職しても、同僚とうまくいかず、うつ病や統合失調症などの精神疾患になる人もいる。「我慢すると悪化する。つらいときに、帰ってこられる場所が必要です」

生活にリズムを

16年、コロポックル道北と共同で、地域活動支援センター「きんかん」を立ち上げた。就労移行支援事業所は週5日通うのが原則だが、体調や気持ちの問題で来られない人もいる。よりきめ細かく対応できる場となるのが、きんかんの役割だ。

センター長で看護師の沼田美恵子さん（70）は「引きこもり状態でも家族と一緒なら外に出られる人もいる」と言う。週1回でも通うことが生活リズムを整えることにつながるという。

20年前、旭川市役所診療所から、市が社会福祉法人に委託して初めて設けた障害者生活支援センターの専任相談員に転身。08年に開設された旭川市障害者総合支援センター「あそーと」の初代センター長も務めた。きんかんの利用者は1日平均2～4人。沼田さんは「少人数だから、細かな配慮ができる」と、利用者の立場に身を置いた見守りを心がける。

宿村さんは18年4月からコロポックル道北の代表に、沼田さんは役員に選ばれた。「高次脳機能障害であるのに気がついていない人が、近くにいるかもしれません」。2人は十分に知られているとは言いがたい障害への理解を訴え、当事者と家族に寄り添い続ける。

［当麻町］

森と育む　障害者の可能性

「くるみなの木遊館」所長　**八鍬明弘**さん
「当麻かたるべの森」　**横井真順**さん

遊具コーナーでは子どもたちが、木のスポーツカーのハンドルを握ったり、木製キッチンでままごとをしたりして歓声を響かせていた。そこからガラス越しに、障害者が、合板のつなぎ目を電動工具で少しずつ削ってなめらかに仕上げていく姿が見えた。木の滑り台だ。その作業を見守る男性が眼鏡の奥の瞳を輝かせ「いずれ、どこかで子どもたちが遊んでくれる品物。作りがいがありますね」と語った。

　JR旭川駅から鈍行で約30分、大雪山系の麓の田園地帯、上川管内当麻町。市街地北東の丘に、2016年に誕生した「くるみなの木遊館」は、3分の2が森林という同町が進める「木育」の推進拠点だ。木製遊具を通じて木に親しむことができ、当麻で暮らす障害者たちが働く木工の作業場も備えている。

くるみなの木遊館で作業を見守る八鍬明弘さん。「（障害者に）高い工賃を出したい。そのためにも良い仕事をしたい」

研究者から転身

同館所長の八鍬（やくわ）明弘さん（57）は町委託の指定管理者の社会福祉法人「当麻かたるべの森」職員。障害者に木工機械の使い方を教え、共に木工品を作る。「当麻中生徒が使う学習机も、ここで加工しました」。材料はすべて町産材。同館で寸法を整えカンナがけし、中学入学前の子どもたちが自ら組み立てた。

　道立総合研究機構森林研究本部林産試験場（旭川）生産技術グループの元研究主幹。北見工大機械工学科を卒業し、メーカー勤務を経て林産試に入り、薄い板を緩やかに曲げて重ね合わせた「湾曲集成材」の製造機械や、木製ガードレールの開発支援にも携わった。

　5年前、地域活性化に向けた研究の一環で、当麻町の廃校跡に木工作業場を設けたことをきっかけに、当麻かたるべの森の人たちと出会った。「森づくりと創作活動で、障害者の可能性を伸ばす理念に魅了された」。木遊館開館の1カ月前、25年勤めた林産試を早期退職した。

当麻かたるべの森は1996年、町内初の知的障害者の共同作業所として誕生。美術の専門教育を受けていない人による創作「アール・ブリュット」(フランス語で「生(き)の芸術」)に力を入れており、道産小麦を使ったパン工房や織物工房に加え、障害者アートの拠点「かたるべの森美術館」も運営する。

中でもユニークなのが法人名でもある「かたるべの森」での活動。同法人所有のカラマツやシラカバが育つ22ヘクタールの森を、障害者とスタッフ合計10人前後の「森林整備班」が手入れする。

個性生かす作業

武骨な前掛けの男性が、積み上げた丸太に腰掛けていた。横井真順(まさよし)さん(44)。2005年に同班を立ち上げ、障害者の親たちが手弁当で行っていた作業の一部を担うようになった。剪定(せんてい)ばさみを使ったササ刈り、スタッフらが切り倒した間伐材の運び出し、その材を使ったまき割りなどを手がけてきた。「狭い屋内で働くより、外に出るほうが好きなメンバー(障害者)もいる」。一人一人の個性に応じた作業を組み立てる。

道東海大芸術工学部(旭川)を卒業した1996年、上川管内剣淵町の障害者授産施設の施設長だった父寿之さん(73)=現かたるべの森理事=に誘われ、かたるべの森の「スタッフ第1号」となった。福祉を学んだことはなかったが、高校まで暮らした剣淵では「家に常時、施設の人たちが遊びに来ていた」。障害を意識せず、ごく自然に接することができた。

2003年にいったん退職し、ニュージーランドに10カ月滞在。アウトドアスクールにも通い、環境教育を学んだ。「(障害者と)一緒に森で活動したい」。準職員として復職後、森林整備班をつくるとともに、ロープを使った木登りや、冬はかんじきで森を散策するようになった。借りてきたポニーでの乗馬体験や、森を出て近くの川でカヌーを浮かべたりもしてきた。

18年3月末で準職員を退職。同法人から森林整備の仕事を請け負いつつ、地域に開かれた森のあり方を模索している。障害のある人たちがもっとアウトドアを楽しめる仕組みを作りたいからだ。「余暇の充実は仕事にもプラスになる。もっともっと生き生きと暮らせる」

「人工林は畑と一緒。手入れをして、もっとマチの人たちも一緒に楽しめる森にしていきたい」と話す横井真順さん。当麻町のかたるべの森で

札幌・災害と向き合う

災害が相次いでいる。観光客誘致や冬季五輪・パラリンピック招致を進める札幌で、防災・減災対策は避けて通れない課題だ。道都で災害と向き合う人々を追った。
（2018年11月17日～12月1日掲載）

［札幌市］

研究成果を社会に還元

北海道科学大教授 **宮坂智哉**さん、助教 **鴨志田麻実子**さん
北海道総合地質学研究センター理事長 **前田仁一郎**さん

避難器具商品化

「研究を研究だけで終わらせるつもりはない。成果は実社会に還元したい」。この言葉通り、北海道科学大（札幌市手稲区）理学療法学科教授の宮坂智哉さん（54）が開発に携わった避難器具は2019年春、商品として世に出る。車いすに人を乗せたまま、介助者1人で階段を下ろすことができる装置だ。

避難器具に車いすを取り付け、後ろから押すと、走行用ベルトがゆっくりと回り、段差を下っていく。車いすから乗り換える必要はなく、電気も使わない。道科学大と札幌市消防局、埼玉県の福祉防災機器メーカーが連携し、「ありそうでなかった」という商品ができた。

釧路市音別町生まれ。埼玉大理学部を卒業し、企業の研究職に就いた。バブル崩壊後に働き方を考え、「人の役に立ちたい」と32歳で札幌医科大理学療法学科へ。理学療法士の資格を取り、同大学院を経て、08年に千葉市の植草学園大准教授になった。

転機は12年、同級生との居酒屋談議。「高齢者施設で火災が起きたら、どう避難するの」。旧友の問いかけに、はっとした。避難時の介助は「臨機応変に」といわれるだけで具体的な方法はほとんど決まっていない。理学療法士として無力だ、と悔しかった。

13年に北海道工業大（現道科学大）教授となり、札幌市消防局と高齢者施設を調査した。16年に産官学での避難器具の開発に着手。「軽量化」と「低コスト」など相反する課題に折り合いをつける時には、研究者魂を消し、調整役に徹した。世に送り出すことこそ、大事と思うからだ。

やりたいことはまだある。寝たきりの人の避難にかかる時間などを数値化することも一つ。「介助の限界を科学的に示せば、職員を増やしたり、器具を導入したりする基準になる。備えの必要性に説得力が生まれる」

同じ学科で宮坂さんの研究に協力してきた助教の鴨志田麻実子さん（37）は、津波や水害時を想定し、足が不自由な人を上の階へ運び上げる方法を探る。

札幌生まれ。「人と関わりたい」と札医大理学療法学科に進んだ。卒業後は理学療法士として11年間、市内の病院で働き、15年に道科学大に移った。一刻を争う災害時、人が人を引き上げるという難題。宮坂さんから「若いあなたに」と託され、「まだ誰もやっていないなら、やってみたい」と前を向く。

2人は言う。「高齢化が進む札幌は、日本の都市の縮図。積雪寒冷という厳しい条件が加わるこの土地だからこ

そ、災害弱者の避難を考える意味がある」

地質学んで対処

専門性を生かし社会貢献を――。北大大学院理学研究院の元准教授、前田仁一郎さん（67）も同じ思いを抱く。16年3月、大学や企業などを退職した地質研究者に呼びかけ、NPO法人北海道総合地質学研究センターを立ち上げた。会員は徐々に増え、現在は理事長の前田さんら25人になった。

18年5～9月には「地形・地質から北海道の自然災害を考える」をテーマに市民公開講座を6回開いた。「地質を学び、備えておくべきだ」との思いで、計約160人に災害のメカニズムや対処法を伝えた。

「風変わりで変人」を自称する。教え子には「教科書が正しいとは限らない。警戒を怠るな。そこから研究のヒントが得られる」と指導した。

今の災害対応にもどかしさを感じている。情報を読み取りづらいハザードマップは「もっと見やすくできる」。胆振東部地震では、土砂崩れや液状化の被害を受けた住民が「住み続けても大丈夫か」と不安を抱いた。その声に応えるため、市民と行政をつなぐ役割を専門家として果たせないだろうか。「退職し、何のしがらみもないのが強み」。気づいたことを形にしようと、走りだしている。

北海道科学大のキャンパスで。開発に携わった車いす用の避難器具の後ろに立つ宮坂智哉さん（右）と、車いすに座る鴨志田麻実子さん

札幌市西区の自宅近くで語る前田仁一郎さん。誰もが自分の住む地域の地質や地形を知り、防災に役立ててほしいと願う

〔札幌市〕

若者が社会を揺さぶる

NPO法人「エゾロック」代表理事 **草野竹史**さん

樹木医 **崎川哲一**さん

札幌市中央区の中島公園近くの事務所で語る草野竹史さん。オープンスペースは若者たちが集い、いつもにぎやかだ

つながり 力に

リズムが腹の底に響く。英国のロックバンド「クイーン」の名曲「ウィ・ウィル・ロック・ユー」。おまえの心を揺さぶってやるぜ、と歌う曲を聴くたび、草野竹史さん（38）は思う。そう、大事なのはロック。「心揺さぶられた時、人も社会も動く」

道内の社会人や学生約300人が所属する札幌市のNPO法人「エゾロック」代表理事。胆振東部地震の2日後には、若者たちと被災地に入り、ボランティアセンターの立ち上げや子どもの遊び場の設営を担った。いち早く動くことができたのは、地震の前から、胆振管内厚真、安平、むかわ3町の団体や人々と交流があったからだ。

エゾロックの活動の特徴は、道内各地の団体に若者を送り、地元と連携して地域課題に取り組むこと。災害が起きれば被災地支援に集中する。「あの人、大丈夫だろうか」。なじみの顔を脳裏に浮かべ、復興に寄り添う。担い手不足に悩む地域と若者をつなぐ、新たな仕組みを構築しつつある。

草野さんは札幌生まれ。環境問題を解決したいと酪農学園大（江別市）に進学したものの「答えは誰も教えてくれない」と壁にぶつかった時代もあった。

大学3年の時、石狩湾新港の野外音楽祭「ライジングサン・ロックフェスティバル」にごみ拾いのボランティアで参加したことが人生を変えた。「おまえの一生、ごみ拾いで終わっていいの」。野外フェスの環境対策の第一人者、羽仁カンタさんからの言葉だった。「自分じゃない、ポイ捨てする人の行動を変えるんだ」と教わった。

来場者自身がごみを分別する仕組みを進めていくと、数年後には会場のあちこちにあったごみの山が消えた。「社会って、変えることができるんだ」

東日本大震災以降、活動の根っこにあった「いつものつながりが、いざというときの力に」との思いは、今回の地震でより強くなった。既存の仕組み

をどう変えていくか。社会を揺さぶるロックの精神で、仲間と歩み続ける。

樹木医として

同じエゾロックで活動する崎川哲一さん（27）は、道内最年少の樹木医として、まちを見つめる。今気になっているのは、子どもの遊び場や学校に植えられた樹木の安全管理だ。校舎や遊具を点検するのと同じように、地震や台風で倒れることがないか点検していくべきではないか。胆振東部地震の被災地でもそんな声をたくさん聞いた。

石川県生まれ。中学時代、家族で屋久島（鹿児島）を訪れ、縄文杉の生命力に圧倒された。巨木を守る樹木医の仕事に憧れ、北大農学部森林科学科に進学。松枯れなどの被害を研究した。北大大学院2年の時、一度は林業に携わる企業3社の内定を得たものの、企業が掲げる理念と利益追求の現実との間に「ずれ」を感じ、全て辞退してしまった。

札幌市中央区の円山公園を訪れる崎川哲一さん。木があれば立ち止まって見入ってしまう。樹木医として「木と人をつなぎたい」と考える

「これから、どうしよう」と草野さんに相談すると、大笑いした後に「一緒に仕事つくってみるか」。学生時代から関わっていたエゾロックに2016年に就職し、子どもの頃からの憧れだった樹木医の資格も取得。18年7月には、道産木材を使った子ども向けの知育玩具を製造販売する合同会社を立ち上げた。

「森林」と「子ども」は、崎川さんの中で分かちがたく結びついている。

きっかけは12年。北大の先輩に誘われ、東日本大震災で被災した福島県の子どもを受け入れる事業「ふくしまキッズ」にボランティアとして参加した時だ。幼い子どもたちが当たり前のように「放射能」という単語を発する光景を見て、次世代にツケを回している気がした。

林業の世界では、世代を超えて物事を考える。自分が木を切れるのは先々代のおかげ。木を植えるのは孫のため。「人は、木と関わることで次世代に思いを巡らせるようになる。森林とうまく付き合える社会は、持続可能な社会の一つの答えではないか」。そう思い至った。

樹木医としてできることはたくさんある。今は確信している。

［札幌市］

共生 復興 見守り続ける

障害者向けヘルパー派遣事業所代表 **中手聖一**さん
「3・11サッポロシンポ」実行委員長 **金栄知子**さん

障害者を支える

海を越えよう、未練を断ち切るために——。2011年の東京電力福島第1原発事故で、中手聖一さん（57）が福島からの避難先を札幌に決めた理由の一つだ。事故が起きた時は働き盛りの50歳。積み重ねた信頼と、いくつかの成功体験。さらに新たな挑戦を、と意欲にあふれていた。

福島県いわき市で生まれ、高校を出て福島市へ。小さな作業所を運営する障害者団体で働き始めた。それから約30年。団体は徐々に規模が大きくなり、障害者自立支援センター「ILセンター福島」として、県内の福祉をけん引する存在になった。バリアフリー住宅の運営、夜間のヘルパー派遣、軽犯罪を重ねる障害者の支援。中手さんは副所長として奔走した。

世界を一変させたのは東日本大震災。避難所に身を寄せた障害者らが「ここで特別扱いはできない」と突き放される場面に直面した。「障害のあるなしにかかわらず、みんな同じように避難できなければ」。そう考える人は驚くほど少なかった。

「介助の仕事は、広くいえば人権を守る仕事だ」と言う。例えば介助によって、車いすで生活する人の活動範囲が広がる。「制限」を減らす手伝いだ。災害時には誰もが今まで通りの暮らしができなくなる。プライバシーを確保できない避難所暮らしも、「仕方ない」という言葉で思考停止したくない。障害者の仲間から教わった。

札幌市の厚別区民センターで。人工呼吸器を付けた障害者の外出を介助する中手聖一さん。誰もが等しく地域で生きられる社会を目指す

12年に家族で札幌市に移住。13年には厚別区で、障害者向けのヘルパー派遣事業所を立ち上げ、同郷の仲間も加わった。順調な再スタートを切ったように思えた。だが、なぜか意欲が湧かなくなった。

16年3月、札幌で東日本大震災を考えるイベント「3・11サッポロシンポ」に招かれた時のこと。福島に残るかつての仕事仲間と対談し、本音があふれた。「何やってもだめなんだ」。弱音を吐き合う対談だった、と自嘲する。でも吹っ切れた。「故郷を捨てたんだなあ」

18年9月の胆振東部地震では、札幌で福祉避難所の情報が公表されないなどの課題が浮き彫りになった。大震災の経験がよみがえった。自らの蓄積を「札幌の若い仲間に伝えたい」。ゆっくりと、人生がまた動き始めた。

札幌市中央区の市民活動プラザ星園で語る金栄知子さん。
仲間たちの活動を伝える「場」をつくりたいという

この町で生きる

もし自分の暮らす町が災害で失われたら、その後の復興は、人生は、どうなるだろう。中手さんも参加した「3・11サッポロシンポ」を14年から毎年企画する実行委員長の金栄（かなえ）知子さん（51）は「わがこととして考え、誰もが暮らしやすい未来をつくりたい」と願いを込める。

思いもよらない人生だ。札幌生まれ。東京造形大を卒業し、神奈川のアンティーク家具工房で働いた。札幌に戻り、求職中に東日本大震災が起きた。真っ先に思ったのは阪神大震災。あれほどの災害からどう復興したのだろう。思い出せない。関心を持たずに生きてきた自分にがくぜんとした。

今度は復興への道のりを見続けたい。そう考えていた11年夏、ハローワークで「北海道NPO被災者支援ネット」（札幌）の求人を目にした。支援したい人と被災者を結ぶ活動。自分にもできるかもしれない、と応募した。

活動するにつれ「平時にできないことは、災害時にもできない」との思いを強くした。被災地の沿岸では巨大な防潮堤の建設が進み、人々の暮らしと海を分断する。被災者は日常生活を取り戻すのに精いっぱいで、合意形成が不十分なままの建設では、と懸念している。「自分たちの町をどうしたいか。災害が起きてからではなく、日頃から考えておかなければ」

サッポロシンポの会場は、札幌市中央区の札幌駅前地下歩行空間。通りすがりの人が足を止め、対談や講演に耳を傾ける。展示した被災地の写真をじっと見つめる。「人が変わらなければ、町は変わらない」。一人でも多く関心を寄せてほしいと、この場所で伝え続ける。

札幌を拠点に、災害に向き合うたくさんの仲間がいる。福祉、文化、環境…。分野や手法は違っても、目指す思いは同じ。だから「いつかきっと札幌は日本で一番、生きやすい町になる」。

白老・ウポポイで共に生きる

胆振管内白老町には2020年4月、アイヌ文化復興拠点「民族共生象徴空間（ウポポイ）」が開設される。アイヌ民族の文化の伝承と発信とともに、差別なく多様で豊かな社会の実現を、白老から――。共生の心を育もうと奮闘する人々を追う。

（2019年6月8日～29日掲載）

［白老町］

アイヌ文化発信 堂々と

アイヌ民族文化財団 **秋山里架**さん、**山道ヒビキ**さん

子どもへ伝承を

テレケ（はねる）、イルシカ（怒る）、ミナ（笑う）――。子どもたちが単語に合わせて体を動かす。アイヌ語を学ぶ紙芝居だ。ウポポイでは子ども向けプログラムが実施される。「子どもは一番大事な文化の担い手ですから」。2019年5月下旬、アイヌ民族文化財団（札幌）の秋山里架さん（33）の笑顔の向こうに、固い決意がにじむ。

秋山さんは18年4月から白老事務所のある旧社台小学校で、このプログラムの準備の中心を担う。アイヌ民族の生活用品を取り入れた「ままごとセット」では、包丁のメノコマキリ（女性用小刀）や食器のニマ（木鉢）など、業者が制作できない道具は自ら作る。「遊びの中でアイヌ文化を感じてほしい。幼い頃に異なる文化を持つことが当たり前と思えば、差別もなくなる」

同管内むかわ町出身。物心がつく前から祖母吉村冬子さん（92）に連れられ、近所の生活館に古式舞踊の練習に通った。フチ（おばあさん）たちの会話にはアイヌ語が交じり、家ではおかゆのことを「サヨ」とアイヌ語で呼んでいた。

忘れられない出来事がある。中学生のとき、好きだと告白されて親しくなった同級生から、突然避けられるようになった。「アイヌの子だからやめなさい、って親に言われたと人づてに聞いた。自分にはどうしようもないことがあるんだと知った」

それでもアイヌ文化と関わり続けた。苫小牧駒沢大で専門教育を受け、11年に町内のアイヌ文化施設の学芸員に。小中学校で出前講座を担当した。「アイヌってまだいるの」と質問する小学生に踊りを見せると「かっこいい」と目を輝かせた。子どもたちの柔軟な理解力に希望を持つようになった。

どうしたら、子どもたちの興味を引く仕掛けができるだろう――。長女（4）が遊ぶ姿を心に留めながら、工夫を重ねる。

舞踊に正面から

建設が進むウポポイから東に4キロ。閉校した旧社台小学校の体育館に若者たちの掛け声と足踏みの音が響く。踊り手の足運びに目を凝らすのは、山道ヒビキさん（30）。ウポポイのステージ公演に向け、舞踊グループ35人を束ねる。中には19年春、新たに加わった19人もいる。

ウポポイでは、サロルンチカプリムセ（鶴の舞）やユカラ（英雄叙事詩）を披露する。アイヌ文化に初めて関わる職員もいて、アイヌ語の発音の座学から始める。開設まで1年を切り、準備作業は急ピッチだ。「多くの来場者

にとってウポポイが初めてアイヌ文化に触れる場になる」。意欲は尽きない。

日高管内平取町二風谷出身。幼い頃は家族とのホリッパ（輪踊り）が当たり前だった。しかし、思春期に入ったころから、「誰もアイヌに注目しない。自分たちの文化は遅れているのでは」と思うようになった。恥ずかしくて下を向いて踊った。

二風谷を離れ、名古屋のファッションビルで働いていた19歳のとき、知人と見学した札幌の「先住民族サミット」で、同年代の若者がクリムセ（弓の舞）を堂々と踊っている姿に衝撃を受けた。踊りの完成度ではなく、アイヌ文化に真正面から向き合う姿勢がかっこよかった。

「自分たちの文化は恥ずかしくないものだということを確かめたい」と伝承者を志した。白老町で実施していた担い手育成事業で3年間学び、町内のアイヌ民族博物館に就職。18年4月からは財団に移った。

ウポポイで披露する舞踊のため、大正時代に撮影された映像などを参考に踊りを検証する。独特の間や地域ごとに異なるステップの踏み方に戸惑う新人も多いが、グループ一丸となって演目を作る。

「共にアイヌ文化と向き合う仲間がいる」。もう下は向かない。

アイヌ民族文化財団の白老事務所で。ウポポイの子ども向けプログラムを準備する秋山里架さん。「アイヌ民族に対する世の中の考え方を変える後押しをしたい」

◇民族共生象徴空間◇

国が胆振管内白老町のポロト湖畔に整備するアイヌ文化復興の拠点。道内初の国立博物館となる「国立アイヌ民族博物館」、古式舞踊を披露するホールや伝統的なコタン（集落）を再現する「国立民族共生公園」、各大学などが保管するアイヌ民族の遺骨を納める「慰霊施設」からなる。総工費は約200億円で、国は年間来場者100万人を目標に掲げる。2020年4月24日オープン予定。愛称ウポポイ。

真剣なまなざしで古式舞踊を指導する山道ヒビキさん。白老町の閉校した小学校の体育館で

【白老町】

移住者 来日客に魅力発信

外国人観光客向けの体験ツアー業 **林啓介**さん、**オルガ**さん
ホステル「haku」経営 **菊地辰徳**さん

体験ツアー好評

「白老特産のシイタケは、分厚くて立派でしょう」。２０１９年5月中旬、胆振管内白老町のスーパーの野菜売り場。町内で暮らす林啓介さん（37）、オルガさん（34）夫妻はショッピングカートを押しながら、マレーシアの観光客3人に英語で語りかける。買い物の後、みんなで林さん宅の台所で料理する。サクラマスの塩こうじ焼きやシイタケの天ぷら、ギョウジャニンニクのみそ漬け…。地元の恵みを生かした料理を囲むと、会話が弾む。

18年夏、町民の食事を味わえる外国人観光客向けの体験ツアーを始めた。道内有数のブランド牛「白老牛」や魚介類など食材に恵まれた土地。「自分たちで魅力を発信したい」と考えた。

啓介さんは岡山市出身で、名産品のネット通販などを手掛けていた。オルガさんはロシア出身のデザイナーだ。夫妻が初めて白老を訪れたのは16年。20年4月のアイヌ文化復興拠点「民族共生象徴空間（ウポポイ）」の開設を控え、新たな観光資源を発掘したいと町に招かれた。白老に魅力を感じ、町の地域おこし協力隊として18年6月、埼玉県蕨（わらび）市から移住した。

オルガさんは日本語での会話がうまくできず、運転免許証もなかった。そんな時、町内会の集まりに参加した。緊張するオルガさんを和ませようと、サハリン生まれのお年寄りがギターを手にロシア民謡を口ずさみ、他の住民も歌い出した。「よそ者を受け入れる

19年5月から始めた家庭菜園で笑顔を浮かべる林啓介さん（左）、オルガさん。今後はハーブも育て、新しい商品の開発を計画している

雰囲気がある」。すぐに地域に溶け込んだ。

　体験ツアーにはこれまで欧州を中心に延べ20カ国・地域の100人以上が参加した。例えば、料理の味付けは砂糖の代わりにハチミツを使う。欧州の人が受け入れやすいように、というオルガさんの工夫だ。

ホステル「haku」で語る菊地辰徳さん。併設されたカフェバーには地域住民が集う

「スーパーでの買い物が楽しい」「住んでいる人と触れ合える」「地元の食材が堪能できる」——。民泊と体験ツアーの仲介サイト運営大手「Ａｉｒｂｎｂ（エアビーアンドビー）」には、1人8千円のツアーに参加者から高評価のコメントが相次いでいる。

　地元産品を売り込む独自ブランドも立ち上げた。規格外のシイタケを酢漬けにしたマリネ、アイヌ民族の木綿衣「ルウンペ」の模様をアレンジした紙袋やトートバック——。目指すのはウポポイでの販売だ。商品開発の参考に、家庭菜園で町内5家族と野菜の栽培も始めた。「白老を好きになってもらうきっかけをつくりたい」。挑戦は続く。

廃業の旅館再生

　先住民族への関心の高い外国人観光客も多い。ＪＲ白老駅前の大町商店街にあるホステル「ｈａｋｕ（ハク）」。廃業した旅館をホステルとして19年4月に再生した菊地辰徳さん（42）はソファでくつろぐ外国人観光客を見つめながら「魅力ある施設にして地域を元気にしたい」と願う。

　千葉県船橋市で生まれた。子どもの頃から自然が好きだった。米国の大学で環境学を学び、現地で環境監査などの仕事をした。25歳で帰国し、東京などで働いたが「自然豊かな場所で暮らしたい」との思いが募り、17年夏に白老に移住。現在は所有する馬3頭の世話をしながら、妻（41）、長女（4）と暮らす。

　大正末期から昭和初期に創業し、07年に廃業した「柏村（かしわむら）旅館」を見つけたのは移住する半年前。講演のため、初めて白老を訪れたときだった。「町のど真ん中の旅館が空いているなんて」と驚いた。宿泊業の経験はなかった。だが、ウポポイから直線距離で約1キロと立地は良い。「勝算はある」とホステルの開業を決意した。約8千万円の改装資金は、友人や商店街関係者の協力を得て集めた。

　木造2階建てで、1泊3500円からのドミトリー（相部屋）2室を含む八つの客室がある。定員は38人で、大型連休には満室になった。ホステルにはカフェバーを併設している。

　名称の「ハク」には旧旅館名「柏村」の「柏」、白老の「白」、真っ白いキャンバスに絵を描きたいとの思いを込めた。「草原の広さに圧倒されて移住した。白老に足を運ぶ人はたくさんいる」。地域の魅力を信じ、フロントに立つ。

［白老町］

観光客呼び込む仕掛け人

漁業　**滝谷栄**さん
水産加工会社社長　**蒲原亮平**さん

ドローンで動画

真っ青な太平洋を望むアヨロ海岸にプロペラ音が響く。２０１９年６月上旬、胆振管内白老町の虎杖浜地区を小型無人機ドローンが舞った。操縦するのは町竹浦の漁業滝谷栄さん（52）。そびえ立つ岩壁の縁を縫うように上昇し、全景をカメラに収める。「ドローンだと切り立った海岸線ときれいな海を一緒に撮れる。動画で見ると海外のリゾート地のよう」と笑う。

アヨロ海岸で、ドローンを使って動画を撮影する滝谷栄さん。
「この絶景を全国の人たちに見てほしい」

生まれも育ちも白老。中学生のころからの無線操縦好きが高じて、ドローンで撮影を始めたのは3年前。町中心部のポロト湖を撮影していると、町民から撮影の依頼を受けるようになった。牧場のPR動画や、地元小学校の地引き網体験授業の様子――。「3分の動画を編集するのに5時間以上かかる。だけどドローンが飛び立った時の、みんなのキラキラした顔が忘れられない」

撮影した2～5分の動画は会員制交流サイト（SNS）の「フェイスブック」と動画投稿サイト「ユーチューブ」で公開。日本の滝百選に選ばれたインクラの滝や、支笏洞爺国立公園の倶多楽湖など豊かな自然をのせると、「北海道らしい風景で憧れる」「行ってみたい」とすぐに数十件のコメントがあり、SNSで拡散される。「町民にとっては当たり前の風景が、ドローンによってこんなにも広まる」

反響の大きさに手応えを感じ、18年5月、全国のドローン愛好家が動画で地域をPRする「ドローンde街おこしプロジェクト」を創設。現在は約370人が参加し、動画投稿数は100本を超えた。うち4割が滝谷さんの撮影だ。

19年4月には、滝谷さんの動画がきっかけで、京都の男性2人が白老に撮影旅行に来た。町中心部にアイヌ文化復興拠点「民族共生象徴空間（ウポポイ）」が20年4月に開設されれば、こうした旅行客も増えそうだ。

夜はカレイ漁に出ながら、週1回、昼間にドローンを飛ばす。「動画で白老の自然を褒められると、自分のことのように感じる」と滝谷さん。今は撮りためた映像をもとに、町内各地の絶景をまとめた動画の編集に取り組んでいる。

虎杖浜PR先導

アヨロ海岸の高台にあるアヨロ鼻灯台。東には縄文晩期の生活の跡が残るアヨロ遺跡、西にはアイヌ語で「神々の遊ぶ庭」を意味する丘陵「カムイミンタラ」がある。これらを巡るフットパス（散策路）を整備すれば「月夜には神々が舞い遊ぶと言い伝えられる丘で、観光客がアイヌ民族の伝統儀式を体験できるのでは」。虎杖浜地区で水産加工会社を営む蒲原亮平さん（33）は想像する。

こんなアイデアを実現させようと、同地区の住民が18年7月に動きだした。衛星利用測位システム（GPS）などの発展で役割が薄れ、16年に廃止された高さ約13メートルのアヨロ鼻灯台周辺を再整備し、ウポポイの観光客を虎杖浜にも誘致する計画だ。蒲原さんらは、意見交換や灯台周辺を見学しながら可能性を探っており、19年7月には計画を進める住民団体をつくる予定だ。

28歳で家業の水産加工会社を継ぎ、若い感性を生かしてインターネット通販やSNSによる情報発信に力を入れた。そんな蒲原さんがまちづくりの先頭に立つのは、虎杖浜地区がウポポイ開設の好機を逃すのではと危惧するからだ。特産タラコの直売所が立ち並ぶ地区は、ウポポイから車で20分以上。地域から「わざわざ虎杖浜まで来ない」と冷ややかな声もあった。

一方、アヨロ海岸周辺にはカムイミンタラ以外にも、アイヌ語で「あの世への入り口」という意味の洞窟「アフンルパロ」などがある。町内でも特にアイヌ文化の遺跡が密集している。「地区のアイヌ文化遺跡を再整備すれば、ウポポイのサテライトとして注目される」ともくろむ。

資金や用地の確保など、立ちはだかる課題は多い。でも、「原材料をいかにおいしくするかが水産加工の仕事。地域の可能性を生かすために知恵を絞るのも同じ」と地域に向き合う。

虎杖浜地区で営む水産加工会社で。「ウポポイの好機を地域全体でつかみたい」と話す蒲原亮平さん

[白老町]

認め合う社会願い歩む

コミュニティーカフェ「ミナパ　チセ」店主　**田村直美**さん
社会福祉法人ホープ統括施設長　**佐藤春光**さん

コミュニティーカフェ「ミナパ　チセ」で。「白老町が共生社会を実現するまちになってほしい」と話す田村直美さん

２０１９年６月中旬、胆振管内白老町社台のコミュニティーカフェ「ミナパ　チセ」では、お茶を飲みに立ち寄った客同士が談笑していた。「アイヌ語の歌詞で歌を作ろうと思う」「私はカフェを開いてみたい」と夢を語り合う。明るく、開放的な雰囲気の店内を見回して、店主の田村直美さん（48）がほほ笑んだ。「お互いを認め合い、みんながほっとできる場所であり続けたい」

出自公表し開店

自身のつらい経験が、カフェ開業のきっかけだ。生まれも育ちも白老町。中学生のころ、アイヌ民族の血を引いていることで、いじめに遭った。「アイヌのくせに」と同級生から冷たい言葉をぶつけられた。家族にも友人にも相談できなかった。

25歳で結婚。苫小牧市で３人の子どもを授かったが、夫からドメスティックバイオレンス（ＤＶ）を受けた。体には常に、こぶし大のあざ。離婚するまで２年かかった。その後、胃がんが見つかった。不運が続いたが、ＤＶ被害者の支援団体や入院患者らとの出会いで気付いた。「私以外にも苦しい経験をしている人がいる」。手術と抗がん剤治療を終えた時、一人で困っている人の居場所をつくろうという思いが芽生えた。

実家を改築し、17年に「ミナパ　チセ」をオープン。アイヌ民族の出自も公表し、「大勢で笑う家」という意味のアイヌ語を店名にした。訪れた客に、田村さんは自身の経験を包み隠さず話す。今では札幌や日高地方から、障害や差別といった苦しさを抱える人が訪ねてくる。

カフェでは、ろうあ者も参加する手話交流、てんかん患者によるお話会など、さまざまなイベントを開く。19年４月下旬には、ろうあ者の女性やアイヌ民族の男性ら十数人が集まった。「耳が聞こえなくても幼い子どもと分かり合うことができた」「差別を乗り越え、アイヌ文化を広めたい」。互いを認め合い、受け入れる空気が店内に満ちた。

カフェから車で約5分の場所には20年4月、アイヌ文化復興拠点「民族共生象徴空間（ウポポイ）」が開設される。差別のない、多様で豊かな社会の実現が、ウポポイの理念の一つだ。田村さんは、そこに期待を託す。店に来る常連客から「直美さーん」と声を掛けられるたびに、つらい記憶は癒やされていく。カウンターの向こうに立つ田村さんは、強い決意を胸に秘め、今日も笑顔を絶やさない。

福祉事業所「フロンティア」で、障害者のアイヌ文様刺しゅう作業を見つめる佐藤春光さん（中央奥）。「白老といえばアイヌ文化。商品のアイデアは豊富にある」

障害者の受け皿

紺色の布地に、伝統に縛られない鮮やかな水色やオレンジ色の糸で、アイヌ文様が縫い付けられる。町萩野の福祉事業所「フロンティア」では、知的障害のある利用者4人が「モレウ（渦巻き）」や「アイウㇱ（とげ）」を刺しゅうし、コースターなどに仕上げる。「製作者の独特の感性が生きる」と事業所を運営する社会福祉法人ホープの統括施設長佐藤春光さん（68）は、目を細める。

同管内壮瞥町出身の元教員。主に白老町内の小学校で、自閉症児や言語障害のある子どもを指導した。教職を辞し、事業所を立ち上げたのは54歳のとき。就職先で解雇され、白老に帰ってきた教え子たちの受け皿を作りたかった。

最初は利用者5人が割り箸の袋詰めなどの単純作業をこなした。「自立のために、できる仕事はまだある」と仕事内容を広げた。養鶏、花や野菜の栽培、運営する飲食店での接客…。アイヌ文化を取り入れた商品の製造も、10年以上になる。保存食の材料の「トゥレプ」（オオウバユリ）を使った焼き菓子や「エント」（ナギナタコウジュ）のお茶などが好評だ。原材料も利用者が畑で栽培する。現在、3施設で約60人が働く。

目標は、利用者がウポポイの仕事に関わること。開設を見越して19年夏、アイヌ民族の伝統食材用の畑を町内に増設する。「ウポポイは障害者にも開かれた場所であってほしい。そのために、今、できることを手掛けたい」。民族の違いだけではない。知らない文化も、いろいろな障害も、多様な価値観も――。共生に垣根はない。

北の大地に根差し、さまざまな分野で挑戦を続ける人たちを紹介する「新北海道ひと紀行」。趣向を変えた道外特別編では、ふるさと北海道を離れて新たな場所で夢を追い続ける人々の姿を描く。
（2018年10月12日～11月10日掲載）

特別編・ふるさとを離れて

音楽の夢　東京で追い続け

ロックバンドボーカル兼ギター　**ヨシダタクミ**さん
シンガー・ソングライター　**HARUKA**さん
歌手　**Ryo**さん

「格好悪くても」

動画投稿サイト「ユーチューブ」で再生回数70万回を超える「東京少年」。道内出身の男性3人組ロックバンド「phatmans after school（ファットマンズアフタースクール）」（2019年7月に「saji（サジ）」に改名）の代表曲だ。ボーカル兼ギターのヨシダタクミさん（27）は、夢と現実に揺れる地方出身の若者の心情を歌うこの曲を自分に重ね合わせる。

帯広市出身。小学5年のクリスマスに鍵盤の光るキーボードを親に買ってもらったのが原点だ。中学でバンドを始め、帯広大谷高3年の時は毎週、ライブやコンテストで札幌に通った。経専音楽放送芸術専門学校（札幌）に進み、学校の仲間とバンドを結成。11年にメジャーデビューし14年に上京した。

「東京少年」はプロを目指した高校時代、「自分は苦しくても夢を捨てない」との思いで作った。葛藤を歌いながらも前向きなメッセージを込めた曲は、悩みを持つ若者らに支持されたが、16年にはメジャー契約を打ち切られ、ドラマーが脱退する危機に直面。それでも「たとえ格好悪くても、面白いから続けることを選んだ」と振り返る。

苦境の中で新たな道が開けてきた。声優で歌手の水樹奈々さんに提供した曲が評判となり、作詞作曲の仕事が舞い込むように。18年1月には水樹さんの武道館ライブにゲスト出演した。「長く続けることで夢は広がるはず。自分たちも『気付けば武道館』だったらうれしい」。東京でもう少し、自分の力を試してみるつもりだ。

東京都港区の事務所内で。「北海道は大好き。いつか戻って音楽を続けたい」と話すヨシダタクミさん

東京都港区の録音スタジオの屋上で。2018年8月の誕生日には道内でソロライブを自主企画し「1人でやる楽しさを初めて感じた」と笑顔を見せるHARUKAさん

ソロで挑戦決意

「やるかやらないかなら、やって後悔しようと思った」。18年2月に上京、シンガー・ソングライターとして活動を始めた苫小牧市出身のHARUKAさん（21）は再出発への思いを語る。

13年、同市内で別の高校に通っていたMUTSUKI（ムツキ）さん（21）とツイッターで出会い、女性デュオ「Softly（ソフトリー）」を結成し、16年にメジャーデビュー。同世代の女子が抱く恋心を等身大でつづった曲で多くのファンをつかんだ。高橋留美子さんの人気漫画が原作のアニメ「境界のRINNE」や深夜ドラマのエンディングテーマに起用されるなど道内を拠点に活躍していたが、17年秋に突然、年内での活動休止を発表した。「2人の目指す未来の形が少しずつ変わっていった」

一緒に曲を作り二人三脚で歩んできたから「私に何が残っているのか」と悩んだが、ファンの後押しもあり「いっそ白紙から」と上京。18年春、都内で初めて1人で立ったステージは何も覚えていないほど緊張したが「道内からファンが駆けつけてくれたのがうれしくて」、頑張ろうと決意を新たにした。「ソフトリーのハルカで居続けたいという思いはあるけど、ソロとしても真っすぐ進んでいきたい」

球児から歌手に

子供のころの夢とは別の道で挑戦を続ける道産子もいる。後志管内岩内町出身の歌手Ryoさん（26）は「プロ野球選手になってプレーで多くの人を感動させたいという夢はかなわなかったが、歌手なら多くの人を感動させられると思った」。

小学3年で野球を始め、プロ選手を目指して駒大苫小牧高から東日本国際大（福島県）に進んだが「自分にはプロになるための武器がない」と気付いた。

Ryoさんの叔父は人気ロックバンドDEEN（ディーン）のボーカル池森秀一さん、祖母も津軽民謡日本一になった音楽一家。歌手の道に進みたいと叔父に相談すると、伸びやかで澄んだ歌声を認められた。野球で学んだ、諦めず仲間を大切にする気持ちを込めた16年のデビュー曲「HOMARE（ホマレ）」はBSで放映された野球国際大会の番組テーマ曲となり、翌年にはプロ野球の中継などにも採用された。

現在は、都内のライブハウスを中心に全国を回る。18年10月14日には故郷の岩内地方文化センターで初の自主企画コンサートも開く。「選手ではかなわなかったが、満員の札幌ドームの日本ハム戦で客席に向かって歌いたい」と夢を描く。

東京都港区で。「野球好きの人に『この曲を歌っていたのは君か』と言われるのがうれしい」と話すRyoさん

言葉紡ぎ　表現を模索

詩人　**文月悠光**さん
作家　**沼田真佑**さん

東京・井の頭公園に立つ文月悠光さん。社会への違和感が伝わる初期に比べ最近の作品は柔らかい

エッセーで解放

東京の上野動物園にほど近い野外ステージで2018年9月中旬、日本を代表する詩人の谷川俊太郎さんらが作品を朗読するイベントが開かれた。日が沈みかけたころ、札幌出身の詩人文月悠光（ふづきゆみ）さん（27）が登場し自作の詩「空白」を披露した。

〈まぶたを閉ざして開ける度、／世界は消滅し、また息を吹き返す。／足は　靴越しに　地面の硬さを、／耳は道行くものの息づかいを感じて／まばたきの空白を埋め合わせる。〉

まばたきして目をつぶると一瞬、暗闇が訪れる。その時間的な空白を足や耳が五感によって補うことを発見した驚きを、詩にしたためた。観客は300人ほど。臆病者を自認するが「世間の人が当たり前のように行ける八百屋より、ステージの方が緊張しない」と苦笑する。

10歳で詩の魅力に目覚め、札幌旭丘高校3年の時、最初の詩集「適切な世界の適切ならざる私」（思潮社）で〝詩の芥川賞〟と呼ばれる中原中也賞に選ばれた。「最年少で受賞したので頼りないとは思われたくなかった」。重圧から前歯がすり減るほど歯ぎしりした。

早稲田大に進学し卒業後も東京で暮らす。なにかと優等生ぶろうとしていた自分を解放したのがエッセーだった。「臆病な詩人、街へ出る。」（立東舎）では、アイドルのオーディションに出場して批判された経験をさらけ出すなど、自分の弱さや不器用さに向き合った。

若い女性だからか「詩を書いていなかったら、風俗嬢になっていたんじゃないか」と、ひどいセクハラを受けることがある。ぶしつけな言動への許し難い気持ちは詩にこめる。澄んだ赤ん坊のまなざしや、隣人への気づきを表現するのも詩だ。

文化教室で詩を教える講座が増えるなど活動の幅は広がった。小説を書いたり、他人の歌詞にアドバイスする仕事もしたいという。札幌は自分の立ち位置を見つめるバロメーター。「18歳の頃に思い描いていたような大人になれているか、帰省すると確かめます」。現状に落ち込んだり、喜んだり。そんな自分を故郷から見つめている。

自分変える短編

歌人石川啄木が育った盛岡市を流れる生出（おいで）川。この清流で釣りに興じる男たちを主人公にしたデビュー小説「影裏（えいり）」で、作家沼田真佑さん（39）は17年、芥川賞に輝いた。東日本大震災や性的少数者の存在を効果的に盛り込み、一筋縄ではいかない人間の暮らしを描いた。選考委員の作家高樹のぶ子さんは「（人間の）外側と内側を崩壊でつないだ。初めてすごいものに触れた思いがある」と評価した。

父の転勤に伴い関東や福岡で育った。生まれは母の故郷小樽。子供の頃は夏休みの度に帰省した。鬱々（うつうつ）としていた10代最後の夏も小樽運河を散策して気分を晴らし「僕にとっても故郷は小樽です」。小説を書き始めたのは福岡で学習塾講師をしていた20代前半。両親が暮らす盛岡には12年に移住した。皿洗いの仕事や近所の掃除で土地の人と触れ合う中で、内陸の盛岡でも、東日本大震災で被災した沿岸部の親戚が身を寄せ生活苦に陥る人がいるのを知った。本気で小説に取り組もうとしていたこともあり、震災を描こうという気持ちが湧き上がった。

この1年で執筆した作品には、自分に関係ない事件が影響して仕事ができない男など、変わり者が登場する。「奇妙な人、めちゃくちゃな人は予想外の美徳を備えている。変わり者がいないと面白くない」

盛岡で塾講師を続ければ懐に余裕が出るが「文章を上達させないと出版社からの今後の依頼に耐えられない」と執筆一本に絞った。難しい漢字を使い美文に酔いがちな自分を変えようと、短編「さくれぶる」（文芸誌「すばる」18年5月号）は平仮名を効果的に使うことを試した。長編にも挑んでいる。完成するまで散髪しないと決めたが、書きあぐねて「金八先生みたいになってきた」と笑う。あまたいる作家の中で生き残るには——。模索の日々が続く。

盛岡・生出川の前に立つ沼田真佑さん。「勢いよく夏草の茂る川沿いの小道—」。芥川賞受賞作「影裏」は、この川の描写から始めた

スポーツ界支え　新風を

日本障害者サーフィン協会理事　**和田路子**さん
「サンウルブズ」運営会社　**福島弦**さん

「日本の障害者サーファーがパラリンピックでメダルを取る場面に立ち会えたら幸せ!」。
外房に位置する千葉県いすみ市の海水浴場で語る和田路子さん

障害者も波乗り

義足や知的障害のあるサーファーが次々と波をとらえていく。2018年9月下旬、千葉県いすみ市で開かれた「第1回全日本障がい者サーフィン選手権」。1年がかりで開催にこぎつけた看護師和田路子(ろこ)さん(40)は、障害がある人もない人も同じ海で波に乗れる喜びをかみしめた。

札幌市出身。旭川医大2年の時、当時流行のボディーボードを始め、真冬でも留萌や小樽の海に繰り出すほどのめり込んだ。「本場の波に乗りたい」。30歳で一大決心して波乗りの聖地、千葉県一宮町に移住した。

障害者サーフィンに携わるきっかけは、日本サーフィン界のレジェンドといわれる阿出川(あでがわ)輝雄さん(75)との出会いだった。60歳で患った脳梗塞で右半身にまひがありながらも、サーフィンに挑戦し続ける姿に感銘を受けた。世界中で多くの障害者サーファーが生き生きと波に乗っていることも知った。

国内では障害者が海へ入る機会が極端に少ない。「誰もが海に触れられる機会を増やしたい」と、17年秋に阿出川さんらと日本障害者サーフィン協会を設立。理事としてスポンサー探しや行政との折衝に奔走し、小学生から大人まで20人が参加した第1回大会の成功につなげた。

一宮町は20年東京五輪のサーフィン会場。「今がPRのチャンス。いつかパラリンピック競技になった時、この海からメダリストを出したい」

ラグビー変える

日本ラグビー界を変えてみせる――。世界最高峰のリーグ「スーパーラグビー」に参戦する日本チーム「サンウルブズ」の立ち上げに尽力した札幌市出身の福島弦さん（31）は意気込む。15年、前日本代表監督のエディー・ジョーンズ氏の呼び掛けに応じ、チーム運営会社で選手との契約やマーケティング戦略など中心的な役割を担った。

札幌南高時代は競技に打ち込み、「ラグビーをメジャースポーツにしたい」という思いで、東大で経営学を学んだ。世界的な経営コンサルタント会社で4年間実務を積み、19年ワールドカップ（W杯）に関わる仕事をするため転職。札幌山の手高出身の日本代表主将リーチ・マイケル選手ら有力選手を獲得し、スポンサー探しやチケット販売もこなした。国内初戦では2万人の観客を集め、興行面でも成功を収めた。

手腕が評価され、17年1月にW杯組織委員会へ出向。大会のレガシー（遺産）をつくる特命担当として、子供への普及活動や震災復興を目指す岩手県でのイベントPRに奮闘する。会場の一つとなる札幌を盛り上げたい思いは人一倍強い。「ラグビーを通して北海道のすばらしさを世界に広める。そして道内にラグビー文化を根付かせたい」

「高校卒業時、級友に『将来は自分がラグビーをメジャースポーツにする』と宣言した」と話す福島弦さん。東京都新宿区のラグビーワールドカップ2019組織委員会で

東京都新宿区で、東日本大震災の流木で作られた「津波バイオリン」を手にする式町水晶さん。「希望につながる演奏をしたい」と前を見据える

障害への認識 変えたい

バイオリニスト **式町水晶**さん
「障害平等研修フォーラム」代表 **久野研二**さん

プロの音楽家に

脳性まひの障害と闘い続けた一人の若者が2018年春、プロの音楽家としてメジャーデビューした。旭川生まれのバイオリニスト式町水晶(みずき)さん(22)。「演奏を通じて人の役に立ちたい」と前向きに活動を続けるが、少年時代はいじめに苦しみ、バイオリンは「健常者を見返すための武器だった」と振り返る。

生後2カ月で、障害を巡る意見の対立から両親が離婚。母啓子さん(48)と埼玉県に転居した。リハビリでバイオリンを始めたのは4歳の時。筋肉の萎縮で指の力を加減できず苦労したが、豆腐をつかむ訓練で感覚を身に付け、めきめきと上達した。刑務所や福祉施設で慰問演奏し、人前に立つ自信も付いた。

しかし小学5年の時に特別支援学級から普通学級に移り、同世代との体力差にがくぜんとした。足の障害で長く走ることができず、疲れた時は車いすを使った。同級生に「障害者は弱い」とばかにされ、殴られ、無視された。次第に性格が攻撃的になり、母に怒りをぶつけ、顔も知らない父のことも恨んだ。12歳で作曲した「孤独の戦士」は、当時の孤独感と悔しさを切ないメロディーに込めた。

世間への憎しみを募らせる姿を見て、バイオリンの恩師は涙を浮かべ「気持ちを分かってあげられなくてごめん」と抱きしめてくれた。少しずつ気持ちに変化が表れ始め、7年前に東日本大震災の被災地を慰問した際、被災者から「頑張って」と励まされたことが自分を見つめ直すきっかけになった。「人を見返すための武器なんかじゃなく、人の心を癒やす演奏をしたい」。そう考えを改めた。

毎年のように被災地支援の公演を続け、国連防災世界会議で演奏するなど大舞台に立つことも増えた。18年4月にデビューアルバム「孤独の戦士」を発表。社会への闘争心から生まれた曲は今、自分を支えてくれた家族や支援者への感謝を込めて演奏している。父への憎しみも消えた。「いつか北海道で公演し、成長した姿を見せたい」

社会参加を支援

18年9月に東京都内で開かれた研修会。車いすを利用する障害者ら21人が五つのグループに分かれ、障害について考える模擬討論の司会を順番に体験した。障害者自らが研修の進行役になるための講座で、主催したNPO法人「障害平等研修フォーラム」代表の久野研二さん（51）は、各グループを回って「障害とは何かを参加者が自分の言葉で説明できるようにしてください」とアドバイスした。

障害とは何か——。2018年9月に東京都大田区で開かれた研修会で、穏やかな口調で説明する久野研二さん

「障害とは目が見えないことや歩けないことではなく、心身の機能的な違いを理由に社会の側が差別する状況のこと。障害に対する世間の考え方を変えなければ」。障害者の社会参加プロジェクトを南米などで手がける国際協力機構（JICA）の国際協力専門員でもある久野さんは力を込める。

札幌市出身。札幌医大を卒業後、都内の病院で理学療法士として3年間働いた後、青年海外協力隊員となりマレーシアに派遣された。専門家として障害に苦しむ人を助けに来たつもりだったが、障害児向けにリハビリのプログラムを作っても親が子を療育センターに連れてこない。いらだちが募り、同僚に「自分はこれだけやっているのに」と声を荒らげたことも。派遣期間の2年で挫折を味わった。

転機は半年後、インドネシアの非政府組織（NGO）職員として小さな村を訪れた時。村では障害をリハビリで「治す」のではなく、障害者が暮らしやすい「環境」をつくろうとしていた。車いすの子どもがいたら、その子が学校に行くために何が必要かを地域住民が考え、送迎や校内での介助役などを次々と買って出る。障害者が地域で生きていくというのはこういうことかと感じた。「この時の衝撃と青年海外協力隊時代の挫折が、今の自分を支えている」

障害者の社会参加を進めるため、企業や自治体向けの研修を続けている。「目指すのは障害や性別、年齢などで差別されない社会をつくること。障害者の問題はその入り口です」

逆境経て 再起のゴング

新日本プロレスリング会長 **菅林直樹**さん

青いリングの上で男たちが体をぶつけ合う姿に、約1600人と超満員に膨らんだ観客席から声援が飛ぶ。国内最大のプロレス団体「新日本プロレスリング」の試合が行われた2018年10月26日の東京・後楽園ホール。株式会社新日本プロレスリング（東京）会長の菅林直樹さん（54）は、プロレス人気の再燃を静かにかみしめていた。

プロレスの裏方

札幌市出身。プロレス人生のゴングが鳴ったのは、手稲高で野球に打ち込んでいた頃だ。自宅で父と見ていたテレビに映ったのは、新日本プロレス創設者で「燃える闘魂」と呼ばれたアントニオ猪木さんや華麗な空中殺法のタイガーマスク。「やられてもやられても立ち上がる。かっこいい」。金曜夜はプロレス中継を欠かさず見た。野球の練習の合間に仲間とプロレスごっこをするのが楽しかった。

北海学園大進学後、アルバイトに明け暮れた。プロレスの札幌巡業を告知する宣伝車の運転助手を務めたり、ポスターをはるためにお店を回ったり。大好きなプロレスの興行を裏で支える面白さを知った。

当時、大卒初任給は平均15万円程度。バイトで知り合った新日本プロレスの社員から「初任給は30万円」と聞いた。「両親に新しい家を建てたい」。「鬼軍曹」として若手レスラーを育てた山本小鉄さん（故人）による役員面接を経て、営業職で新日本プロレスに入社した。ただ、入社直後の会社は業績不振。実際の初任給は8万円だった。

一番の仕事はチケット販売だった。インターネットはなく、すべて手売り。スポーツ用品店や書店に置いてもらったり、企業に飛び込んだりした。ガラガラの会場で選手が試合をする夢にうなされることもあり、必死だった。主に西日本を回り、試合本番の40～50日前に現地入りしてチケットを売っては次のマチへ――という生活。「1年のうち330日は出張していた」

最盛期から一転

入社から数年たった1990年前後、リングには武藤敬司さん、蝶野正洋さん、橋本真也さん（故人）の「闘魂三銃士」が登場、プロレス人気が爆発した。チケットは売れに売れ、東京ドームや大阪ドームも大入りとなった。1日で売り上げた2千万円もの現金をカバンに入れて1人で運んだこともあった。

だが、2000年代前半、会社は存続の危機に陥る。総合格闘技ブームや人気選手の離脱でファンが激減。用意

試合前の東京・後楽園ホールに立つ菅林直樹さん。
「プロレス人気が復活したのは、どんな時も見放さなかったファンのおかげ」

した席の半分も埋まらないことが増えた。営業の管理職だった菅林さんは札幌での会場が、きたえーる、道立産業共進会場（現在は閉鎖）、テイセンホール（同）と小さくなるのがつらかった。

最盛期に年間40億円あった売上高も半分以下に激減。ギブアップ寸前に追い込まれ、05年にゲーム会社による子会社化を受け入れた。副社長に就いたその年、見切りをつけた社員から約30通の辞表を受け取った。心が折れそうになるときは試合を観て「大丈夫、まだ大丈夫だ」と自分に言い聞かせた。

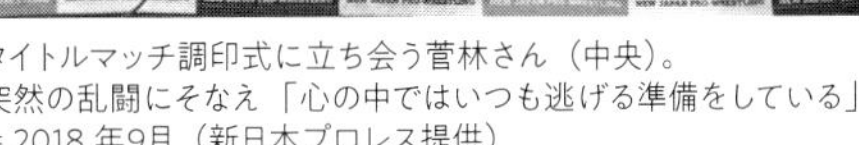

タイトルマッチ調印式に立ち会う菅林さん（中央）。
突然の乱闘にそなえ「心の中ではいつも逃げる準備をしている」
＝2018年9月（新日本プロレス提供）

女性ファン増加

前社長の辞任で、07年に生え抜きでは初めての社長に就任した。流れが変わったのは、12年に親会社がカードゲーム会社ブシロードに代わってからだ。東京のＪＲ山手線の車両に巨大広告を出し、選手をテレビＣＭに積極的に起用した。

若手実力派レスラー、オカダ・カズチカさんの登場も若い世代を中心にファンを広げた。今や観客の3割は女性。「プロレス女子（プ女子）」という言葉もでき、男臭いプロレスのイメージは一変した。18年7月期の売上高は49億円で約20年ぶりに過去最高を更新した。菅林さんはV字回復の立役者ともされるが、「裏方が目立つ必要はない」。看板選手、棚橋弘至さんは著書で「『オレは社長だ！』というような要（い）らないプライドはまったくない」と評する。

当面の目標は売上高１００億円と株式の上場。海外市場開拓のため米国や台湾などへの遠征を増やしており、有料動画サービスの会員は国内外で10万人を超えた。道内の地方巡業の復活、胆振東部地震で被害が出た地域でのチャリティーマッチなど、やりたいことはまだまだある。

プロレスは試合の流れや勝敗が台本で決まっているのか―と聞かれることが時々ある。「疑問に思う人こそ、会場に来て、選手が胸をチョップする音やリングにたたきつけられる音を聞き、大歓声の中に身を置いてみてほしい。そういう疑問は吹き飛ぶと思いますよ」。諦めない限り、戦いは続く。それを伝えることがプロレスの使命だと信じている。

選手間の抗争に巻き込まれて愛車を破壊された菅林さん（右端）。
襲撃した左の選手は室蘭出身の飯塚高史さん
＝2009年11月（新日本プロレス提供）

読者リクエスト 特別編

「新北海道ひと紀行」連載中には、北海道新聞の読者から多数のご意見、ご感想をいただいた。「この人を取り上げて」「こんな取り組みを紹介してほしい」など読者のご要望にお応えした。
（２０１９年９月７日～21日掲載）

音楽の力 伝え続ける

シンガー・ソングライター **瀬川あやか**さん
レコード収集家 **佐賀雅広**さん

看護師と歌両立

伸びやかな歌声とテレビＣＭでもおなじみの明るいメロディー。富良野市出身のシンガー・ソングライターで看護師の瀬川あやかさん（27）＝東京在住＝は２０１９年８月、旭川市で開かれた医療関係の市民講座に参加。代表曲「Ｈａｖｅ ａ ｇｏｏｄ ｄａｙ！」を披露すると、会場から大きな手拍子が起きた。

「二足のわらじを履くからこそ伝えられることがあるはず」――。同年６月にデビュー３周年を迎え、そう思えるようになった。

富良野市の病院で看護助手として働く母の姿に憧れ、幼い頃から看護師になるのが夢だった。５歳でピアノを習い始めると音楽の楽しさにも目覚め、アイドルグループの「モーニング娘。」や歌手ａｉｋｏさんに憧れを抱くようになった。

だが年齢が上がるにつれ、歌手になる夢を友人たちにも打ち明けることができなくなった。「歌手になるなんて言ったら、周りから浮いてしまうと思った」。高校卒業後、看護師を目指して東京の大学へ進学した。

転機が訪れたのは大学時代。ミスコンテストに出場すると、現在所属する芸能事務所の社長から声をかけられた。思い切って「音楽をやりたい」と伝えると、自分の曲を持って来るように言われた。看護の専門知識などを学ぶ講義や実習の合間を縫い、独学で音楽を勉強し６曲を書き上げた。

「自分でふたをしていた音楽への思いがあふれ出てきた。看護師と歌手どちらも夢だから選べない」。大学４年で看護師国家試験に合格し、卒業後は都内の病院に就職。職場の理解もあり、芸能事務所に所属しながら地道にライブ活動を続け、16年に大手レコード会社からメジャーデビューした。

渡島管内の病院で19年７月、入院患者のためのライブを開いた。ステージ周辺には、人工呼吸器を付けたり、車いすに乗ったりした入院患者ら約50人が集まった。いつものような声援や手拍子は少なかったが、ライブ後、ある患者は病気で発声が難しいのに絞り出すように「ありがとう」と言ってくれた。別の患者は文字盤を使い「来てくれてよかった」とつづってくれた。「両立の道は間違っていなかった」。それを見て改めて感じた。

レコード３万枚

レコードが整然と収められた棚からお気に入りの１枚を取り出し、慎重な手つきでターンテーブルの上に載せると、温かみのある音が部屋いっぱいに流れた。米国のソウルミュージックを中心に約3万枚のレコードを集めた日高管内様似町の漁業佐賀雅広さん(62)は、06年から会員制交流サイト(SNS)上で、所有するレコードの解説を続けている。

音楽に興味を持ったきっかけは、小学生の頃に聞いていたラジオの深夜放送。家族が寝静まった真夜中、東京に向けて目いっぱいアンテナを伸ばし、イヤホンから流れるノイズ混じりの曲に心を躍らせた。「レコードで聴いたらもっといい音なんだろうな」。好きな曲が流れるたび、その思いは強くなった。

初めて買ったレコードは、ジミ・ヘンドリックスのベスト盤。中学1年の時、自宅から2時間かけて訪れた同管内静内町(現新ひだか町)のレコード店で手に入れた。「針を落としたときの高揚感は忘れられない」。札幌の親戚を訪ねるたびにレコード店に通うようになった。

高校卒業後、収集熱に拍車が掛かった。海外アーティストが初期に販売した「オリジナル盤」を買い求めたり、微妙な音の違いを聞こうと製造国が違う同じレコードを7枚買ったり。

このころから「レコードの面白さを多くの人に知ってもらいたい」という心が芽生え、06年から、所有するレコードのジャケットなどをSNSに掲載し、アーティストの特徴や作品の時代背景などの紹介を始めた。SNSの登録者は5千人に上り、電子書籍にして出版もした。

ここ数年、若者などの間でレコードが再び注目を集めている。「レコードには音質、ジャケットなど独特の美しさがある。一人でも多くの人に良さを知ってもらいたい」と少年のように笑った。

愛用のギターを手に「今後は道内のいろいろな病院でもコンサートを開けたらうれしい」と語る瀬川あやかさん

収集したレコードに囲まれて「費やした金額は怖くて計算したことがない」と笑う佐賀雅広さん

夢を諦めさせたくない

ネパールの子供支援者 **紙谷広樹**さん、**志緒子**さん
「日本理美容福祉協会」帯広センター代表 **森田浩幸**さん

子供の学び応援

札幌から約5200キロ離れた南アジアの国ネパール。首都カトマンズから車で5時間の山村に、日本人の名前を冠した小さな小学校がある。「コウジ・ババ・スクール」。5〜13歳の約100人が、英語やネパール語を学ぶ。「子供たちは皆、人なつっこい。日本の話をすると、目を輝かせて『いつか行きたい』って」。学校を長年、支援する札幌市中央区の紙谷広樹さん(64)は楽しげに語る。

2004年から年2〜3回、使われなくなった文房具や衣類、絵本などを札幌近郊から集め、同校に無償で送っている。現地では筆記具が足りず、児童の使う文房具のほとんどが、この活動で贈られた日本製品だ。

本業は道職員で、仕事の合間を縫って取り組む。きっかけは03年、同僚の馬場康司さんとの出会い。C型肝炎で闘病中の馬場さんは「貧しい国の子供の役に立ちたい」と熱っぽく語った。

当時、けがで入退院を繰り返し、気落ちしていた紙谷さんも、熱意にひかれ「一緒にやろう」と約束。その半年後、馬場さんは36歳で亡くなった。

翌年、馬場さんの両親が息子の名前を付けた小学校をネパールに開校した。紙谷さんも約束を果たそうと、現地を訪れた。家事の合間に登校する子、妹や弟の世話をしながら授業を受ける子——。必死に学ぼうとする姿を目の当たりにし「この子たちの夢を応援しよう」と決めた。

「ネパールの子供たちに元気をもらっている」と話す紙谷広樹さん(右)、志緒子さん。現地の写真や、子供たちが描いた絵手紙を前に笑顔を見せる

活動への共感は広がり、今では函館や釧路の英語教師が、現地に贈る絵本の英訳に協力する。紙谷さんはこれまで4回、現地を訪問。10年ほど前からは道内の学校で、ネパールの教育や文化を伝える出前授業も行う。

12年には馬場さんの両親が交通事故に遭い、死傷した。支援の中断も考えたが「3人分の夢を託された」と、バトンを引き継いだ。心強い仲間もいる。大腸がんを患う妻の志緒子さん（63）も18年、初めて現地に赴き、子供たちの笑顔に生きがいを見いだした。同僚の夢はいつしか、夫婦2人の夢になった。

現在は、ネパールの子供たちを主役にした映画製作を構想中。「馬場君が与えてくれた素晴らしい夢に、妻と二人三脚で挑んでいきたい」とほほ笑んだ。

理美容で元気に

19年8月下旬、帯広市内の専門学校の一室で、理美容師9人がベッドを囲んでいた。マネキンを寝たきりの人に見立て、体の向きや体調に配慮しながら髪を切ったり洗ったりする「福祉理美容」の施術方法を学ぶ。

「常に相手の立場に寄り添うことが大切」と熱を込めた講師の森田浩幸さん（52）は、NPO法人「日本理美容福祉協会」帯広センター代表。福祉理美容に力を入れる。病気や高齢で理美容院に来られない人の自宅や病院、福祉施設を訪問。介助の知識を基に、寝たきりの人や人工呼吸器を付けた人にも施術する。「どんな人にも、美を追究する気持ちを諦めさせたくない」との思いが原点だ。

16歳から、帯広の理美容室に住み込みで技術を磨いた。力が付くと、知人の紹介で病院への訪問施術を任されるように。そこで違和感を抱いたのが、介護しやすさを重視して男女とも短く刈り上げる「施設カット」。利用者は好きな髪形を選べなかった。「オシャレを楽しんでもらう方法はないか」と悩んだ。

仕事の傍ら30代半ばから看護学校に通い、38歳で准看護師、51歳で看護師の免許を取得。相手の体の状態を理解し、正しく介助できる方法を学んだ。安全に配慮できるようになり、それまでカット中心だった施術も、髪染めやパーマへと広がった。道具にも工夫を凝らす。例えば、吸水性の高いシートを頭の下に敷くことで、洗面台なしでも洗髪できるようにした。

施術相手には、在宅介護中の97歳の女性もいた。2カ月に1回、パーマを掛けると表情がぱっと明るくなった。別の、がんで寝たきりの女性の娘からは「母はきれいでいることで自分らしさを保てる」と感謝された。

「誰しも、いつまでも美しくいたいもの」と実感してきた。

19年5月からは、車いすの人に座ったまま、着物を着付ける活動も始めた。「理美容が、利用者にとって生きる原動力であってほしい。そのための努力は惜しみません」

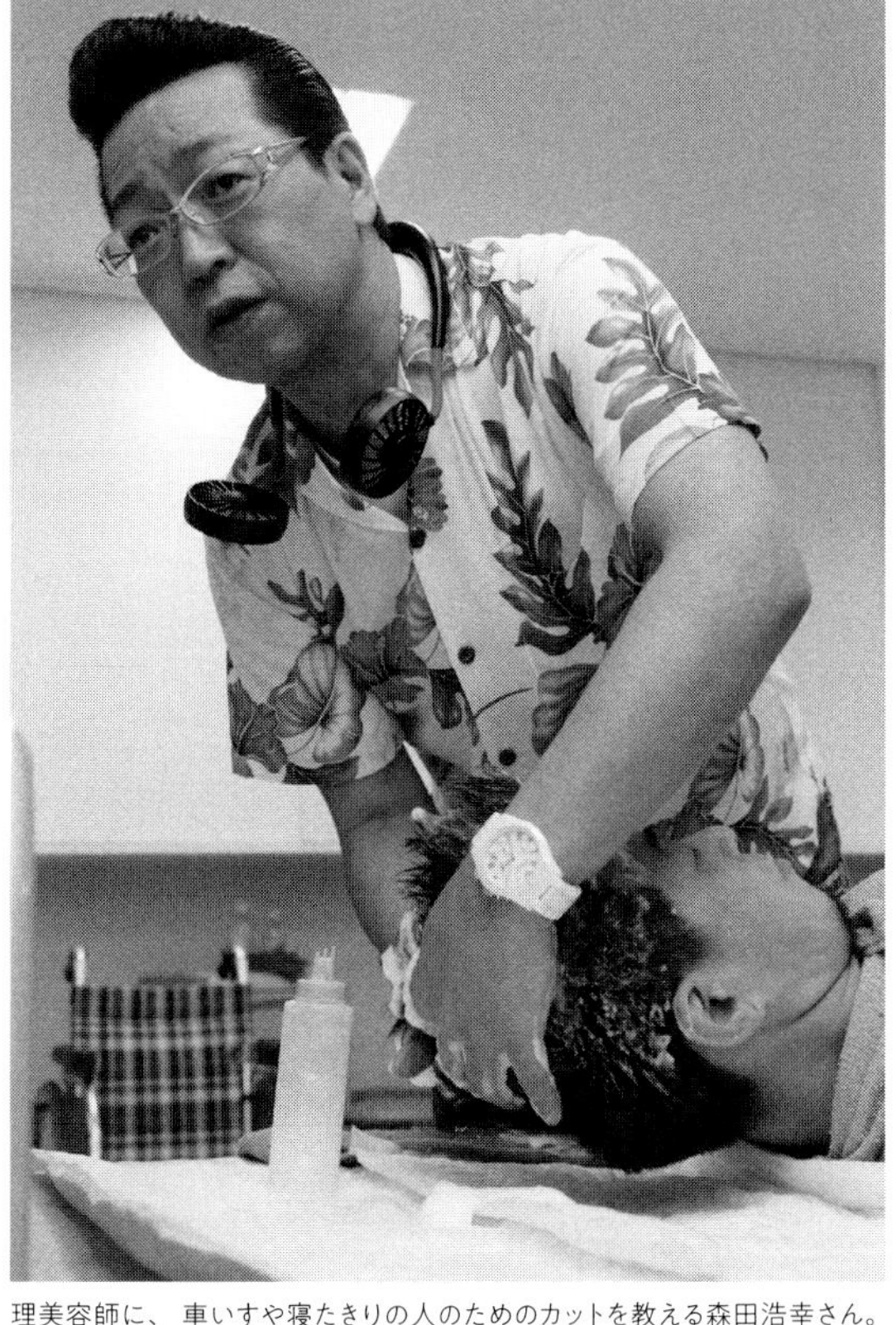

理美容師に、車いすや寝たきりの人のためのカットを教える森田浩幸さん。「相手の『美しくありたい』という思いに応えたい」

豊かな自然　表現育む

野鳥写真家　**嶋田忠**さん
切り絵作家　**横山孝博**さん

東京都写真美術館で展示されたシマフクロウの作品の前に立つ嶋田忠さん

野鳥に魅せられ

闇の中で存在感を放つ、真ん丸の黄色い目――。「全てを見透かしたかのような、澄んだまなざしだった」。野鳥写真家の嶋田忠さん（70）は、シマフクロウとの出会いを語る。2019年9月23日まで東京都写真美術館で開いている、これまでの作品を振り返る個展にも、この鳥の作品が並ぶ。

千歳市に移住した31歳の時、アイヌ民族の語り部から、シマフクロウは「集落の守り神（カムイ）」だと教わり、興味を持った。自分の目で確かめたくなり、森に何度も入った。

警戒心が強く、姿を見るまでに2年かかった。巨木に目をつけ、離れてテントを張って息を潜めた。たそがれ時、静寂の中、音もなく現れた。「畳が現れたと思うほど大きかった」。両方の羽を広げると幅は1・8メートル。「神聖さを感じた」

撮影の時はすぐにカメラを構えず、観察に全体の7割ほどの時間を費やす。頭の中に写真の構図を描くためだ。

「思えば子供の頃から、鳥の習性をじっくり観察していた」。埼玉県の農村で育ち、森でわなを仕掛けて鳥をつかまえては、自宅の小屋で飼った。高校生の時に母から一眼レフカメラを買ってもらってからは、モズなどの野鳥を夢中で撮った。

転機は20歳。長野県の清流でカワセミに出会い、あまりの美しさに、「一生撮りたい」と写真家を目指した。カワセミを10年間追い続け、1979年、写真集「カワセミ　清流に翔（と）ぶ」を出版。20万部のベストセラーとなり、一躍注目を集めた。

千歳に移ったのは、カワセミの仲間アカショウビンを追うため。青々しいカワセミと対照的に、真っ赤な〝火の鳥〟だ。「燃えるような赤と、闘争心を感じる鋭い目。初めて見た時は恐怖すら感じた」。空港や街のすぐ近くに豊かな自然が広がる千歳は、撮影拠点に適していた。

活動の場は国内にとどまらない。パ

プアニューギニアやボルネオなどの熱帯雨林を歩き回った。テレビの報道番組「ニューステーション」やNHKの番組で映像製作にも携わった。

2014年には、交流のあったアイヌ文化伝承者、中本ムツ子さん（11年に死去）の家を譲り受け、カフェ併設のギャラリーを開業。年間60種の野鳥が現れる庭には、お客のために撮影小屋を設け、そこで撮られた写真のコンテストも開いている。「隠れて野鳥を待ち、撮影する醍醐味（だいごみ）を知ってもらい、客どうし交流の輪を広げてほしい」

芸術家交流の輪

自然にひかれ移住する人が多い後志管内のニセコ地域（ニセコ、倶知安両町）でも芸術家どうし交流を広げる動きがある。

「来年は美術館で展示会を開き、地域の人にアートを見に来てほしい」。19年8月上旬、切り絵作家の横山孝博さん（41）は、代表を務める「しりべしアートネットワークμs（ミューズ）」の打ち合わせでそう提案、集まったメンバーも「いいね」と賛同した。

同管内の芸術家でつくるμsは18年に発足したばかり。同年7～8月の3週間、倶知安町の高級ホテルのレストラン「杏（あん）ダイニング」で開いた展示会には23人が作品を持ち寄った。写真、陶芸、水引アートなど多彩で、外国人観光客にも好評だった。

横山さんは函館市出身。勤めの傍ら、4年前に切り絵を始めた。きっかけは、ニセコ町で開かれたアイヌ民族紋様の切り絵体験会。「魔よけなどの模様の意味やデザインに引かれた」

羊蹄山を望む倶知安の自宅で制作。シカやヒグマなどの作品を雪の中に置いて写真に収めるなど独自の表現にこだわる。

しかし、地域には、自身を含め若手の発信の場が限られることに限界を感じていた。そこで、ネットワークを立ち上げ、ギャラリーを回ってアーティスト一人一人に作品展への参加を呼び掛けた。

中心メンバーで、同管内蘭越町で木工房を営む田代信太郎さん（51）は「横山さんの熱意でつながりができた」と話す。

ニセコ地域は、スキーや避暑などで大勢の外国人観光客が訪れ、開発が進む。「冬のレジャーに並び、ニセコのアートを世界に発信したい」。横山さんは力を込めた。

倶知安町内、自身の切り絵作品の前で「ネットワークを広げ、地域から芸術を発信していきたい」と語る横山孝博さん

海外 特別編

道内で夢を追う人、離れても北海道を胸に抱き続ける人たちを紹介してきた連載「新北海道ひと紀行」は２０１９年10月で終了した。しめくくりとして、最終部では、世界で羽ばたく人々を取り上げた。
（２０１９年９月28日～10月26日掲載）

海越え ビジネスに挑む

モルガン・スタンレー副社長 **竹田勝男**さん
三井物産モスクワ社長 **目黒祐志**さん
NTTコリア社長 **新倉英明**さん

米金融界で戦う

摩天楼を臨むニューヨーク・マンハッタン6番街にあるビルの12階。札幌市出身で米金融大手モルガン・スタンレー副社長の竹田勝男さん（64）の1日は、メールチェックから始まる。相次ぐ会合や顧客対応。迅速さが全ての金融界の中心で「世界情勢に目を光らせ、顧客の資産を守るのは楽しい」と屈託ない笑顔を見せる。

波瀾万丈（はらんばんじょう）の道のりだった。札幌南高時代はろくに授業も受けなかった。北大入試は1問目から分からず、会場から逃げた。就職先も見つからず「気がつけば何もできない自分がいた」。

米国で仕事がしたいという夢だけがあった。高校卒業後に働いたススキノのキャバレーの常連客のつてをたどり、23歳で渡米。大学に通い始めたが金が足りず、夏休みにアラスカの缶詰工場で1日18時間働いた。無一文になり「食べ物を求めて教会に駆け込んだこともある」。

転機は１９８６年の経営学修士（ＭＢＡ）取得だった。14社から誘いを受け米シティバンクに入社。同社横浜支店長、米証券大手メリルリンチのファイナンシャルアドバイザーなどを歴任してきた。

渡米40年。「離れているほど郷里への思いは強くなる」という。ニューヨークの道内出身者らでつくる「北海道ゆかりの会」代表も務め、２０１９年９月には同会メンバーを中心に集めた寄付金1万ドル（約１０８万円）を胆振東部地震で被害を受けた胆振管内厚真町のＮＰＯ法人に送った。

「とにかく必死で生きて

ニューヨーク・マンハッタンのオフィス前で笑顔を見せる竹田勝男さん

三井物産モスクワで「日ロ間の人の交流をもっと増やし、本当の意味での日本ファンを作りたい」と話す目黒祐志さん

きたが、まだ道半ば」という竹田さん。「人生は一度しかない。失敗を恐れないで」と北海道の若者にもエールを送る。

日ロ経済つなぐ

「日本ではロシアの悪い情報が増幅されがちだが、時代は変わった。ロシアは良い商売相手だ」。岩見沢市で生まれ、商社マン人生の約半分をロシアで過ごしてきた三井物産モスクワ社長の目黒祐志さん（58）は、日ロ経済の発展に期待をかける。

東西冷戦下の1979年、岩見沢東高を卒業し、東京外語大ロシア語科に進学。76年には旧ソ連の戦闘機ミグ25の函館空港への亡命事件もあり、「旧ソ連の脅威」は身近な問題だった。だからこそ「見えないソ連を知りたかった」。樺太（サハリン）出身の父親の存在も背中を押した。

83年に三井物産に入り、モスクワ駐在員として初めて赴任したのは旧ソ連崩壊翌年の92年。新興財閥が台頭し「数年で大金持ちになる人がいたエキサイティングな時代」だった。社長に就いた2008年以降はプーチン体制の下で大国への復活を探るロシアを肌で感じた。

持ち前の行動力でロシア政財界に幅広い人脈を築き、プーチン大統領とも何回も面会した。「本当に重要な情報は、誰もいない場で交わされる会話でしか得られない」。2年間の本社執行役員を経て、19年5月にモスクワに戻った今も現場主義を貫く。

エネルギー開発などの巨大事業を手掛ける同社だが、道産米の輸出や極東でのウニの増養殖など、道内企業のロシア進出の後押しにも意欲を燃やす。「ロシアは人生の一部。これからも関わり続けたい」

通信で企業支援

韓国ソウルのNTTコリア社長の新倉英明さん(55)が進む道を決めたきっかけは、札幌・月寒中で全道優勝するほど打ち込んだ軟式テニスだった。進学した札幌南高のコーチがNTTの前身の旧電電公社社員だった影響で、早稲田大卒業後にNTTへ就職。本社の秘書室勤務時代、NTT再編の議論が進む中、各国の通信会社から提携の打診が来ていることを目の当たりにし、「海外事業は成長性がある」と海外勤務を希望した。

1994年の米ニューヨークを皮切りに東南アジア各国に駐在し、2018年に韓国に赴任。NTTグループは現在、他社と共同で世界中に海底ケーブルを張り巡らし、各国で企業向け通信サービスなどを提供するようになった。

日韓関係は政治的対立が続くが「海外展開を目指す韓国企業のサポートにも力を入れたい」。30人余りの社員を束ねる今も、テニスで培った「努力すれば結果はついてくる」という教訓を大切にしている。

ソウルのNTTコリア本社で、世界中に張り巡らされたNTTグループの通信網について熱っぽく語る新倉英明さん

多様な文化　探り伝える

名古屋大大学院教授　**横山智**さん
「大和日英基金」企画責任者　**太田奈那**さん
ノンフィクション作家　**梯久美子**さん

納豆のルーツは

熱帯の光が注ぐ、2019年9月初旬のラオス北部・ルアンパバーン郊外。急な傾斜地に点在する焼き畑農地に、岩見沢市出身で名古屋大大学院環境学研究科教授の横山智さん（53）＝地理学＝の姿があった。少数民族カム族から、稲やマメ類の種類や栽培方法を聴き取り、料理も作ってもらう。「フィールド調査から、データだけでは分からない多くのことを学べる」が持論だ。

納豆はどこで生まれたのか――。そんな疑問を解き明かそうと、アジアの60を超える山岳民族の村を巡った。

釧路高専電子工学科を卒業後、大手製造業の研究所に就職したが、携わったプロジェクトが途中で打ち切りに。転職先の大手企業でも計画が中断され、「会社の都合でやりたい仕事を奪われる」ことに嫌気がさした。

青年海外協力隊に転身し、28歳で帰国。途上国の農村開発に興味を抱き、筑波大で博士号を取得した。00年に研究で訪れたラオスの市場で偶然出会ったのが納豆だった。

乾燥センベイ状の納豆など、日本と異なる形状や発酵方法があることに驚かされる一方、ミャンマーでは日本のような糸引き納豆も見つけた。趣味で始めた研究だったが「調査が楽しくて、やめられなくなった」。

雨期の山中、悪路を嫌った運転手に途中で帰られ、置き去りにされたことも。調査は約15年に及び、中国・雲南省が納豆の起源とする従来の仮説に対し、タイ系、チベット系など4地域をルーツに、それぞれ発展したとの結論にたどり着く。14年出版の著書「納豆の起源」（ＮＨＫ出版）は数々の賞を受けた。

納豆研究は今も続けるが、主な研究テーマはグローバル化が東南アジアの農村社会に与える影響。農薬による土壌汚染など「生産性を追求する先進国の農業が、熱帯の国々で必ずしも最適ではないことを伝えたい」。

世界の格差問う

「いろんな価値観や文化がある空間が好きなんです」。中南米や欧州各国を渡り歩き、現在は英ロンドンで暮らす太田奈那さん（34）＝札幌市出身＝も、海外に魅（み）せられた一人だ。

同志社大学時代、「知らない世界を見たい」と、バイトでためたお金で東南アジアやアフリカの十数カ国を飛び回り、環境関連のボランティアなどに取り組んだ。各地でまともな教育を受

ラオス・ルアンパバーンのカム族の焼き畑農地でマメ類の調査に取り組む横山智さん（左）

大和日英基金が入る建物を前に「ロンドンは誰も他人のことを気にせず自由な雰囲気があるのが魅力」と笑顔を見せる太田奈那さん

けられない子供たちに出会い、「彼らのために何かできないか」と思うようになった。

会社勤めを経てメキシコでスペイン語を学び、27歳から南米エクアドルの国連機関などで3年間、先住民の貧困対策などに奔走。グアテマラでは運転中に強盗に囲まれ銃を突きつけられた。努力では貧しさから抜け出せない人たちを目の当たりにし、「自分ができることは限られている」と無力さも痛感した。

その後、パリやデンマークの国際機関で働き、女性の人権向上などを支援。18年1月からはロンドンで日英両国の文化・学術交流に取り組む大和（だいわ）日英基金の企画責任者を務める。

結婚し、各国を飛び回る生活ではなくなったが、「自分がいる場所で、できる限りのことをしたい」。日本を通して国際的な問題を考えてほしいと、アイヌ民族や日本の格差をテーマにセミナーを毎週企画している。

樺太紀行を連載

19年8月にサハリンを3年連続で訪問したのは札幌育ちのノンフィクション作家梯（かけはし）久美子さん（58）＝北大卒＝。帝政ロシア期に流刑地になった北部の古都アレクサンドロフスク・サハリンスキーを訪れ、「囚人たちが到着した当時をほうふつとさせる光景だった」と振り返る。

歴史取材で評価を受けつつ、廃線歩きの著書もある。日本が敷設した鉄路が残るサハリンで「鉄道から樺太の歴史を考えたい」と、18年夏から出版社「KADOKAWA」（東京）の月刊誌に、サハリンを寝台列車などで巡る紀行を連載している。

初訪問の17年、寝台列車で同室になった男性は先住民族ニブフとロシア人のハーフ。男性は漁業、小樽などからの中古車輸入、石油ガスの仕事を渡り歩いたといい「サハリンの歴史の生き写しのような人と出会い、土地と親しくなった気がした」。宮沢賢治やチェーホフの作品ゆかりの地に繰り返し足を運び、変わらぬ風景に心が引かれた。

19年10月、東京から札幌にUターン移住する。「自分を育んでくれた北海道や樺太のことを、今こそ深く知りたい」

「サハリンでは同じ土地に複雑な歴史が何層にも積み重なっている」とユジノサハリンスクの街角を歩く梯久美子さん

日本食の魅力を世界に

日本料理学校講師 **横山明美**さん
「WakkaUSA」CEO **伊藤聡**さん
豚丼店店長 **柳谷大太**さん

料理教室で普及

「料理酒は、すしライスでできています」「落としぶたは覚えておくと便利ですよ」。ロンドンにある日本料理学校「ソザイ料理教室」。講師の横山明美さん（58）＝札幌市出身＝の流ちょうな英語の説明に、参加者が熱心に耳を傾けた。

教室はロンドンの日本食店経営者らが２０１４年に設立し、週１～３回、中心街のビルや郊外の横山さんの自宅で開いている。炊き込みご飯などの家庭料理のほか、ラーメンを麺作りから教えることも。開講当初は空席も目立ったが、笑いを交えた分かりやすい説明が人気となり、今は6～11人の定員がいっぱいになることが多い。「やっとここまで来たか、という思いです」

幼い頃から周りと同じことをするのが嫌で、よく「少し変わった子と言われた」。札幌丘珠高卒業後、英国のファッション業界やハードロックに憧れ24歳でロンドンへ。有名人も多く訪れる日本食レストランで働くうちに料理を覚えた。

「興味のあることはなんでも追求するタイプ」。料理教室の講師になってからも、ロンドンの日本食店や札幌の知人のすし店で修業するなどし、腕を磨いている。富裕層の自宅に呼ばれて料理を提供したり、イベントで実演したりする機会も多く、「日本食の伝道師」として引っ張りだこだ。

ロンドンでは健康志向から日本食への関心が年々高まっているが、「まだまだ広げられる」。野菜や発酵食品をバランス良く食べるという日本の伝統的な食生活の普及や、日本食を使った子どもたちの食育などやりたいことは尽きない。

コメ専門店開業

「ライスって、こんなにもちもちしていて甘いんだ！」。米穀卸「Ｗａｋｋａ（ワッカ）ＵＳＡ」の最高経営責任者（ＣＥＯ）を務める伊藤聡さん（36）＝札幌市出身＝は、そんな反応が米国人から返ってくるたび、日本米が持つ大きな将来性を感じている。

19年8月、ニューヨークに米本土初の日本米専門店「ザ・ライス・ファクトリー」をオープンさせた。好みや料

「日本食の普及に貢献したい」と、料理教室で英国の人たちにラーメンやみその作り方も教える横山明美さん

土鍋なども並ぶ店内。コメの販売時には「おいしい炊き方」も解説する伊藤聡さん

理を聞き、銘柄を選んで店頭で精米して販売する方法は、客層の7割を占める米国人に人気だ。「米国では精米したての新鮮なコメを食べる習慣がまだ浸透していない。だから驚かれるんです」

　とりわけ売れ行きがいいのは道産米。「ゆめぴりか」は1キロ7ドル（約750円）、「ななつぼし」は同6ドル（約640円）するが、香りと甘みの強さに魅せられるリピーターは多い。

　札幌稲雲高卒業後、東京消防庁や石油販売会社に勤務した。食品輸出という「挑戦的な」仕事に憧れ、29歳の時に思い切って転身。今は海外6店舗を展開するワッカの創業から携わってきた。米国での生活は初だが、和食文化が米国人にも定着していると実感するという。

　店舗はニューヨーク・タイムズ紙などにも紹介され、全米から問い合わせが相次ぐ。「本物の味は海外でも通用する。米国での日本米の市場は何十倍にも広げられる」

夢は豚丼2号店

　中国一の霊峰として知られる世界遺産「泰山」のふもと。旭川市出身の柳谷大太（だいた）さん（52）は19年夏、山東省泰安市で開店した豚丼店の店長として新たな一歩を踏み出した。「行列ができる店を目指して頑張りたい」

　旭川大を卒業後、1989年に芦別市のたれ製造販売「ソラチ」に入社。同社が中国で焼き肉店を開業する話が持ち上がった際に、「話の勢いで」手を挙げ、2005年に家族と離れて北京に移り住んだ。

　焼き肉店で主に管理部門などを担ってきたが、19年に入り経営者が交代。転職を考え始めた矢先、かつての同僚で「相棒」と呼ぶ李東さん（51）から「豚丼店の店長をやらないか」と誘われた。妻の美紀さん（52）から「後悔しないようやって」と後押しされ、勝負をかけることを決めた。

　店は19年7月中旬に営業を始め、豚丼は一杯28元（420円）。近所の市場で食材を仕入れ、昼前から調理に汗を流す。ソラチのたれを使い、炭火で香ばしく豚肉を焼き上げる。

　今の目標は2号店の開店で、経営者として腕を振るいたいとの思いも募り始めている。「それが家族や相棒、中国へ送り出してくれたソラチへの恩返しです」

中国・山東省泰安市にオープンしたばかりの豚丼店で、調理に接客にと日々奮闘する柳谷大太さん

つながる縁 広がる仕事

シベリア・北海道文化センター副館長 **イリーナ・プーリク**さん
「北日本貿易」社長 **黄金**さん
韓国企業BSP役員 **李春太**さん

日ロの橋渡し役

札幌市との姉妹都市提携から2020年で30年を迎えるロシア中部ノボシビルスク。「けんかもしたけど気持ちを伝え合い、わかり合ってきた」。札幌市民が建設費の一部を支援した日ロ交流拠点「シベリア・北海道文化センター」副館長のイリーナ・プーリクさん（48）は、流ちょうな日本語で話す。

「こんなに日本に関わることになるとは思ってもいなかった」。小学生の時、家族とシベリア鉄道で訪れた極東ウラジオストクで「海の向こうにどんな国があるのか」と日本に思いをはせた。ただ時代は東西冷戦期。日本語を頻繁に使う機会は想像できなかった。

転機はノボシビルスク総合大で日本語を学んでいた1991年。旧ソ連が崩壊し、卒業後は日本語教師の道を選んだ。99年から3年間、札幌市の国際交流員として勤務した経験も生かし、2004年に現職に就き、日ロ交流に汗を流してきた。

大事にしている言葉は「つなぐ」。北海道との交流をセンターとの関係にとどめず、「ノボシビルスクの人に交流の輪に加わってもらうことが私たちの役目」と市民や企業同士の橋渡し役を自認する。日本からのメールや電話の対応に追われる毎日だが「企業で通訳をしたり、観光ガイドや文化事業をやったり、いろんな職業を体験しているようで大変だけど楽しい」。

札幌から戻った02年秋に3人だったセンターの日本語講座の受講生は年約150人に増えた。「私は普通のロシア人の女性。よく頑張ったなあ」。冗談めかして話す屈託のない笑顔が、北海道とロシアの人々の心をつないでいる。

中国から世界へ

中国河南省出身で、主に道産菓子を中国などに輸出する札幌の「北日本貿易」社長の黄金（こうきん）さん（31）も、北海道との縁が人生を変えた。

北京科技大で日本語を専攻し、北大に留学。友人の紹介で始めた札幌・狸小路商店街の土産店でのアルバイトで、北海道の菓子が中国人観光客に飛ぶように売れるのを目の当たりにした。中国で日本語教師になる道も考えたが、「札幌で商売できないか」との思いが募り、大学院修了後、そのまま土産店に就職。経験を積み、15年春に

灯籠が設置されたシベリア・北海道文化センターの前庭で笑うイリーナ・プーリクさん

北日本貿易を起業した。

初めは思うように商品が集められず卸業者や店に頭を下げて回った。輸出に必要な書類をそろえられず数百万円分の商品を廃棄したことも。めげずにノウハウを蓄え、人脈を開拓した。

創業から4年半。取引先を国内外で次々と開拓し、早くも年商は30億円を突破。出荷先は香港や台湾、米国などにも広がる。力を入れるのは自社ブランド「プロード」の海外展開で、道内のいくつもの菓子業者とタッグを組み、道産原料を使った約30品目を開発。中国などでのネット広告も奏功し、売れ行きは好調という。

海外出張も多く、忙しい日々を送るが、「現状に満足はしていない。ビジネスを通じて人生経験を広げ、進歩したい」。北海道と世界を結ぶ旅はこれからが本番だ。

中国・上海での商談。「信用第一に、世界相手にビジネスをしたい」と力を込める黄金さん

韓国で「恩返し」

韓国企業「ベストソリューションパートナー」(BSP)役員の李春太(イチュンテ)さん(61)は、18年から始めた道産食品のネット販売の売り上げが日韓関係の悪化で、ほぼゼロになった。だが簡単に諦めるつもりはない。自身が育った北海道に「恩返しをしたい」との思いがあるからだ。

生まれは兵庫県。父が道内で事業を始め、小3の夏に苫小牧へ引っ越した。関西では在日韓国人への差別が強く、当時は日本名の香山春太（かやましゅんた）を使っていた。苫小牧でも当初はいじめを心配したが、平穏な日々を過ごすうちに、逆に「自分は友人にうそをついている」と考えるようになった。室工大入学を機に本名を明かしても、周囲の対応は変わらなかった。

卒業後はソウルの高麗大に編入し、韓国で就職。だが故郷とも言える北海道へ「いつかは戻りたい」との思いが消えなかった。16年に積水化学工業の韓国法人役員を退任。代わりにBSPから誘いを受け、道産食品の貿易事業を立ち上げた。

函館産のかにみそ缶詰めなどを韓国で販売するサイトは現在、不買運動の影響で開店休業状態だが「韓国人はもともと北海道が好き。今の状態がずっと続くわけではない」と信じている。

今後は道産酒を韓国の和食店に卸す事業も手がける計画だ。

仕入れ・物流で提携する北海道国際流通機構（札幌）で道産食品を品定めする李春太さん

音楽の本場で挑み続け

ロックバンドドラマー **ジェイ・ヒラノ**さん
和太鼓奏者 **廣田丈自**さん

ロンドン郊外のライブバー。4人組の地元ロックバンド「スマイリー＆ジ・アンダークラス」の激しい演奏に、ステージ前のファンたちが熱狂する。バックでドラムをたたくのは、日高管内旧静内町（現新ひだか町）出身のジェイ・ヒラノ＝本名・平野純平＝さん（36）だ。

進学校の札幌・北嶺中2年の時、家庭教師に、米国のガンズ＆ローゼズやニルバーナなど海外バンドの曲を聴かされ、「かっこいい」とロックにはまった。北嶺高1年でドラムを覚え、大人たちとバンドを組んだ。

卒業後は多くの同級生が親と同じ医師や弁護士などを目指して大学に進む中、「親のレールに乗った人生は歩きたくなかった」。音楽専門学校への進学を考えていた時、背中を押してくれたのは当初、バンド活動に反対していた歯科医の父。「やるなら本場の海外へ行け」と英国行きの航空券を渡してくれた。

政治的な歌詞も人気のロックバンドで屋台骨を支える。
「聴く人に問題提起していきたい」と語るジェイ・ヒラノさん

自由を求め渡英

2002年に渡英後、ロンドンの日本食店や洋服店で働きながらバンドを結成。10年には欧州ツアー中のトラブルで日本へ強制帰国させられ、一度は音楽の夢を諦めかけたが、「英国の自由な空気が忘れられず」に、1年半後に再び渡英。ロンドンでライブバーを開き、メンバーに声をかけて14年に現在のバンドを組んだ。

17年に英国のインディーズレーベルからCD「レベルズ・アウト・ゼア」でデビュー。パンクの激しさとレゲエのリズムを融合した音楽性がファンの心をつかみ、CDは18年10月に日本でも発売された。それでもCDの売れない時代にバンドを続けるのは簡単ではない。バー経営の傍ら、ライブツアーは自分で車を運転して回り、「結構きついっすよ」と苦笑いする。

ボーカルのスマイリーさん（30）が書く環境や政治がテーマの歌詞も大きな特徴。最近は珍しい社会派バンドとして成功を目指し、英国や欧州で年60～70本のライブをこなす。19年10月17日から日本ツアー中で、27日には札幌・狸小路のライブハウス、サウンド・ラボ・モールでもライブを行う。「曲を通して一人でも多くの人に社会問題を訴えていきたい。地元の札幌では、いつもの3倍気合入れていきますよ」

和太鼓を世界へ

ロンドンには、和太鼓や尺八などを演奏する道内出身のプロ音楽家もいる。小樽市生まれの廣田文自（じょうじ）さん（71）。43年前に移住して以来、音楽シーンの第一線で活躍している。

民謡が好きだった父の影響で音楽に親しみ、遠軽小5年（オホーツク管内遠軽町）の時、鼓笛隊で打楽器に魅了された。名古屋の中学、高校でブラスバンド部に入り、音楽家を目指して京都市立芸術大へ進んだ。

プロになるきっかけは1972年、大学4年の夏休み。米国で打楽器奏者として成功していた先輩に誘われ、フランスの文化フェスティバルに参加したことだった。音楽と演劇で日本の伝統文化を表現する劇団の一員としてパーカッションを演奏。大成功を収め、そのまま英国やドイツ、米国などをツアー。3カ月の予定だった滞在は2年半に延び、「若かったから勢いがあったんでしょう」と笑う。

日本にいったん戻って大学を中退した後、「自分の音楽をやりたい」と76年に渡英。ツアーで知り合った英国のミュージシャンとジャズロックバンドで活動しながら、英王立シェークスピア劇団などに参加し、世界中で演奏した。日本ツアーの合間には、和太鼓を学ぼうと北海太鼓の創始者である登別市の故・大場一刀さんに師事し、和太鼓を取り入れた新たな音楽作りを志すようになった。

80年代後半には米アカデミー賞俳優のアンソニー・ホプキンス氏の舞台で尺八や打楽器を演奏。90年代には英大物ロックミュージシャン、ピーター・ガブリエル氏のレーベルからCDを出した。「出会いやチャンスに恵まれ自分はラッキーだった」

英国や欧州、中東で年30～40回の公演をこなしながら、映画やテレビドラマなどに音源を提供することも多い。マーティン・スコセッシ監督の「沈黙 サイレンス」など、日本を舞台にしたメジャー映画の劇中曲を演奏したこともある。

体力を使う和太鼓演奏を続けているためか、70歳を超えても引き締まった体は若々しく、「太鼓をたたくスピードは若い人には負けないと思う」。今はヒップホップなど、若者向けのダンス音楽と日本の伝統音楽を融合した曲作りにも励む。「新しい太鼓ミュージックのアルバムを製作したい」と、創作意欲は尽きない。

2019 年3月、ロンドンで行った東日本大震災復興祈願コンサートで力強い演奏を披露した廣田文自さん

あとがき

「もう一度、北海道に生きる人々の姿を掘り下げ、北海道人像を追い求めてみよう。それが北海道新聞の大事な役割の一つじゃないだろうか」──。

２０１７年10月に北海道新聞の全道版で連載が始まった「新北海道ひと紀行」。その年の夏に開いた連載準備のための最初の企画会議は、そんな言葉で始まりました。

その時は、週１回のこの大型連載が２年間、１０１回の長期にわたって続き、登場人物２３０人余りを数えることになるとは思ってもみませんでした。

本書は、さまざまな北海道人を紹介した連載を一冊にまとめ、今一度、北海道の人の多彩さや魅力を読者の皆様に感じていただきたいと思い、出版しました。

北海道新聞は、この連載以前に、１９９５～97年、２０１０～11年の２回、「北海道ひと紀行」を連載し、合わせて１３００人以上を紹介してきました。

これらの流れを受け継ぐ「新北海道ひと紀行」は　北海道新聞社が創業１３０周年の節目を迎えた２０１７年、秋の新紙面の目玉として企画しました。もう一度、全道各地に目を向け、個性や意欲、創意にあふれ、「地域には未来があるんだ」と期待させてくれる「夢追い人」たちを掘り起こし紹介するのが主な狙いでした。さらに道外や海外に飛び出して活躍する人たちにも登場してもらいました。

連載は２０１９年10月まで続き、取材執筆には、道新の本・支社、支局から東京報道センター、海外支局に至るまで、記者60人以上が加わりました。道新記者の力を結集し、人口減や少子高齢化、地域衰退の悩み深い北海道においても、人の多彩さや魅力、開拓者精神は、少しも衰えていないことを、示すことができたのではないかと思っています。

夢を持った人がいる限り、北海道はどんな苦境も乗り越えられる──。本書を読まれた方々に、そのように感じてもらえたら、これ以上の幸いはありません。

新北海道ひと紀行取材班統括デスク・太田一郎
（北海道新聞静内支局長、前編集局報道センター部次長）

デザイン・DTP
江畑菜恵（es-design）

地図作成
吉田晴香（北海道新聞社出版センター）

夢ひらく大地
新北海道ひと紀行

2020年9月10日　初版第1刷発行
編　者　北海道新聞社
発行者　菅原　淳
発行所　北海道新聞社
〒060-8711　札幌市中央区大通西3丁目6
出版センター（編集）電話 011-210-5742
（営業）電話 011-210-5744
印刷所　モリモト印刷

乱丁・落丁本は出版センター（営業）に
ご連絡くださればお取り換えいたします。
ISBN978-4-89453-997-6

読んで味わう道産ワイン

北海道のワイナリー
つくり手たちを訪ねて

阿部さおり・阿部眞久 著　A5判　160頁　本体1600円+税

北のつくり手たちの目指すワインとは？　北海道内40のワイナリーガイドと、北海道のワインについての豆知識を紹介。ワイナリーめぐりを楽しむためのエリア別おすすめルートも掲載。つくり手を知り、思わずワインが飲みたくなる北海道産ワイナリーガイドの決定版。

掲載種数200、写真約550点

北海道サロベツ原野
鳥たちの365日

写真・文　富士元寿彦　B5変型判　128頁　本体2200円+税

道北のサロベツ原野で50年にわたって撮影を続ける著者の野鳥生態写真を集大成。国内でここだけで繁殖するミコアイサ、ヒナを背中に乗せて育てるアカエリカイツブリなどの決定的瞬間を大判に収める。観察日が分かる「鳥カレンダー」付き。

とっておきの100点、お見せします

北大総合博物館の
すごい標本

北海道大学総合博物館編　A5判　240頁　本体2300円+税

植物から恐竜まで、標本が語る知の系譜。開館20周年を迎えた北大総合博物館の収蔵標本と研究のあらましを伝えるビジュアルブック。